Gerhard Rohlfs

Reise durch Nordafrika

1. Teil

weitsuechtig

Gerhard Rohlfs

Reise durch Nordafrika

1. Teil

ISBN/EAN: 9783956560774

Auflage: 1

Erscheinungsjahr: 2013

Erscheinungsort: Bremen, Deutschland

@ weitsuechtig in Access Verlag GmbH. Alle Rechte beim Verlag und bei den jeweiligen Lizenzgebern.

Cover: Foto © Gruban (Wikipedia)

weitsuechtig

GERHARD ROHLFS'
REISE DURCH NORD-AFRIKA

VOM

MITTELLÄNDISCHEN MEERE BIS ZUM BUSEN VON GUINEA

1865 BIS 1867.

I. HÄLFTE: VON TRIPOLI NACH KUKA (FESAN, SAHARA, BORNU).

(ERGÄNZUNGSHEFT No. 25 ZU PETERMANN'S „GEOGRAPHISCHEN MITTHEILUNGEN".)

INHALT.

	Seite
Vorwort	III
1. Land und Leute von Fesan.	
Die letzten Jahrhunderte des Sultanats Fesan	1
Das Becken von Fesan, Serir und Hammada	4
Klima und Bodenkultur	5
Die Dattelpalmen, Thiare	6
Der Handel	6
Verwaltung	8
Bewohner	9
Mursuk und sein Markt	10
2. Reise durch das südliche Fesan.	
Abschied von Mursuk, Begleitung	11
Sand- und Regensturm	11
„Neulinge" und „Zeugen"	12
Der Tebu-Fürst Maïna Adem, Mestúta, Unterschied zwischen Araber- und Tebu-Kameelen, Von Mestúta nach Gatron	12
Die Bevölkerung in Gatron	13
Intriguen gegen die Reise nach Tibesti	13
Bachi und Medrássa	14
Der Sonnenschirm ein Privilegium der Sultane, Todjérri, eine Teufel-Austreibung	15
3. Die Wüste zwischen Fesan und Kauar.	
Vollkommene Wüste, Spuren besserer Zeiten, die Schrecken des Wüstenwindes	16
Das Tümmo- oder War-Gebirge	17
Riesenspinnen, vernachlässigte Brunnen	18
Sturz vom Kameel	19
Oase Jat, ein Kameel geschlachtet, anstrengende Märsche	20
Die Oase Igjeba	21
4. Das Königreich Kauar oder Hénderi-Tegé.	
Anay, die Tebu-Frauen	22
Ackerbau von den Tuareg verboten, die Tebu	23
Annikímmi, Kisbi	23
Aschenúmma, das Mogodóm-Gebirge, Elidja, Babus, Schimmedrú	24
Gastliche Aufnahme, Buckelochsen, eine Prinzessin, Besteigung des Mogodóm-Gebirges	24
Wohnungen, Hitze, Ankunft in Bilma, der Sultan von Kauar	25
Die Salzminen von Bilma	26
Andere Produkte, Bevölkerung, der Name Bilma	27
Theuerung, Handelsgegenstände	28
5. Die Tebu.	
Die Tebu sind Neger	28
Verbreitung der Tebu, Unkenntniss ihrer frühesten Wohnsitze, der Name Tebu	29
Eigenthümliche sociale Stellung der Schmiede	30
Industrie, Tracht, Tibesti und die Teda-Familien, Begrüssungsweise, Charakter	31
Geographische Nomenklatur der Tebu, Topographie von Tibesti	32
Itinerare in den Tebu-Ländern	34
Produkte	35
6. Weitere Erlebnisse in Kauar.	
Rückkehr nach Schimmedrú, Unterhandlungen mit einem Führer, ein Besessener	35

	Seite
Streit um ein Haus	37
Feuersbrunst, Ein Uneigennütziger, Kontrakt mit einem neuen Führer	38
Selbsthülfe, die moralische Inferiorität der Mohammedaner	39
7. Endreise in der Grossen Wüste.	
Reisebegleitung, Abschied vom Sultan, in den Sanddünen	40
Eintritt in eine neue Zone, Oase Díbbela	41
Zur Verbreitung der Fliegen und Mücken, reichlichere Vegetation, Thiere, Zauber gegen nächtliche Überfälle, Oase A'gadem	42
Verirrung und Rückkehr nach A'gadem, Fleischhandel, Jagd mit Hunden	43
Wechsel der herrschenden Windrichtung, zum zweiten Mal in der Wüste verirrt, ein Gewitter errettet vom Verdursten	44
Neue Pflanzen, der Brunnen Belkaschifari	45
8. Reise von Belkaschifari zum Tsad-See und nach Kuka.	
Der Waldgürtel durch Afrika	46
Ankunft am Tsad-See, Ngigmi	48
Gewitter, Salzbereitung am Tsad, tropische Landschaftsbilder	49
Ankunft am Komádugu Waube	50
Brod, Erdnüsse, Muschelgeld, neue Pflanzen, Annäherung an die Hauptstadt von Bornu	51
9. Empfang in Kuka.	
Einzug in die Stadt	51
Geschenke und Besuche	52
Erste Audienz beim Sultan	53
Übersiedelung in das Christen-Haus, Geschenk an den Sultan und den Minister	54
Audienz am Milud-Fest, eine Parade, die Gärten des Sultans	55
Aufwartung beim Thronfolger, die Regenzeit, Zurückweichen der Sahara-Grenze von Süd gegen Nord	56
10. Die Stadt Kuka und ihr Markt.	
Beschreibung der Stadt	57
Der Markt	58
Handels- und Gewerbefreiheit	60
Der Handel von Bornu mit Europa	61
Der Palast des Sultan, die Hochschule von Kuka	63
11. Weitere Erlebnisse; die Bewohner der Hauptstadt.	
Grosse Sklavenkarawane, Absendung eines Couriers nach Uadaï	63
Der Sultan wünscht Geschenke von Preussen, ein Sklave Vogel's, Habgier der Leute	64
Aussehen und Tracht der Kukaer	65
Gute Eigenschaften der Kukaer, nächtliche Spiele, ein Liebes-Abenteuer	66
Sprachstudien	67
Das Christen-Haus und seine Menagerie, Geldnoth, ein vielgereister Vorreiter	68
Ausflug nach dem Tsad	69
12. Die Regierung und der politische Zustand Bornu's.	
Regierungsform, Ämter und Würden, Eunuchen	71
Die bewaffnete Macht	72
Nebenländer	73
Die Búdduma	74
Kraft und Blüthe Bornu's	75

Karten.

Tafel 1. Originalkarte zur Übersicht von G. Rohlfs' Reise in Tripolitanien und Fesan, 1864 & 1865. Von A. Petermann. Maassstab 1:3.500.000.

Tafel 2. Originalkarte zur Übersicht von G. Rohlfs' Reise durch die Grosse Wüste (Sahara) von Mursuk nach Kuka, Mai bis Juli 1865, und seiner Forschungen über Tibesti. Von A. Petermann. Maassstab 1:3.500.000.

VORWORT.

Es war am 29. Dezember 1864, als Gerhard Rohlfs von seiner kühnen und brillanten Reise durch Marokko und Tuat nach Tripoli kam. Mit voller Einsicht in die Entbehrungen, Mühen und Gefahren einer Sahara-Reise, aber auch mit dem Bewusstsein der erprobten Kraft liess er nicht ab von seinem Lieblingsplane, nach Timbuktu zu gehen, er gönnte sich nur einen flüchtigen Besuch Deutschlands und war schon im März 1865 wieder in Tripoli, um einen neuen Versuch in der ersehnten Richtung zu wagen. Nachdem er einen Ausflug nach Lebda gemacht, trat er am 20. Mai die Reise über Misda nach Ghadames an, von wo er mit Hülfe eines Tuareg-Häuptlings das Gebirgsland der Hogar besuchen und nach dem Niger vordringen zu können hoffte. Leider hielt der Häuptling sein Versprechen nicht und kriegerische Bewegungen unter den Tuareg benahmen jede Möglichkeit, in der beabsichtigten Richtung vorzugehen, umsonst erduldete Rohlfs vom 17. Juni bis 31. August in Ghadames die Qualen der Hitze und schwerer Krankheit, er musste sich zur Umkehr entschliessen, um einen andern Weg zu versuchen. So kam er am 19. September nach Misda zurück, versah sich hier mit neuen Kameelen und Dienern, brach am 29. September nach Mursuk auf, das er am 26. Oktober erreichte, und trat von dieser Hauptstadt Fesan's am 25. März 1866 die grosse Reise durch Sahara und Sudan nach Lagos an der Küste von Guinea an, die den Gegenstand dieser Publikation bildet.

Das Ausserordentliche dieser Reise, das vielfache Interesse, das sie bietet, insbesondere auch der Muth, das Geschick, die Selbstverleugnung und die wissenschaftlichen Verdienste des Reisenden sind aus den vorläufigen Nachrichten, welche die „Geogr. Mittheilungen" darüber im vorigen Jahre brachten, bereits erkannt und in gebührender Weise allseitig gewürdigt worden, wir können uns daher einer guten Aufnahme der im Nachstehenden abgedruckten ausführlichen Tagebücher bei Fachgenossen und Laien, auch ohne besondere Empfehlung unsererseits, versichert halten. Dass vorläufig nur eine Hälfte zur Veröffentlichung kommt, hat seinen Grund darin, dass die zum zweiten Theil gehörigen Karten noch im Rückstand sind und dass bei dem bedeutenden Umfang der Tagebücher die Trennung in zwei Hälften geboten schien. Um das Heft nicht zu einem Buche anwachsen zu lassen, mussten wir auch die Tagebücher über die ersten Abschnitte der Reise, die Strecken zwischen Tripoli, Ghadames, Misda und Mursuk betreffend, übergehen, denn mit gleicher Gewissenhaftigkeit und Ausführlichkeit wie die späteren geschrieben, haben sie einen kaum geringeren Umfang. Wir glaubten um so mehr diese Abschnitte weglassen zu dürfen, als sie zwar das Reise- und Volksleben in Tripolitanien vielfach beleuchten und charakterisiren, aber fast durchweg öfter besuchte und beschriebene Örtlichkeiten betreffen, daher weder den Reiz der Neuheit noch den wissenschaftlichen Werth wie die späteren bieten. Nur ein Theil des Weges von Misda nach Mursuk war vor Rohlfs noch niemals beschrieben worden und ist schon deshalb wichtig, weil er über die bisher unbekannte westliche Fortsetzung der aus der Gegend von Sokna bekannten Schwarzen Berge führt. Über diese Wegstrecke schalten wir hier einige Nachrichten aus dem Tagebuche ein.

Von Misda bis zu den Schwarzen Bergen hielt sich der von Rohlfs eingeschlagene Weg auf dem östlichen Abhang der Hammada el-Homra genannten Hochebene nach den die Grosse Syrte umgebenden Tiefebenen, und zwar fiel er Anfangs mit dem von Richardson, Overweg und Barth bereisten zusammen, bis er sich im Wadi Tagidscha davon trennte, um seine südsüdöstliche Richtung über Garia Schirgia bis zum Thal Um-el-Cheil beizubehalten. Je nachdem er die Ausläufer des Plateau's überschritt oder die eingeschnittenen Thäler kreuzte, wechselte seine Höhenlage nicht unbeträchtlich. In dem akazienreichen Wadi Semsem z. B. zeigte der Aneroid nur 277 Meter (909 Engl. Fuss), im Wadi Um-el-Cheil 288 Meter (945 Engl. Fuss) an, wogegen für einen zwischen Wadi Semsem und Garia Schirgia überschrittenen Theil der Hochebene, auf dem die kleine Karawane auch einen regelrechten Staub- und Regensturm erlebte, die Höhe von 430 Meter (1411 Engl. F.) und für Garia Schirgia, das ziemlich am oberen Ende des Wadi Garia liegt, die von 408 Meter (1339 Engl. F.) gefunden wurde. Garia Schirgia ist der einzige Ort, den der Weg berührt. Am linken Rand des in den Semsem mündenden Wadi gelegen, wird es von einigen hundert Marabutin bewohnt, die sich von Palmenzucht und von ihren Viehheerden nähren, aber fast eben so berüchtigte Diebe sind wie die ebenfalls Arabischen Bewohner des benachbarten Garia gharbia.

Das Wadi Um-el-Cheil bildet die Grenze zwischen dem Kaimakamlik El-Djebel und Fesan. Es hat gute Brunnen und vortreffliche Viehweiden, die gerade mit den Heerden der Uled Mschaschia bedeckt waren, eines Stammes, der vormals an der Atlantischen Küste wohnte. Fragt man die Mschaschia, die heut zu Tage mehr als tausend Zelte in der Tripolitanie haben, und die Uled Bu Sif, die nicht minder zahlreich das Kaimakamlik des Djebel bewohnen: Wo habt ihr euren Grundbesitz, wo pflegt ihr zu ackern? so erwidern sie: Wir ackern mit Bewilligung der Sintaner auf deren Grund und Boden und um Streitigkeiten zu vermeiden weist uns der Bascha oder Mudir Gebiete zum Ackerbau an, wir selbst aber haben hier keinen festen Grundbesitz, wir sind eingewandert. Ehe nämlich die Türken Besitz von der Tripolitanie nahmen, war alles Terrain bis Um-el-Cheil Eigenthum der Bewohner Sintan's und es scheint, als ob noch heute die Uled Mschaschia und Bu Sif nur mit stillschweigender Bewilligung der Sintaner hier weiden, da natürlich die Türkische Obrigkeit, wo sie nicht von Soldaten unterstützt ist, eine äusserst geringe Autorität hat. Fragt man die beiden Stämme ferner, woher sie gekommen seien, so antworten sie: Von Westen und zwar von der Sakiet-el-Hamra südlich vom Wadi Nun. Die Epoche wissen sie nicht sicher anzugeben, so viel ist aber gewiss, dass sie seit Jahrhunderten hier sind. In der That scheint bei diesem ewig wandernden Volke, sobald sie nach ihrer grossen Religionsauswanderung die Gestade des Atlantischen Oceans erreicht hatten, eine Art Rückschlag Statt gefunden zu haben, denn auch in Algerien und in Tafilet und Tuat findet man Stämme, deren Vorältern bis zum Atlantischen Ocean gekommen sein sollen. Sehen wir doch noch gegenwärtig die Araber immer wandern, der geringste Grund genügt diesem Volke, sein leichtes Zelt aufzupacken und sich eine andere Heimath zu suchen. Das liegt in der Natur des Arabers, wie des ganzen Volkes, so jedes Individuums; deshalb ist Wankelmuth, Lüge und Wortbruch jedem Araber schon angeboren und der einzige Grundsatz, den er befolgt, ist eben, keine Grundsätze zu haben.

Vom Wadi Um-el-Cheil verfolgte der Weg eine direkte südliche Richtung und als die Reisenden aus dem Wadi Faat auf eine steinige Hochebene herauskamen, erblickten sie gegen Südsüdwest den zuckerhutförmigen Nabet es-Djrug und neben ihm noch andere hohe Punkte des Djebel Soda, denn nach Bildung und Beschaffenheit machen diese Berge mit den bei Sokna sich erhebenden Ein Ganzes aus. Die nördlich vorgelagerte Hochebene trägt niedrige, mit kleinen schwarzen Steinen bedeckte Höhenzüge und liegt bereits 677 Meter (2221 Engl. Fuss) über dem Meere, während Rohlfs die Höhe eines Punktes der Schwarzen Berge selbst, südlich vom Wadi Had, zu 909 Meter (2982 Engl. Fuss) bestimmte und der Nabet es-Djrug aus der Entfernung von 6 bis 8 Stunden an 4000 F. hoch erschien. Es scheint danach, als ob der Zug der Schwarzen Berge hier an seinem westlichen Ursprung eine bedeutendere Höhe erreicht als bei Sokna, wo der höchste Punkt des Übergangs zu 2415 F. bestimmt wurde, oder noch östlicher bei Sella, wo ihn v. Beurmann 1659 F. hoch fand. Von jenem Punkte gesehen, den Rohlfs gemessen hat, erinnert das Gebirge an die Sächsische Schweiz, so wild und zerrissen zeigt es sich, aber die Abwesenheit jeden Baumes und die Schwärze der Felsen mahnt den Reisenden, dass er sich in der einsamen endlosen Sahara befindet. Oben bildet der Höhenzug im Ganzen eine von Wadis durchschnittene, unmerkbar sanft nach Süden sich abdachende, mit grossen Sandsteinblöcken bedeckte Fläche, die zuletzt terrassenartig zum Wadi Schati abfällt.

Unter den Palmen und zwischen den mit hoher grüner Negerhirse bepflanzten Gärten Temsaua's im Wadi Schati ruhte die Karawane nur eine Nacht, dann ging es weiter durch Sanddünen nach der grossen unbewohnten Oase Selaf, deren herrenlose Dattelpalmen von den Schati-Bewohnern abgeerntet werden, und abermals über hohe Sanddünen nach der Oase Sebha und ihrem Hauptort Djedid. Auch hier hielt sich Rohlfs nicht auf, sondern strebte rasch über eine trostlose Einöde, wo kleine bunte Kieselsteine einen natürlichen Mosaikboden bilden und auch nicht Eine Pflanze, nicht Ein Thier die Einförmigkeit der Ebene unterbricht, dem von Palmen beschatteten Rhodua zu, wo er in den durch Barth und Duveyrier bekannten Weg nach Mursuk einlenkte.

Die zweite Hälfte der Tagebücher wird die Reise von Kuka nach Mandara, die ferneren Erlebnisse in Bornu und die grosse, so viel neuen Boden berührende Reise von Kuka über Jakoba nach dem Benue und durch Joruba nach Lagos enthalten, auch sollen ihr die meteorologischen Beobachtungen und die daraus abgeleiteten Höhenbefunde beigegeben werden.

Über die beiliegenden Karten haben wir uns schon bei früherer Gelegenheit (Geogr. Mitth. 1867, S. 373) ausgesprochen. Wir begnügten uns nicht mit einer einfachen Reproduktion der sehr sorgfältig entworfenen Routenkarten des Reisenden, die das höchste Lob verdienen, sondern vereinigten damit alles vorhandene Material zu ausführlichen Kartenbildern, um den gegenwärtigen Stand unserer Kenntniss von dem betreffenden Theile Afrika's vollständig vorzuführen.

1. Land und Leute von Fesan.

Die letzten Jahrhunderte des Sultanats Fesan. — Bevor ich zur Beschreibung von Fesan schreite, will ich einen kurzen Auszug aus einem Arabischen Manuskript geben, welches die Geschichte des Landes während der letzten 200 Jahre enthält und das ich der zufälligen Bekanntschaft eines interessanten Mannes verdanke.

Als ich meinen ersten Besuch bei Hamed Bei, dem Schich el Blad (Bürgermeister) von Mursuk, abstattete und wir beide auf einem kleinen Teppich vor dem Hause sassen, den Uled ben Mussa zuschauend, Gauklern aus dem Sus-Lande im Süden von Marokko, welche die ganze mohammedanische Welt, manchmal auch christliche Länder durchziehen [1]), kam ein Mann auf uns zu, dessen Kleidung sagte, dass er eben nicht zu den Honoratioren der Stadt, indess auch nicht zu der niedrigsten Volksklasse gehöre. Hamed Bei stand ehrfurchtsvoll von seinem Sitze auf, machte dem Manne Platz und begnügte sich selbst mit einem Zipfel des Teppichs. Nachdem die ceremoniösen Begrüssungen zu Ende waren, sagte Hamed Bei: „Mustafa Bei [diess war mein Name], Du weisst wohl nicht, an wessen Seite Du sitzest?" — „In der That nein." — „Diess ist Si Mohammed Besserki, der letzte direkte Abkömmling des letzten Sultan von Fesan, ich gebe ihm immer den Ehrensitz, wenn er mich besucht."

Ich hatte also den letzten Sprössling der Uled Mohammed, welche 700 Jahre hindurch bis zur Ankunft der Türken in Fesan regierten, vor mir. Nachdem die Bekanntschaft angeknüpft war, entspann sich eine allgemeine Unterhaltung und alsbald merkte ich, dass Mohammed Besserki ein gebildeter und namentlich vorurtheilsfreier Mann sei. Als ich mich entfernte, bat ich ihn, mich zu besuchen, und auf sein Versprechen, diess gern thun zu wollen, lud ich ihn schon den folgenden Tag ein. Seine eigene Geschichte ist kurz diese: Als Mukni Besitz von Mursuk nahm, tödtete er alle Uled Mohammed, deren er habhaft werden konnte, Mohammed Besserki's Vater floh mit seinen beiden Vettern nach Kairo, wo er starb, während die Vettern nach Bornu gingen und noch heute dort als Privatleute leben. Mohammed Besserki selbst, damals ein Säugling, wurde ins Harem des Mukni gesteckt und wuchs mit dessen Kindern auf, seine Beschneidung wurde eigenhändig von Mukni vorgenommen, und dass er Königssohn sei, erfuhr er erst später nach der Vertreibung und dem Tode Mukni's. So wuchs er auf, wurde zum Faki herangebildet, und als die Türken unter Bekir Bei endlich von Fesan Besitz nahmen, wusste er seine Abkunft schon, ja er hatte auch, da er sich von der Arbeit seiner Feder ernähren musste, Schritte gethan, damit ihm das Türkische Gouvernement wenigstens einen Theil seiner Privatgüter zurückerstatte, denn die Türken, wie vor ihnen Mukni, hatten alles Privateigenthum der Uled Mohammed confiscirt. Unter Hassan Bascha, der auf Bekir Bei folgte, kam denn auch von Abd ul Medjid ein Firman, der die Güter und Angelegenheiten Mohammed Besserki's ordnen sollte, derselbe wurde jedoch gleich bei seiner Ankunft in Mursuk vernichtet, da mittlerweile alle Güter aus den Händen der Regierung in die von Privatpersonen gekommen waren; mit dem aus dem Verkauf gelösten Gelde hatten sich natürlich die Baschanate bereichert. Alles, was man ihm nach langem Zögern gab, war eine Besitzakte über 275 Palmen, die denn auch jetzt sein ganzes Eigenthum bilden. „Ich bin zu stolz", fügte er hinzu, „um mehr anzuhalten, da selbst, wenn von Stambul Befehl käme, mir mein rechtmässiges Gut zurückzugeben, alle reichen Mursuker, als Ben Alua, Makursí, Hadj Amri &c., gleich den Kaimmakam bestechen würden, den Befehl zu verheimlichen, weil sie sonst einen grossen Theil ihrer liegenden Gründe verlieren würden; ich gehe nie aus, nur besuche ich manchmal Hamed Bei. Den Kaimmakam selbst jedoch habe ich nie besucht und alle Leute sagen, ich sei menschenscheu; dem ist indess nicht so, aber soll ich mit den Leuten freundlich sprechen und umgehen, die unrechtmässiger Weise im Besitze des Meinigen sind?" Auf meine Frage, ob keine Chronik seines Hauses oder Fesan's aufzutreiben sei, erwiderte er nach einigem Besinnen, dass ein alter Negerthaleb eine solche besitze, die aber nur bis 200 Jahre hinaufreiche, und dass er sie bekommen könne. Einige Tage später brachte er sie denn auch und ich hiess ihn, sofort Abschrift davon zu nehmen. Mir die wörtliche Übersetzung vorbehaltend gebe ich einige Auszüge und beginne mit Sultan Mohammed ben Djehim, obwohl die Chronik noch etwas weiter zurückreicht. Man erstaunt

---

[1]) Der Anführer einer Gauklerbande der Uled ben Mussa, den ich in Marokko kennen lernte, behauptete, ganz Deutschland mit seinen Leuten durchzogen zu haben, und wusste in der That viele Städte Deutschlands zu nennen.

über die wechselvolle Geschichte dieses einst für uns Europäer geheimnissvollen Reiches.

Mohammed ben Djehim, der 1036[1]) zur Regierung gekommen war, starb eines natürlichen Todes im Jahre 1067 und es folgte ihm sein Sohn Djehim, der jedoch noch am Tage der Thronbesteigung von seinem Bruder Mohammed Ndjib ermordet wurde, worauf dieser die Regierung übernahm. Unter seiner Regierung rückte von Tripoli unter Murad Bei ein Heer heran, bei Delim kam es 1093 zur Schlacht, in welcher Sultan Mohammed Ndjib getödtet wurde, und es folgte sein Bruder (dritter Sohn Mohammed ben Djehim's) Mohammed en Nasser ben Djehim. Das Tripolitaner Heer unter Murad Bei, das bei Delim, wenn auch nicht siegreich, doch auch nicht geschlagen war, wurde indess durch andere Truppen unter Mukni (I.) verstärkt und vereint bemächtigten sie sich Mursuk's, ja sogar der Person Mohammed en Nasser's, der von Murad Bei gefangen nach Tripoli geschleppt wurde, während Mukni als Herr in Mursuk zurückblieb.

Jedoch blieb Mukni nicht lange Meister der Stadt, die Bewohner des Uadi, ihrem alten Sultan getreu, empörten sich, zogen gegen die Stadt, belagerten und stürmten sie und Mukni, der in ihre Hände fiel, wurde getödtet. Aus Mangel an anwesenden männlichen Gliedern der Uled Mohammed übernahm Fathma (eine Tochter Mohammed ben Djehim's) die Regierung, indess nur für einen Monat, bis ihr Oheim Temam kam und riss die Zügel der Regierung an sich. Doch auch dieser konnte sich nur vier Monate behaupten, nach Ablauf welcher Zeit er von seinem Neffen Mohammed, der sich Anhänger im Uadi zu verschaffen gewusst hatte, bei Nacht in Mursuk überrumpelt und vom Throne gestürzt wurde. Auch dieser Mohammed regierte nicht länger als sieben Monate, denn mittlerweile war es dem in Tripoli gefangen gehaltenen Sultan Mohammed en Nasser gelungen, zu entweichen, und im Monat Rhamadan 1110 die Grenzen seines Landes erreichend bildete er unter den ihn mit Jubel empfangenden Bewohnern schnell ein Heer und hielt triumphirend seinen Einzug in Mursuk. Eine Tripolitaner Mhalla (Heer) war ihm jedoch auf dem Fuss nachgefolgt und nach einmonatlicher Regierung war er gezwungen, heimlich seine Hauptstadt zu verlassen und nach Agades zu fliehen. Das von Tripoli gekommene Heer wurde von Mukni (II.) und Chalil Bei angeführt, sie theilten Fesan unter sich so, dass Chalil Bei die westliche Hälfte mit Mursuk, Mukni die östlichen Provinzen mit Tragen als Hauptstadt erhielt. Gegen Mukni empörten sich indess bald die Bewohner der Provinz Schergía und belagerten ihn in Tragen, bis es ihm endlich gelang, sie zu schlagen, und

sie verfolgend machte er eine grosse Rásia (Raubzug) gegen den Uadi hin, stiess aber bei Djerma auf einen Abkömmling der Ulod Mohammod, Namens Mohammed Kaid, der den Mukni schlug und bis Mursuk verfolgte. Einen Monat belagerte er Mursuk, dann aber einsehend, dass die Stadt zu stark befestigt sei, um mit Sturm genommen werden zu können, unterhandelte er mit Mukni und es kam ein Friede zu Stande, bei dem Mohammed Kaid die östlichen Provinzen mit Tragen erhielt, während Mukni im Besitze der westlichen Hälfte mit Mursuk verblieb (es wird nicht angeführt, wo Chalil Bei blieb, es ist jedoch zu vermuthen, dass er nach Tripoli zurückgekehrt war). Mukni schickte indess nach Tripoli um Hülfe und sein Bruder Yussuf Mukni kam mit einem Heer und vereinigte sich mit seinem Bruder unter den Mauern Tragen's, nach einem dreitägigen Kampfe besiegte sie aber trotz ihrer numerischen Überzahl Mohammed Kaid und Yussuf Mukni floh nach Tripoli zurück, während sein Bruder sich in Sebha festsetzte und diese Provinz sowie Schati und die anderen nördlichen Theile Fesan's unter seiner Botmässigkeit verblieben. So war denn Fesan jetzt in drei Theile getheilt, denn Mursuk mit den südwestlichen Provinzen war unabhängig und ohne einheitliche Regierung, während die östlichen Provinzen mit Tragen unter Mohammed Kaid standen. Das Land jedoch, der ewigen Kriege müde und eine stabilere Regierung wünschend als die der schwachen Uled Mohammed, deren Familie selbst immer durch Streit, Mord und Feindschaft zerrissen war, beschloss, Gesandte nach Tripoli zu senden, den Pascha zu bitten, ein Heer zu senden und eine starke Regentschaft einzurichten. Der Pascha gab eine abschlägige Antwort, wahrscheinlich auf Anrathen Mukni's, der kein Heer und keine Herrschaft von Tripoli wünschte, damit er um so ungestörter das Land aussaugen könne, und um dieselbe Zeit ging Mukni nach Tripoli zurück, erklärend, dass es nicht der Mühe werth erachte, in Fesan zu bleiben; er hatte es jedoch vorher so einzurichten gewusst, dass sein Bruder Yussuf in Mursuk als Regent eingesetzt wurde.

Mohammed Kaid bot Yussuf Mukni ein Bündniss an (wahrscheinlich gegen Angriffe von Tripoli her) und dieser ging darauf ein, war sogar während zweier Monate der Gast Mohammed Kaid's in Tragen und Fesan schien sich endlich des Friedens und der Ruhe erfreuen zu können, da rückte plötzlich der längst vergessene Sultan Mohammed en Nasser mit einem Heere Tuareg von Agades heran und schlug bei Maafen sein Lager auf. Von hier aus sandte er Briefe an den angesehensten Marabut Tragen's, Namens Tamer ben Hamsa, um zwischen ihm und Mohammed Kaid zu vermitteln, Mohammed Kaid jedoch wollte von Nichts wissen und rückte aus. Seine Leute kündigten ihm indess den Gehorsam auf und Abends kamen aus dem feindlichen

---

[1]) Die Jahreszahlen sind sämmtlich die der Hedjra.

Lager Leute, verlangten, Mohammed Kaid zu sprechen, und ihm zuredend sagten sie: „Komm, küsse Deinem Oheim das Haupt und mache Frieden mit ihm, weder Deine Leute noch unser Heer soll Etwas davon erfahren, komm mit uns zum Zelte Deines Oheims." Er liess sich überreden, hatte nicht so bald das Zelt seines Oheims betreten, als er geknebelt und gefangen nach Mursuk geschickt wurde. (Hier ist wieder nicht gesagt, wo der Yussuf Mukni blieb, der doch Regent von Mursuk war.) Von hier wurde er dann nach dem Sudan exilirt. Ungestört im Besitze ganz Fesan's starb Sultan Mohammed en Nasser am 24. Jemaad I im Jahre 1122. Ihm folgte sein Sohn Ahmed. Unter seiner Regierung sandte Hamed Pascha ein Heer von Tripoli, das auch bis Mursuk gelangte, jedoch nach einer achttägigen Belagerung sich zurückziehen musste. Nach neun Monaten folgte ein anderes Heer, das jedoch ein gleiches Schicksal hatte und nach einer 18tägigen Belagerung sich nach Tripoli zurückzuziehen gezwungen sah. Letzteres Heer war von Hassan e' sserir (Hassan der Kleine) commandirt. Es kam jedoch jetzt zwischen Sultan Ahmed und Hamed Pascha ein Vertrag zu Stande, wonach sie sich verpflichteten, einen 45jährigen Waffenstillstand zu beobachten. Nach Ablauf dieser Zeit sandte Hamed Pascha ein Heer gegen Fesan aus unter Ben Durfo. Dieser war früher Maghaseni im Hausstande des Sultan von Fesan gewesen, war desertirt und hatte sich in Tripoli, wo er Dienste nahm, emporgeschwungen. Unter ihm und dem Sohne des Pascha von Tripoli, Mohammed Bei, langte das Heer vor Mursuk an und begann die Stadt zu belagern. Sechs Monate schlossen sie dieselbe ein, alle Zufuhr abschneidend, ohne sie jedoch einnehmen zu können. In der Stadt selbst war indess eine entsetzliche Hungersnoth ausgebrochen und Sultan Ahmed, durch die Leiden seiner Unterthanen erweicht, beschloss zu unterhandeln. Er bot Mohammed Bei an, ihn nach Tripoli zu begleiten, falls er ihm sicheres Geleit geben wolle und mit der Armee abzöge. Mohammed Bei ging hierauf ein und so verliess denn Sultan Ahmed allein seine Hauptstadt und begab sich ins feindliche Lager. Mursuk wurde während seiner Abwesenheit von seinem Sohne regiert. Im Lager Mohammed Bei's wurde der Sultan indess mit allen seinem Range zukommenden Ehren empfangen und gelangte mit der Armee in Sicherheit nach Tripoli. Auch hier wurde er von Hamed Pascha auf die ausgezeichneteste Weise empfangen und mit Ehren und Geschenken überhäuft. Heimlicher Weise jedoch sandte Hamed Pascha einen seiner Feldherren, Hamed Biri, nach Fesan mit dem Befehle, die Mauern Mursuk's zu schleifen, was denn auch vollbracht wurde, und als die Nachricht nach Tripoli kam, dass keine Festung mehr in Fesan existire, entliess der Pascha den Sultan mit reichen Geschenken und derselbe kehrte nach neunmonatlicher Abwesenheit nach Fesan zurück. Dass Sultan Ahmed von da an wahrscheinlich in einem wirklichen Vasallenverhältniss zu Tripoli stand, geht daraus hervor, dass er wegen der Schleifung der Wälle Mursuk's gar keine feindlichen Schritte gegen Tripoli unternahm, im Gegentheil fährt die Chronik fort: Bald nach seiner Ankunft in Mursuk beschloss Sultan Ahmed, obgleich er erblindet war, zum Hause Gottes zu pilgern, und benachrichtigte den Pascha von Tripoli hiervon, der seinen Entschluss höchlichst billigte, überdiess reiche und zur weiten Reise unentbehrliche Geschenke sandte, als ein grosses Zelt, eine ganze Kameelladung von Hufeisen. Als alles diess in Mursuk ankam, fanden drei Tage und drei Nächte Spiele und Tänze um das aufgespannte Zelt Statt.

Der blinde Sultan Ahmed trat die Reise an, erreichte auch Mekka und kehrte, nachdem er den schwarzen Stein, auf dem unser Herr Abraham zu opfern pflegte, so wie auch das Grab des Propheten (Gruss und Friede über ihn) geküsst und besucht hatte, über Masser (Kairo) zurück. Hier machte er die Bekanntschaft eines Augenarztes vom Rharb (Marokko; es giebt in der That in Dötz im Atlas am Ras l'ued Draa Schrüfa-Familien, in denen die Kunst, den Staar zu stechen, erblich ist, wie man ja auch bei uns dergleichen Familien findet, in denen z. B. die Kunst, Brüche einzurichten, vom Vater auf den Sohn fortgeerbt), der ihm das Augenlicht wieder verschaffte. Aber lange sollte er sich dieses Glückes erfreuen, auf seiner weiteren Heimreise, gerade als er zum letzten Male noch die Grenzen seines Landes wieder erblickt hatte, erlag er 1181 in Udjila seinem Alter und wurde ebenda bestattet.

Es folgte sein Sohn Sultan Taher, der sieben Jahre herrschte, und (es ist nicht angegeben, ob er starb, verdrängt oder getödtet wurde) nach ihm bestieg 1188 Ahmed ben Mohammed el Manssur den Thron und regierte bis zu seinem Tode während 16 Jahre. Nach ihm übernahm 1204 Mohammed el Hakem (diess ist der Grossvater des noch lebenden Mohammed Besserki, welcher mir diese Urkunde verschaffte) die Regierung, dankte jedoch nach 15 Jahren (1219) einer unheilbaren Krankheit wegen freiwillig zu Gunsten seines Bruders Mohammed el Mutassir ab.

Unter seiner Regierung wurde der Dynastie der Uled Mohammed ein Ende gemacht, denn Mukni (III.), Feldherr Jussuf Bascha's von Tripoli, kam in der erstaunlichen Geschwindigkeit von 17 Tagen (der heutige Courier braucht über Beni Ulid und Sokna 22 Tage) mit einem Heere nach Fesan und sich mit einem Neffen des Sultan verbindend tödtete er Mohammed el Mutassir. Nach einer siebentägigen Scheinregierung dieses Neffen und einer siebentägigen Gefangenschaft wurde dieser ebenfalls von Mukni getödtet und Letzterer erklärte sich zum Sultan von Fesan.

Nach ruhiger einjähriger Regierung (das Manuskript schweigt von den entsetzlichen Greueln und Grausamkeiten, die dieser Mann verübte, und doch sprachen seine heute noch lebenden Zeitgenossen nur mit Zittern davon) kamen die Uled Sliman von Masser (?) (Ägypten) und belagerten Mukni in Mursuk, jedoch hatte hiervon Jussuf Bascha ebenfalls Nachricht bekommen und Mukni ein Heer zu Hülfe geschickt. Erst als dasselbe bereits Rhodua erreichte, bekamen die Uled Sliman Nachricht und zogen sich nun eiligst auf Schati zurück. Mukni verfolgte sie, ereilte und schlug sie und richtete ein grosses Blutbad unter ihnen an. Darauf vereinigte er sich bei Kobor Schiuch inmitten der Sanddünen in der Nähe von Edri mit dem Tripolitaner Hülfsheer, beide zogen auf Temsaua los, in welches sich die Reste der Uled Sliman zurückgezogen und befestigt hatten, und nach einer 40tägigen Belagerung wurde Temsaua mit Sturm genommen, der Ort selbst geschleift und sämmtliche Bewohner, auch Greise, schwangere Weiber und Kinder nicht ausgenommen, getödtet. So weit die Chronik[1]).

Ich habe nicht angestanden, diesen kurzen Auszug aus den letzten Jahren der Geschichte des Reiches Fesan hier wiederzugeben, da ja überhaupt die Chroniken hier sehr selten sind, denn in Mursuk existirt ausser dieser nur noch eine andere im Besitze des Faki Hadj Ibrahim, die bis zur Gründung des Sultanats Fesan zurückreicht. Ich füge nur hinzu, dass auch Mukni unter Abd el Djelil und den ersten Türkischen Paschas Greuel und Hinrichtungen an der Tagesordnung waren; wenn Abd el Djelil sich nicht genirte, die drei Thore Mursuk's mit abgeschnittenen Menschenköpfen zu schmücken, und durchschnittlich täglich drei bis vier Hinrichtungen Statt fanden, so machten Bekir Bei und Hassen Pascha die Sache mehr ohne Geräusch ab, man erdrosselte oder erstach in den Häusern und verbreitete dann das Gerücht, die so Getödteten seien entflohen. Selbst Mustafa Pascha, der zur Zeit Herrn von Beurmann's hier Kaimmakam war, exekutirte fünf Leute, darunter zwei Gatroner Marabutin, auf eigene Faust und einem hierher verbannten Tscherkessen schlug er eigenhändig mit einem Palmstock ein Auge aus, und von dieser Periode sind wir bloss zwei bis drei Jahre entfernt. Freilich zur Zeit, als Englische Konsular-Agenten in Mursuk wohnten, konnte dergleichen nicht vorkommen, denn alle von der Regierung Verfolgten flohen ins Konsulat, wo sie dann, namentlich wenn sie unschuldig waren, begnadigt herausgingen. Mit dem jetzigen Kaimmakam sind die Leute Fesan's recht wohl zufrieden: „Wir leben auf", sagen sie, „überdiess wissen wir ja, dass die Konsuln nicht weit sind [in Tripoli] und dass die Türken uns jetzt ohne Blutvergiessen regieren, haben wir nur den Christen zu verdanken."

Fesan, d. h. der Theil der Wüste, welcher politisch früher Sultanat war und jetzt Kaimmakamat des Baschalik Tripoli ist, zeigt sich auch von der Natur als ein Ganzes von natürlichen Grenzen umschlossen. Im Norden die Hammada mit den Schwarzen Bergen, im Westen die Hochlande der Asgar, im Süden die Akruf-Berge, welche die Länder der Tebu oder Teda mit denen der Tuareg vereinigen, schliessen ein Becken ein, von dem nördlich Araber und Berber, westlich Tuareg, südlich und südöstlich Teda-Völker wohnen. Dieses grosse Becken war jedenfalls noch in jüngster Zeit ein See; die geringe Tiefe, bei der man überall auf Wasser stösst, die grossen Dünen-Massen, namentlich am Nord- und Südufer des Beckens, endlich die Sserir bezeugen es, denn wenn man die Hammada als eine durch untere Gewalt emporgehobene Ebene bezeichnen kann, die vielleicht, jedenfalls aber nicht lange Zeit von Wasser bedeckt gewesen (da eine Hammada immer mit sehr scharfzackigen, manchmal grossen, manchmal kleinen Steinen bedeckt ist, die, wenn sie längere Zeit unter Wasser gestanden hätten, rund geschliffen sein müssten), so ist die Sserir von einem ganz anderen Charakter. Niedriger als eine Hammada, die wirkliche Hochebene ist, erhebt sich eine Sserir wohl über den Boden, der bebaut wird, doch selten mehr als 50 Fuss, ist ausserdem überall von grobem Kies oder kleinen, glatt und rund geschliffenen Steinen bedeckt, was den langen Aufenthalt unter Wasser anzeigt. Man kann daher innerhalb Fesan's eigentlich von keinen Hochebenen reden und wenn man z. B. ein „Hochplateau von Mursuk" auf einigen Karten angegeben findet, so ist diese Hochebene wohl kaum mehr als 50 Fuss höher als Mursuk selbst gelegen. Ueberdiess findet man in allen Sserir selbst bei geringer Tiefe Wasser und während z. B. mit kleinem Unterschiede fast alle Brunnen zwischen Ghorian, Sintan, Rhadames und Derdj ein und dieselbe Tiefe haben, so haben auch die Brunnen Fesan's, selbst die zahlreichen der Sserir mit eingeschlossen, die gleiche Tiefe, nur muss man die geringe Erhebung der Sserir abrechnen. Auch hier unterscheidet sich die Sserir von der Hammada dadurch, dass man überall Wasser findet, wie die häufigen Brunnen beweisen, während die Hammada nur da Wasser hat, wo sie eine Tiefebene, wie z. B. Átua, in sich schliesst oder von einem Ued durchschnitten wird. Was nun die Bodenerhebung anbetrifft, so sollen die Resultate meiner Höhenmessungen in einem besonderen Abschnitt zusammengestellt werden, auf den ich vorläufig verweise. Im Ganzen können wir annehmen, dass Fesan fast durchweg eine ziemlich gleichmässige Höhenlage hat, dass auch die zahlreichen Uadi, die es nach allen Richtungen durchziehen, nicht viel tiefer liegen als

---

[1]) Die weitere Geschichte Mukni's (unter dessen Regierung später Lyon und Ritisch Fesan besuchten) und Abd el Djelil's ist ja überdiess bekannt.

Klima und Bodenkultur. Die durchschnittliche Temperatur Mursuk's fand ich zu 21° C., während die von Rhadames 24½° C. beträgt[1]). Diess muss sich aus der grösseren Winterkälte, hier vermehrt durch den feuchten Boden, erklären, denn die Hitze im Sommer ist hier wahrscheinlich grösser als in Rhadames. In der That beobachtete ich, wie aus den meteorologischen Tabellen im Anhang zu ersehen, vor Sonnenaufgang am 20. Dezember —4°, am 30. Januar sogar —5° C., ausserdem an mehreren Tagen —1° bis —3° und während der beiden Monate Dezember und Januar sank das Thermometer überhaupt an 24 Tagen auf oder unter den Gefrierpunkt, und diess mitten in der Stadt. Wie in der ganzen Wüste ist sonst in Fesan das Klima ein sehr regelmässiges und deshalb, Orte abgerechnet, die wie z. B. Mursuk auf einen Sumpf gebaut sind, äusserst gesund für den, der sich ein Mal an die Trockenheit der Luft und den hohen Hitzgrad gewöhnt hat, und eben die Trockenheit der Luft verursacht im Sommer, dass man die Hitze weit leichter erträgt als am Meeresufer, wo durch den Feuchtigkeitsgehalt die Ausdünstung der Haut, also eine Abkühlung derselben, verhindert wird.

Man machte die Erfahrung, dass, obwohl Fesan noch nicht in der Zone der tropischen Regen liegt, dieselben dennoch von Zeit zu Zeit bis hierher kommen, und zwar mit Südwind. Unter Hassen Pascha und Mustafa Pascha kamen solche Wassergüsse und zwar so anhaltend, dass die Bewohner Mursuk's ausziehen mussten, denn die meisten Häuser schmolzen, da sie nur aus salzhaltigen Erdklumpen aufgeführt sind. Es ist den Fesanern daher gar nicht recht, wenn es regnet, und wie in Tuat, Tafilet und Draa beten sie zu Gott, es nicht regnen zu lassen. Sie bedürfen des Regens aber auch nicht, denn da sie überall Wasser bei geringer Tiefe finden, bewässern sie mit leichter Mühe jeden Anbau; die Palmen haben eine künstliche Bewässerung nicht nöthig, indem sie mit ihren Wurzeln überall die Wassernappe zu erreichen scheinen. Indess kennt man in Fesan nicht jenes künstliche System von Bewässerung, das ein Mal vollendet weder Menschenarme noch Thierkräfte bedarf, ich meine das der Fogara. Da ich früher schon bei meiner Reise in Tuat die Einrichtung einer Fogara oder künstlichen, von selbst fliessenden Wasserleitung besprochen habe, brauche ich hier nicht darauf zurückzukommen, sondern will nur erwähnen, dass in Fesan die Ziehbrunnen, wie sie in ganz Nord-Afrika verbreitet sind, die gebräuchlichsten sind. Entweder von Menschen, Kameelen, Ochsen oder Eseln gezogen, sind dieselben so eingerichtet, dass mittelst eines Gestelles von Palmbäumen und Stricke über dem Wasserloche oder Brunnen ein zweimündiger Schlauch auf- und niedergezogen wird. Bis der Schlauch die Erdoberfläche erreicht, bleiben beide Mündungen in gleicher Höhe, sobald jedoch der Schlauch ausgiessen soll, geht die grössere Partie des Schlauches durch ferneres Anziehen (indem das Tau des unteren Endes seinen längsten Punkt erreicht, also nicht weiter aufgezogen werden kann) in die Höhe und das Wasser ergiesst sich durch die untere Öffnung[1]). Diese Schläuche halten meist 40 bis 50 Liter Wasser und da sie bei einer Tiefe von 10 Meter in einer Minute durchschnittlich vier bis fünf Mal aufgezogen werden können, so kann man eine ziemliche Oberfläche innerhalb einer Stunde bewässern.

Mit Getreide macht man in Fesan im Jahre durchschnittlich fünf Eruten: in den Wintermonaten baut man Weizen und Gerste und im Frühjahr, Sommer und Herbst die verschiedenen Hirse- und Durra-Arten, namentlich Ksob und Gafoli. Ksob, zuerst im März eingesäet, wird vier Mal nach einander gepflanzt und geerntet, freilich kommt die letzte, im Monat Dezember Statt findende Ernte der Kälte wegen nicht mehr zur Reife, so dass Halm und Frucht nur als vorzügliches Viehfutter verwendet werden. Jahraus jahrein könnten alle Gemüsearten gezogen werden, leider findet man jedoch nur die in diesen Zonen gewöhnlichsten, z. B. im Sommer die verschiedenen Melonen- und Gurkenarten, im Herbst Rüben und Wurzeln, im Winter Bohnen und Saubohnen, im Frühjahr Mlochia &c. Bei einiger Pflege gedeihen jedoch alle Gemüse; so zog man zur Zeit, als Konsular-Agenten in Mursuk residirten, Kartoffeln, Erbsen, Kohl &c., während sie jetzt nicht gebaut werden; überdiess ist das Klima derartig, dass unsere europäischen Gemüse fast in jeder Jahreszeit gedeihen würden. Von anderen Pflanzen baut man Tabak, jedoch klein und schlecht (vielleicht wegen der Art der Pflanze und weil man sie nicht zu pflegen versteht), und Baumwolle. Dieser hier gezogene Strauch gedeiht ausserordentlich gut, perennirt während sechs bis sieben Jahre und giebt grosse, wenn auch nicht sehr weiche und langseidene Wolle habende Baumwollknollen. Von Fruchtbäumen würden ebenfalls alle unserer gemässigten Zone angehörenden gedeihen und eine Menge der heissen. Ich habe Oliven gesehen, die man mir vom Uadi brachte und die an Grösse und Güte denen Sintan's oder des Ghorian keineswegs nachstanden. So aber findet man nur Feigen und Mandeln als hauptsächlichste Fruchtbäume.

---

[1]) Ich fand die mittlere Jahrestemperatur, indem ich ein Thermometer ½ Meter tief an einer Stelle des Bodens eingrub, die nie von der Sonne beschienen wird.

[1]) Siehe die trefflichen Abbildungen in H. Duveyrier's „Les Tuaregs du Nord".

Die Dattelpalmen. — Der Reichthum des Landes wird wie in allen Oasen indess durch die Palmen gebildet, und zwar scheinen wir mit Fesan die Grenze des Vaterlandes der Palmen erreicht zu haben, denn die in den westlichen Oasen, als Derdj, Rhadames, Tuat, Ued Ssaura, Tafilet, Draa &c., sind jedenfalls eingeführte und angepflanzte; selbst die kleineren Palmgruppen, die man zwischen jenen grösseren findet, sind wohl nur zufällig entstanden, indem der Dattelkern, wo er nur einigermaassen günstigen Boden findet, sich ausserordentlich schnell entwickelt. Hier indess, z. B. namentlich in Rhodua, findet man Palmengebüsche, die ganz das Ansehen eines Palmen-Urwaldes abgeben, wie man sie in der Westlichen Sahara nie antrifft. Oder sind sie verwildert und ist das eigentliche Vaterland der Palmen noch weiter nach Osten zu suchen? Die Zahl der Dattelsorten in einem so grossen Palmenwalde wie Fesan ist natürlich nicht gering, bloss um Mursuk zieht man mehr als 30 Arten, von denen die vorzüglichsten Tillis, Tuati und Auregh heissen. Die übrigen mir bekannten Arten heissen: Bilbil, Tarhiat, Nefússi, Laduè, Laschiqǔr, Tamischkil, Gerbani, Tegedáf, Chodár, Arrhelfl, Ádui, Mássori, Ssellaulau, Borni, Kortaui, Fertekau, Issaba, Tassuét und Hamar[1]). Als eigentliches Vaterland der Datteln bezeichnen die Fesaner Tragen, weil dort die vorzüglichsten Sorten und die meisten Spielarten vorkommen. Im Ganzen behaupten sie über 300 verschiedene Arten (?) in Fesan zu haben.

Thiere. — Von Hausthieren sind nur Kameel[2]), Huhn und Taube zu erwähnen, denn die wenigen Pferde, vielleicht 50 in ganz Fesan, die krüppelhaften Rinder, Schafe und Ziegen, die überdies immer von aussen her eingeführt werden müssen, verdienen kaum Beachtung. Grössere wilde Säugethiere giebt es in Fesan nicht, selbst Hyänen und Schakale kommen nicht vor, obgleich manche Reisende behaupten, vor dem Geheul genannter Thiere nicht haben schlafen zu können. An den unbewohnten Orten, Oasen und Uidan mögen sich manchmal Gazellen, Antilopen &c. aufhalten, dass sie jedoch nicht häufig sind, geht daraus hervor, dass nie welche zu Markt gebracht werden. Von Vögeln trifft man jetzt Sperlinge, Schwalben, Raben, Mauerfalken und manchmal Aasgeier; im Sommer sollen wilde Tauben und Enten sehr zahlreich sein, jetzt im Winter aber suchen sie weiter im Süden ein wärmeres Klima. Wirklich sieht man im Winter in den Palmenwäldern gar keine Tauben. Insekten, Schlangen &c. sind gleich denen in den übrigen nördlichen Oasen, besonders zu erwähnen habe ich nur die von Herrn Duveyrier beschriebene und abgezeichnete Larve, Dauda (Wurm) genannt, die nördlich vom Uadi im Behar el Daud' gefischt, mit Datteln, Gewürz &c. zu einem Teig geknetet, auf den Markt gebracht und von den Fesanern als Leckerbissen genossen wird[1]).

Der Handel Fesan's ist unbedeutend und wenn man den früheren Sklavenverkauf ausnimmt, auch wohl nie von Wichtigkeit gewesen. Fesan dient als Zwischenort zwischen Bornu und den angrenzenden Negerländern einerseits, Tripolitanien und Ägypten anderseits. Die von Norden nach Süden gehenden Waaren sind so bekannt, wie auch die aus Central-Afrika kommenden, als dass ich nöthig hätte, darauf zurückzukommen. Ich will hier nur bemerken, dass der Sklavenhandel in neuerer Zeit hier eher zu- als abnimmt. Zum kleineren Theil werden die Sklaven nach Tunis versandt oder in der Tripolitanie selbst verkauft, zum grössten Theil gehen sie über Udjila nach Ägypten. Es liegt dies nun einerseits daran, dass die Türkischen Behörden da, wo sie sich nicht von Konsuln beaufsichtigt wissen, den Menschenhandel eher fördern als hindern, anderseits auch daran, dass von den christlichen Mächten, die es zuerst unternahmen, die Sklaverei abzuschaffen, wie England und Frankreich (Deutschland hat mit Ausnahme Hessen's, Gott Lob, nie Menschenhandel betrieben), in neuerer Zeit wohl andere Ansichten geltend gemacht sind, denn wir haben anderen Orts darauf hingewiesen, dass in der Französischen Algerie, in den Sahara-Provinzen noch immer Sklaven gefischt und gekauft werden. Ein einzelner hiesiger Privatmann, der Hadj Amri (der sich mir zuerst als Englischer Agent vorstellen liess und als ich dann aus dem Royal Almanac ersah, dass gar kein Agent Englands hier sei, mir sagte, er sei Agent [Ukil] Gagliuffi's, des früheren Englischen Konsular-Agenten in Mursuk und jetzigen Privatmanns in Tripoli, unter K. Österreichischen Schutze als aus Fiume gebürtig), hat im vergangenen Jahre, also bis zum 27. Mai 1865 (1282 der Mohammedaner begann mit dem 27. Mai), über 1100 Sklaven expedirt, wie mir der Kaimmakam Halim Bei selbst erzählte, und noch heute hat er wenigstens eine Bande von 50 Sklaven in seinem Hause als zu verkaufende Waare. Sehr schmeichelhaft und ehrenwerth für Herrn Gagliuffi, einen Compagnon und Agenten hier zu haben, der so gute Geschäfte in Menschenwaare macht!

Genauen Aufschluss über den Umfang des Sklavenhandels in Mursuk erhielt ich eines Tages von ganz unerwarteter Seite. Der Türkische Militärarzt liess sich nämlich bei mir anmelden und nachdem er mich in geheimnissvoller Weise gebeten, den vor der Thür wartenden

---

[1]) Vergl. Eduard Vogel's Verzeichniss der Datteln von Mursuk in „Geogr. Mittheil." 1855, S. 249.   A. P.
[2]) Zwei Arten, das Tebu- oder Sudan-Kameel und das Arabische, beide in Grösse, Gestalt und Eigenschaften sehr von einander verschieden.

[1]) Schon Eduard Vogel hatte Exemplare dieses Thierchens nach Europa geschickt. Siehe Abbildung und Beschreibung in „Geogr. Mittheil." 1855, S. 246 und Tafel 19.   A. P.

Kawas fortzuschicken, machte er mir folgende Mittheilung: „Es scheint, o Mustafa Bei, dass Du Deine Augen gar nicht aufthust und Nichts von dem grossartigen Sklavenverkauf erfährst, der hier, seit Halim Bei Kaimmakam ist, Statt findet". Nachdem ich ihm gesagt, dass ich recht gut davon unterrichtet sei, dass man nach wie vor hier Sklaven verkaufe, fuhr er fort: „Der Kolrassi [der die Soldaten commandirende Major] hat mir so eben, da er jetzt wie ich gerade ein Jahr hier ist, gesagt, dass in den vergangenen zwölf Monaten 4048 in Mursuk eintransportirt und verkauft sind. Er muss jedenfalls die Zahl genau wissen, da jeder Transport im Thore vom wachthabenden Korporal gezählt wird und dieser ihm die Meldung darüber macht. Die Transporte kommen überdiess nur bei Nachtzeit an, und um dann die Thore zu öffnen, muss der Kolrassi selbst zugegen sein. Der Kaimmakam, obgleich der Sultan den Sklavenhandel verboten, bekommt für jeden Kopf, der eingeführt wird, 2 Mahbub [circa 10 Francs] und sein Schwiegersohn, der Kawasbascha, für jeden, der ausgeführt wird, 2½ Groschen [circa 13 Sous]; dafür drücken denn beide ein Auge zu. Unter diesen 4048 Sklaven, die in den letzten zwölf Monaten hier eingeführt wurden, sind diejenigen nicht einbegriffen, die durch die übrigen Orte Fesan's kommen, ohne Mursuk zu berühren, und deren Zahl der obigen mindestens gleich kommt. In jedem Orte hat der Kaimmakam seinen Agenten, die dieselbe Abgabe von jedem Kopfe entgegennehmen. Du siehst, dass der Kaimmakam sich dadurch jährlich eine Extra-Einnahme von fast 20.000 Mahbub macht." Ich schwieg, emsig meine Nargile fortrauchend, um in meinem Kopfe zu finden, weshalb mir ein Türke eine solche Mittheilung mache, denn dass es nicht Menschenliebe, philanthropisches Gefühl sei, was den Türkischen Militärarzt bewog, mir eine so wichtige Mittheilung, zugleich, wie hervorleuchtete, im Namen des Militär-Commandanten zu machen, war mir klar. „In der That eine hübsche Summe für einen Kaimmakam, der überdiess nicht schlecht besoldet ist", antwortete ich, um Etwas zu sagen. Und siehe da, das Räthsel löste sich: „Eine ungeheure Summe, ja Bei, aber glaubst Du wohl, dass weder der Kolrassi noch Hamed Bei noch auch ich je einen Para erhalten haben? Der Kaimmakam ist so geizig, dass, so lange wir mit ihm hier sind, auch keiner von uns nur einen Heller erhalten hat." Aha, dachte ich, ihr möchtet theilen, und wenn der Kaimmakam euch von jedem Sklaven einige Para gegeben hätte, würdet ihr mir diese Mittheilung sicher nicht gemacht haben. „Wenn Du nur ein Wort darüber an den Muschir schreibst, so wird er abgesetzt", fuhr er fort, „denn selbst wenn er den Muschir bestochen hat, und diess ist der Fall, da er ihm erst kurz vor Deiner Ankunft zwölf Sklavinnen und andere reiche Geschenke schickte, ist derselbe genöthigt, aus Furcht, Du möchtest darüber nach Konstantinopel schreiben oder es den anderen Konsuln in Tripoli mittheilen, den Kaimmakam auf der Stelle abzusetzen."

O neidischer Doktor, dachte ich, aus wie schmutzigen Beweggründen machst Du mir diese Mittheilungen! Da indess unsere Wünsche harmoniren, einen Kaimmakam abgesetzt zu sehen, der offen Sklavenhandel erlaubt oder vielmehr selbst treibt, so werde ich sicher nicht unterlassen zu schreiben. Diess theilte ich jedoch unserem Äskulap nicht mit, sondern begnügte mich, einige weitere Notizen über die besonders am hiesigen Menschenfleisch-Handel betheiligten Personen zu nehmen. Natürlich konnte ich auch den Muschir so wie den Englischen General-Konsul in Tripoli, Herrn Drummond Hay, nicht eher davon benachrichtigen, als bis ich zur Abreise fertig war, weil ich sonst mein weiteres Vordringen ins Innere nur ganz hätte aufgeben können. Nicht dass ich vom Kaimmakam Etwas zu fürchten gehabt hätte, nein, das ganze Volk, Fesaner, Tebu, selbst die Bewohner von Bornu würden mir feindlich gesinnt worden sein, sobald sie erfahren hätten, dass ich es gewesen wäre, der ihrem lukrativen Handel Hemmnisse in den Weg gelegt. Aber ich frage, ob es nicht an der Zeit wäre, dass irgend eine Macht, England oder Frankreich, einen Konsul sowohl in Rhadames als auch in Fesan einsetzte, um diesem Unwesen, das alljährlich 10- bis 15.000 Menschen in die Sklaverei schleppt, ein Ende zu machen. Freilich müsste derselbe, um unabhängig zu sein, besoldet sein, und zwar anständiger als die früheren Konsular-Agenten, die blos L. 40 das Jahr hatten. Niemand wird in einem solchen Lande wie Fesan oder Rhadames, fern von jedem Verkehr mit civilisirten Menschen, ohne eine anständige Besoldung bleiben wollen, abgesehen davon, dass ein nicht besoldeter Konsul wie Gagliuffi, der zwölf Jahre hier war, zum Handel seine Zuflucht nehmen muss, um anständig leben zu können, dabei aber ganz und gar sowohl den Bewohnern als auch der Behörde gegenüber sein Ansehen und seine Macht verliert. Und so glaube ich denn auch, dass zur Zeit Herrn Gagliuffi's der Menschenhandel eben so florirte wie jetzt, denn hätte Herr Gagliuffi sich ernstlich dem Sklavenhandel widersetzt, so würde er sich die Schichs von Bornu, Uadai, Tebu &c., welche die grössten Sklavenhändler sind, zu Feinden gemacht haben, es ist aber hier eine allbekannte Thatsache, dass Herr Gagliuffi von allen Sudan-Fürsten Geschenke bekam und entgegennahm, was wohl seine guten Gründe gehabt haben wird; ist doch heute noch sein Agent und früherer (vielleicht auch noch jetziger?) Compagnon Hadj Amri der erste Sklavenhändler Fesan's. Thäte nicht der Gustav-Adolph-Verein und die vielen anderen Missions-Gesellschaften weit besser, statt

Missionen, die sehr kostspielig sind, in die mohammedanischen Länder oder nach Inner-Afrika zu senden, hier alle ankommenden Sklaven — und zumeist sind es Kinder oder junge Leute — aufzukaufen und unter Leitung von tüchtigen Lehrern und etwa eines Konsuls hier eine christliche Niederlassung zu gründen? Da England und Frankreich jetzt dem Sklavenhandel nach den mohammedanischen Staaten ruhig zusehen, wäre diess das einzige und leicht ausführbare Mittel, denn von Intoleranz der Türken und Fanatismus der Fesaner hat man hier Nichts zu befürchten.

Verwaltung. — Fesan, das früher zwölf Mudirate hatte, die auch noch dem Namen nach bestehen und funktioniren, von denen jedoch jetzt nur sieben vom Gouvernement aus besoldet sind (jeder Mudir soll monatlich 500 Piaster oder 20 Maria-Theresien-Thaler Gehalt haben), ist augenblicklich in einem Bildungszustande, denn man geht damit um, wieder zwölf Mudire zu besolden und ihre Kreise genau abzugrenzen. Die Mudirate sind: Bondjem, Sokna, Schati, Temenhint, Sebha, Uadi Schergi, Uadi Rharbi, Hoffra, Schergia, Sella, Rhodua und Gatron. Alle Mudirate werden vom Kaimmakam Fesan's eingesetzt und von ihm, wenn er es für gut befindet, abgesetzt, ohne dass er es nöthig hätte, darüber Befehl vom Muschir der Tripolitanie einzuholen. Die Verwaltung ist die der anderen Türkischen Provinzen, absolut der That nach, indem der Wille des Kaimmakam oder Mudir Gesetz ist, der Form nach constitutionell, indem sowohl dem Kaimmakam wie dem Mudir eine Midjelis oder Rathsversammlung zur Seite steht, die nicht bloss berathende, sondern auch beschliessende und gesetzgebende Stimme haben soll, indess meist nur figurirt.

So ergiebig Fesan wegen seiner grossen Fruchtbarkeit und seines günstigen Klima's sein könnte, so wenig weiss das Türkische Gouvernement Nutzen aus diesem Lande zu ziehen. Das direkte Einkommen des Landes beläuft sich im günstigsten Falle auf 800.000 Piaster das Jahr (nach den Angaben Hamed Bei's, der Kateb el mel oder Rechnungsführer ist), also ungefähr 200.000 Francs. Hierbei ist jedoch nicht gerechnet die grosse Summe, die die Regierung aus dem Verkaufe der Datteln des Beilik bezieht und welche nicht in Rechnung gebracht zu werden scheint. Um Mursuk allein könnte die Zahl der der Regierung gehörenden Palmen eine Million betragen und in manchen anderen Provinzen ist dieselbe grösser. Die direkten Einnahmen dienen dazu, die Beamten zu besolden, incl. den Kaimmakam, und die Truppen, welche letztere jedoch nicht sehr regelmässig abgezahlt werden. Nach Tripoli und Konstantinopel kommt somit ausser Geschenken an Sklaven und Sklavinnen und anderen Gegenständen, die der Kaimmakam für gut und nützlich findet beizuschicken, kein Heller; im Gegentheil alle Kleidungsstücke, Ausrüstungs-Gegenstände, selbst Lebensmittel, als Reis, Fett, Zucker und Kaffee, der Soldaten kommen von Tripoli oder Stambul. Allerdings kann man keineswegs sagen, dass die Einwohner Fesan's von ihrer Regierung mit Abgaben überbürdet würden — der Fesaner zahlt nicht den zehnten Theil von dem, was ein Deutscher oder Engländer oder Franzose der Regierung als Abgabe zu entrichten hat —, aber Faulheit der Bewohner, Trägheit und Dummheit in ihren ganzen Einrichtungen macht, dass sie das Wenige, was sie abzugeben haben, kaum erschwingen können. Dabei thut nun leider die Regierung auch gar Nichts, um moralisch oder körperlich das Wohl der Unterthanen zu fördern, unterlässt selbst das Allernothwendigste, um einigermassen den Zustand des Landes zu heben.

Wenn der Verfasser des Buches „Wanderings in North Africa" so sehr und mit Recht über Türkische Regierungsweise und Wirthschaft loszieht, so denkt er nicht mehr daran, dass er in einem früheren Abschnitte seines Buches mit einem gewissen Stolze sagt, dass die Türken mit Hülfe des Englischen General-Konsuls die einheimische Regierung über den Haufen geworfen haben. Wer ist in der That Schuld an der langsamen Civilisirung der Türken, wenn sie überhaupt einer solchen fähig sind, als nur die Engländer? Und England, wenn es je in fremden Ländern *civilisirt*, thut diess nur zu eigenem Frommen und *Besten*, und so sieht man auch in dem genannten Buche immer die eitle Genugthuung hervorschimmern, dass der Verfasser glaubt, als Engländer mehr respektirt zu sein als das Glied irgend einer anderen Nation. Das mag nun früher gewesen sein, aber durch ihre eigene Rolle sind in der That die Engländer in den Augen aller Türken (und auch der Marokkaner, weil England dort ebendasselbe Spiel treibt) nur Vasallen des Sultans, und wenn man sie respektirt, so geschieht das, weil der Sultan sie besonders lieb hat wegen der guten Dienste, die sie ihm immer leisten. Heut zu Tage respektirt in den Augen der Mohammedaner sind die Franzosen und Russen, und von solchen Völkern wie Türken ehrfurchtsvoll gefürchtet zu werden, ist weit jener herablassenden Liebe, die sie den Engländern erweisen, vorzuziehen. Ist es nicht England, das hauptsächlich die gänzliche Freimachung Ägyptens verhinderte? Hat nicht England noch jüngst Tunis dem Sultan in die Hände spielen wollen, wie es ihm früher die Tripolitanie überlieferte, und würde es auch gethan haben, hätte nicht der Sultan der Christen, wie die Araber Napoleon nennen, sein Veto eingelegt? Ist es nicht England, welches verhindert, dass Marokko längst eine Spanische oder Französische Provinz ist? War nicht England am allerthätigsten, um bei der Eroberung der Algerie durch die Franzosen die Eingeborenen zu unterstützen? Warum klagt also ein Engländer über Türkische Wirthschaft, da doch eben England es hauptsächlich ist, welches die Türkei unterstützt und hält. Und dennoch glaube ich von den Türken sagen zu können, was Erneste Renan von den Arabern und ihrer Sprache sagt[1]): „Sie sind für die Wüste geboren und die arme Sprache ist für die Wüste erfunden." Vertreibt sie also dahin, woher sie gekommen sind, und macht die schönen Länder, die einst von unseren Vätern bebaut und für die Civilisation gewonnen worden waren, wieder frei und zugänglich für Religion und Civilisation, wie es heute die Algerie ist. Einerlei für uns Deutsche, ob die Türkei von Russen, Engländern oder Franzosen genommen wird; lassen wir uns nicht durch das sogenannte Gleichgewichtssystem bange machen, je mehr ein Staat sich ausdehnt und seine Grenzen erweitert und verschiedene Völker-Elemente in sich aufnimmt, desto weniger ist er von Einer grossen Nation, die compact im Herzen Europa's 50.000.000 Seelen zählt, zu fürchten. Ich für meinen Theil wünschte Nichts sehnlicher, als dass morgen die Russen in Konstantinopel einzögen oder irgend eine andere christliche Macht.

Bewohner. — Über die Einwohnerzahl Fesan's auch nur eine annähernd genaue Zahl anzugeben, ist mir unmöglich, einestheils weil man vom Gouvernement gar keinen Aufschluss darüber erhält, da es selbst nicht weiss, wie viel Bewohner Fesan hat, anderntheils weil man alle Provinzen selbst durchreisen müsste, um nach Schätzung eine einigermaassen genaue Zahl zu erhalten. Da nun aber Fesan nicht mein Reiseziel, sondern gewissermaassen der Ausgangspunkt meiner Reise ist, so wird man verzeihen, wenn ich hierin auf andere Reisende verweise. In dieser Hinsicht waren dieselben aber, wie ich glaube, nicht glücklicher als ich; ich wundere mich nur, dass Herr Duveyrier, dessen Reise sich doch aufs Türkische Gebiet, Tunesien &c., begrenzte und der uns so ausgezeichnete Nachrichten giebt über Länder, die er nicht bereiste, uns so sparsam über die Tripolitanie berichtet.

Was die Abkunft der Fesaner anbetrifft, so ist es unzweifelhaft, dass sie ein Mischlingsvolk, entstanden aus den sie umgebenden Teda, Bornu, Tuareg, Berber und Araber-Völkern, sind. Die Farbe der Bewohner wechselt vom Schwarz bis zum blendendsten Weiss, vorherrschend ist jedoch die Malaiisch-gelbe Hautfarbe mit der Gesichtsbildung und den Haaren der Neger. Einheimische Sprachen sind in Fesan vorerst das Kanúri (Bornu-Sprache), das selbst von den kleinen Kindern, ehe sie Arabisch lernen, gesprochen wird, dann Arabisch, endlich verstehen sehr Viele Targisch, die Teda- und auch die Haussa-Sprache. Wenn aber bei einem solchen Mischlingsvolke die Rede von einer Nationalsprache sein kann, so muss man als solche die Sprache Bornu's bezeichnen, weil diese am allgemeinsten verstanden und gesprochen wird. Ferner haben die Bewohner Sokna's und Udjila's, welches letztere heute jedoch nicht mehr zu Fesan gerechnet wird, eine eigene Berberische Sprache, die auffallende Ähnlichkeit mit dem Rhadamesischen hat, jedoch in vielen Punkten auch davon abweicht. Ich habe Gelegenheit gehabt, mich mit dem Soknischen zu beschäftigen, und gefunden, dass mehr als zwei Drittel der Wörter ganz mit dem in Rhadames gesprochenen Dialekt übereinstimmen.

So wie sie heute sind, muss man gestehen, dass die Fesaner ein sehr gutmüthiges und sanftes Volk sind. Sobald man sich innerhalb der Grenzen des Landes befindet, hat man weder von Räubern noch Dieben zu fürchten, man kann inmitten eines Ortes seine Sachen ruhig liegen lassen, ohne besorgen zu müssen, dass sie gestohlen werden. Es ist diess um so auffallender, als das Land immer von Tebu wimmelt, die sehr diebisch sein sollen; aber mögen sie es nun in ihrem eigenen Lande sein, hier in Fesan hat man Nichts von ihren diebischen Gelüsten zu fürchten. Die Männer tragen einen Haik oder Barakan, wie die übrigen Eingebornen Tripolitaniens, und einen Fes, rothe oder gelbe Pantoffeln so wie eine kleine Hose und ein grosses weites Hemd, Mansuría, vervollständigen den Anzug; jedoch sieht man hier auch häufig schon die grossen, weiten, entweder dunkelblauen oder weissen Toben Sudan's und Bornu's, natürlich fehlen auch nicht der Litham der Tebu und Tuareg und ihre durch Risse ausgezackten Fellkleider. Die Frauen, so lange sie jung sind mit recht vollen Formen und weil sie wie alle Weiber der nicht civilisirten Völker von Einer Grösse sind, d. h. sehr klein, von fast kugeliger Gestalt, kleiden sich wo möglich noch einfacher, denn ihre ganze Bekleidung besteht in einem Barakan, den sie sich um den Körper wickeln und binden, Schuhe tragen sie selten, indess häufig aus Palmblättern geflochtene Sandalen wie die der Männer. Wie die Araberweiber belasten sie Arme und Beine mit schweren Metallringen, bei den Wohlhabenderen von Silber, von denen ein einziger oft 200 Fr. oder ein Franz. Pfund wiegt. Die Haare, dick mit Butter eingefettet, welche sich mit dem unvermeidlichen Staub bald zu einer schmutzigen Kruste vereinigt, sind in unzähligen kleinen Flechten um den ganzen Kopf geflochten, wie es die Weiber Bornu's und Haussa's zu tragen pflegen. Die kleinen Kinder laufen nackt oder fast nackt umher, bis sie das Alter der Pubertät erreichen, welches hier äusserst früh eintritt. Man sieht nicht selten 10 oder 12 Jahre alte Mütter ihr kleines Kind säugen. Die Sittenlosigkeit ist hier so grenzenlos, wie ich es nirgends angetroffen habe. Ohne

---

[1]) An irgend einem Orte in Renan's „Hist. général et système comparé de la langue sémitique".

sich bewusst zu sein, dass er etwas Böses thut, verführt ein junger Bursche ein Mädchen und verlässt sie, sobald er ihrer überdrüssig ist oder sie Mutter wird. Wilde Ehen sind eben so häufig als geschlossene, dazu kommt noch die unsittliche Vielweiberei, das durch das Gesetz erlaubte Verstossen wirklich verheiratheter Frauen, die sich dann später öffentlich der Prostitution hingeben. Ein so unordentliches Leben, das von der Regierung eher gefördert als verhindert wird, bedingt natürlich eine grosse Zahl unehelicher Kinder und diese kleinen Wesen werden oft von ihren gefühllosen Eltern sich selbst überlassen. Findelhäuser existiren nicht, aber gross ist die Zahl der Kinder, die Nachts auf die Thürschwelle einer Jemma oder Sauia gelegt werden und dann von mitleidigen Tholba oder sonstigen barmherzigen Personen dem Hungertode entrissen werden. Sorglos und fröhlich leben sie jedoch in Fesan dahin, alle Abend hört man Spiel und Tanz und junge und alte Leute hocken und kauern im Kreise, um die Schönen Fesan's sich bewegen zu sehen. Sollte ihnen ja das Aufbringen der Paar Groschen für das Türkische Gouvernement mehr Sorgen und mehr Arbeit als gewöhnlich verursacht haben, so wissen sie sich die Wolken schnell durch Lakbi und Busa[1]) aus dem Kopfe zu verjagen. Die Hochzeitsfeierlichkeiten werden ganz wie die der Araber begangen, ich brauche sie also nicht zu beschreiben. Eben so ist es mit den Beerdigungen; kaum todt, so trägt man schon den gewaschenen Leichnam, in ein weisses Stück Zeug gewickelt, hinaus zu seiner letzten Ruhestätte, einem eben nicht sehr tiefen Loch, in welches er ohne Sarg oder Kasten eingescharrt wird. Eigenthümlich ist hier die Ausstattung der Gräber mit alten zerbrochenen Töpfen, bei den Vornehmeren mit Straussencern. Im Süden der Stadt befindet sich ein Kirchhof, wo man Hunderte von Straussencern aufsammeln könnte; manchmal sind auch die Gräber auf eine für uns Europäer höchst lächerliche Weise aufgeputzt; bei wem sollte es nicht Lachen erregen, wenn man z. B. am Kopfende eines Grabes eine leere Weinflasche mit einem Glase aufgepflanzt findet oder bei einem anderen einen Europäischen Nachttopf, der hier indess wohl nie seinen ursprünglichen Zweck erfüllt hatte, sondern als Trinkgefäss benutzt wurde?

Was nun die häusliche Einrichtung der Fesaner anbetrifft, so lebt die grosse Mehrzahl in Palmhütten, die auf die einfachste Art aufgerichtet sind; manchmal haben sie noch eine kleine Extrahütte, die von aussen mit Lehm beworfen ist und im Winter als Wohnung dient; das Ganze ist dann mit einer kleinen Palmenhecke umfriedigt. Städte wie die Hauptstadt Mursuk, dann Tragen, Djedid &c. sind je nach der Beschaffenheit des Bodens entweder von Steinen oder von blossen Erdklumpen erbaut, jedoch sind alle Wohnungen ausserhalb der Stadtmauer blosse Palmhütten. Die Häuser sind meist nur einstöckig und enthalten ein oder zwei Zimmer, manchmal mit einem kleinen Hofe, meistens, wenigstens in Mursuk, ohne solchen, alle sind ohne Fenster und haben nur Eine niedrige Thür. Die Nahrung der Bewohner ist so einfach wie möglich und Datteln bilden den Hauptbestandtheil, im Übrigen unterscheidet sie sich in Nichts von der der anderen Bewohner Tripolitaniens und Sesometa, Basina und Brod aus Weizen, Gerste oder Ksob bilden auch hier die tägliche Nahrung. Fleisch wird nur in den Städten genossen, und zwar Kameelfleisch; in Mursuk schlachtet man durchschnittlich für einen Tag drei Kameele und ein Schaf oder eine Ziege, die für die ganze, mit den Insassen der aussen stehenden Palmhütten wohl 8000 Seelen betragende, Einwohnerschaft langen müssen.

Mursuk u. sein Markt. — Innerhalb der Stadtmauer dürfte Mursuk excl. der 500 Soldaten, Kanoniere &c. 3000 Einwohner haben. In der Verlängerung der grossen Strasse wird am Tage ein lebhafter Markt gehalten, in dem man ausser Lebensmitteln, wie Fleisch, Brod, und Gemüse, Alles in Detail kaufen kann, was aus dem Inneren Afrika's und von den Europäischen Ländern kommt; jedoch steht derselbe an Wichtigkeit den Märkten Tafilet's weit nach und kann namentlich mit dem grossen Markt von Abuam, der selbst die Seestadt Tripoli an Zahl der Buden übertrifft, gar keinen Vergleich aushalten. Auch finden sich hier zwei Türkische Kaffeehäuser, die immer stark besucht sind, da die Kaffeewirthe es möglich machen können, die Tasse zu fünf Para (ein Maria-Theresien-Thaler hat 1000 Para) zu verkaufen. Nachmittags zwischen 2 und 4 Uhr ist namentlich der ssuk (Markt) belebt, dann wird er auch von den zufällig hier weilenden reicheren Kaufleuten besucht und das Auge, zu Tode gelangweilt von den einfarbigen grauschmutzigen Anzügen der Fesaner[1]), kann sich etwas weiden an den bunten Anzügen

---

[1]) Lakbi ist das bekannte, aus Palmensaft bereitete, gegohrene Getränk, jedoch nicht stark berauschend. Busa wird aus Gáfolikörnern und Datteln bereitet, soll stark berauschend und von dicker Consistenz sein und eine weissliche Farbe haben, es wird ausserhalb der Stadt bereitet und gewöhnlich von der fröhlichen Menge auch gleich an Ort und Stelle consumirt. Die Türken indess trinken hier Dattelschnaps, der von zwei Verbannten, einem christlichen Tscherkessen und einem Zigeuner, bereitet wird, jedoch schwerlich einem anderen Europäischen Munde zusagen wird, da er dem schlechtesten Kartoffelfusel weit hintenan steht. In Tafilet verstehen die Juden einen ausgezeichneten gesunden Schnaps aus den Datteln zu destilliren.

[1]) Ich stimme hierin vielleicht nicht überein mit meinem Professor der Psychologie Dr. Fischer in Heidelberg, der lehrte: „Je einfacher der Mensch sich trägt, desto gebildeter kann man ihn voraussetzen." Ich glaube vielmehr, er hätte sagen müssen: „Je mehr ein Mensch Harmonie in die Wahl der Farben seines Anzuges zu bringen weiss, desto gebildeter ist er." Mit den Farben ist es wie mit der Musik und Poesie, Monotonie ist ermüdend.

der Sudaner, Bornauer oder Furer Kaufleute. Ergötzliche Scenen werden mitunter durch die Verrückten verursacht, die man hier wie überall in mohammedanischen Ländern frei umher gehen lässt (in Fes ist jedoch ein Haus, wo Tobsüchtige eingesperrt werden) und die sich durch Betteln oder sonst durch das Mitleid der Bewohner nähren. Es ist auch ein Tobsüchtiger darunter, der früher manchmal gefährlich gewesen sein soll, aber er hat dann mehrere so heilsame Prügel bekommen, dass seine Wuth sich jetzt nur noch durch Zähneknirschen und ein dumpfes Grunzen äussert.

2. Reise durch das südliche Fesan.

Abschied von Mursuk. Begleitung. — Obgleich ich am 24. März 1866 Morgens von Mursuk abzureisen beabsichtigt hatte, musste ich doch bis zum folgenden Tag warten, da die ganze Behörde der Stadt heraus kam, um mir Lebewohl zu sagen, und darüber der halbe Tag verloren ging. Zuerst kam der Kolrassi oder Befehlshaber des Kastells und der Garnison, dann der Kaimmakam, von allen seinen Leuten begleitet, selbst der Pfeifenträger und Kaffeemacher fehlten nicht. Dann kam der Chasnadár oder Schatzbewahrer mit dem jüngeren Ben Alúa, der das Amt des Schich el Blad bekleidet, endlich der alte 126jährige Kadhi, begleitet von seinem 70jährigen Sohne (er hat noch ein Söhnchen, das nur fünf oder sechs Jahre alt ist, was beweist, dass der Mann auch über 100 Jahre hinaus unter günstigen Umständen noch zeugungsfähig ist), der das Amt des Mufti bekleidet; endlich der Vorsitzende des Rathes, Ben Alúa. Immer dieselben Worte und Ceremonien, die jedoch wenigstens von Seiten der beiden Ben Alúa von Herzen kamen, denn wie sie früher gegen v. Beurmann auf alle Weise dienstfertig gewesen waren, so hatte auch ich in Mursuk keine ergebeneren Freunde als die Ben Alúa.

Endlich war Alles gepackt, meine Diener nahmen rührenden Abschied von ihren schwarzen Geliebten, deren Herz sie in der Zeit unseres Aufenthaltes in Mursuk gefesselt hatten, auch Mohammed Gatróni's[1]) schwarze Ehehälfte mit einem grossen Korallenstück im rechten Nasenlappen (wie unsere Damen die Ohrläppchen, so durchbohren die Tebu-Damen einen ihrer Nasenflügel, um ein Ringchen oder Korallenstück hineinzuschieben) begleitete uns noch eine Strecke und verliess uns dann, ohne jedoch das Herz des alten Dieners Abd el Kerim's zu Thränen rühren zu können; das wäre gegen seine Würde gewesen. Mohammed Besserki, der letzte Abkömmling der ehemaligen Sultane Fesan's, begleitete mich am längsten, schweigend auf seinem Esel neben mir her reitend, während ich selbst mein Kameel nicht bestiegen hatte der Kürze des Weges halber, da die herannahende Nacht uns nur erlaubte, bis Hadj-Hadjíl zu gehen. Endlich kehrte auch er um und wir waren nun allein. Meine Karawane bestand aus sieben Dienern und fünf Kameelen. Zwei Ghorianer mit ihren Kameelen wollten noch denselben Abend zu uns stossen und Maina Adem, Bruder des Sultans von Kauar, verliess, als er hörte, dass ich wirklich aufgebrochen sei, die Stadt mit allen seinen Kameelen und Leuten, um mit mir die Reise nach Kauar gemeinschaftlich zu machen.

Sand- und Regenstürme. — Mit so gutem Wetter wir indess die Reise angetreten hatten, so unangenehm endete der Tag für uns. Dicht vor Hadj Hadjíl, gerade mit Sonnenuntergang, brach ein solcher Sandsturm von Osten her über uns ein, dass eben nur die unmittelbare Nähe des Dörfchens es möglich machte, dasselbe noch erreichen zu können, denn man konnte seine Hand vor den Augen nicht sehen. An Zeltaufschlagen war natürlich nicht zu denken und nachdem das Essen in einem Hause gekocht und verzehrt war, legten wir uns um unsere Säcke und liessen uns ruhig vom Sande begraben, mit dem wir uns am anderen Morgen zollhoch überschüttet fanden. Auch am anderen Tage konnten wir die Reise nicht vor Abend fortsetzen.

Das Wetter blieb gleich stürmisch, aber da es zu regnen begann und somit der belästigende Staub aufhörte, machten wir uns Nichts daraus und nahmen die Richtung auf Bidan zu. Eine sandige Ebene hinter uns lassend waren wir bald wieder in einem wilden Palmwald, lagerten aber schon nach zwei Stunden, da der Regen zu heftig wurde, auch Bidan nicht mehr zu erreichen war. Gleich nach uns kam auch die grosse Tebu-Gofla (Karawane), jedoch ohne ihren Führer Maina Adom, der noch in Mursuk zurückgeblieben war; sie lagerte dicht neben uns. Das Wetter stürmte und regnete die ganze Nacht in gleicher Weise und meine Diener, die kein Zelt aufgeschlagen hatten, fanden sich am anderen Morgen bis auf die Haut durchnässt und steif von Kälte; ein tüchtiges Feuer und eine Tasse Thee belebten jedoch bald wieder und um 8 Uhr Morgens brachen wir in derselben Richtung wieder auf, die Tebu-Gofla hinter uns lassend, die es zu kalt fand, um so früh aufzubrechen. Schon nach 1½ Stunden erreichten wir Bidan, ein kleines Dörfchen aus Palmhütten und von einigen wenigen Gärten umgeben. Um unsere Kameele abzufüttern, liess ich Halt machen, denn im Palmwalde, in

---

[1]) Der treue Diener Dr. Barth's begleitete auch mich nach dem Sudan.

dem wir fortwährend marschirt waren, gab es für sie Nichts zu fressen und hier war ich glücklich genug, Datteln für sie kaufen zu können. Jetzt kam auch die Tebu-Gofla, marschirte jedoch, ohne sich aufzuhalten, weiter nach dem unfernen Bir Beránin, der am Rande der Dünen auf geradem Wege nach Mestúta sich befindet. Das Wetter blieb immer noch sehr windig und wenn auch der Regen sich gelegt hatte, so war der Staub, den uns der Ostwind wahrscheinlich aus einer Gegend, wo es nicht geregnet hatte, zuführte, eben so unerträglich. Nachmittags setzten auch wir den Marsch nach dem Bir Beránin fort und erreichten ihn nach einer kleinen Stunde.

„Neulinge" und *„Zeugen".* — Die ganze Gegend zeichnet sich hier durch Neulinge aus oder Hügel, die sich durch Anhäufung von Sand mit vegetabilischen Stoffen gebildet haben. Gewöhnlich giebt der Ethel oder die Tamariske die Veranlassung zu solchen vereinzelten, meist konischen Hügeln, die oft die Höhe von 20 bis 30 Fuss erreichen, und auf den meisten sieht man auch noch einen Ethelbusch. Sie geben der Gegend ein höchst eigenthümliches Ansehen und man findet sie in der ganzen Sahara. Man muss sie indess wohl unterscheiden von den „Zeugen" (Französisch: témoins), die, wenn sie auch dasselbe Aussehen haben wie die Neulinge, nicht durch Anhäufungen, sondern durch Auswaschungen entstehen, indem das weichere Terrain rings um eine härtere Partie entweder durch Wasser oder Wind weggerissen ist und einzelne Hügel, meist von derselben Gestalt und Höhe wie die Neulinge, als „Zeugen" vergangener Terrain-Formation stehen geblieben sind. Die „témoins" sind indess viel seltener und leicht daran zu erkennen, dass sie nie Wurzeln oder vegetabilische Stoffe enthalten.

Der Tebu-Fürst Maina Adem. — Gleich nach unserem Eintreffen am Bir Beránin traf auch Maina Adem ein und war so höflich, vor meinem Zelte abzusteigen, — oder war es vielleicht die Cigarette und eine Tasse Kaffee, die ihn zu mir lockten? Dieser Fürst raucht und trinkt Kaffee und Thee, wenn man ihm es anbietet, scheut jedoch die Ausgabe, um selbst solches zu kaufen, und doch ist er keineswegs mittellos, denn nach den Abgaben zu schliessen, die er in dem einzigen Jahre 1865 dem Türkischen Gouvernement von seinen verkauften Sklaven gezahlt hat (circa 10 Francs per Kopf), musste er gegen 10.000 Maria-Theresien-Thaler bei sich führen. In Kauar, seinem gewöhnlichen Wohnorte, vergräbt er das Geld und freut sich vielleicht dann und wann am Schein der blanken Silberstücke. Er war indess ganz neu angezogen und ritt ein recht hübsches Berber-Pferd, das er in Mursuk gekauft hatte, um es seinem zukünftigen Schwiegersohn zu schenken, denn ein vornehmer Tebu giebt seiner Tochter bei ihrer Verheirathung ein Pferd mit.

Mestúta. — Nach einem angestrengten Marsche ohne Halt und immer zwischen Sand-Dünen, welche wohl die Höhe von 100 Fuss erreichten, kamen wir nach Mestúta, einer kleinen, von Norden nach Süden laufenden Oase, zwei Stunden lang, eine halbe Stunde breit. Mestúta hat mehrere Brunnen mit leidlich gutem Wasser, die Ruinen eines alten Kastells aus den Zeiten der Sultane von Fesan liegen in der nördlichen Hälfte. Wilde Palmen und Kameelfutter in Menge bedecken diese Fläche mit einem dicken grünen Teppich, in dem viele Kaninchen und Ratten hausen; einige Tauben, Sperlinge und Schwalben, letztere wohl nur vorübergehend, bilden die luftige Bevölkerung.

Unterschied zwischen Araber- und Tebu-Kameelen. — Während des Marsches bemerkte ich mit Erstaunen den Vorzug der Tebu-Kameele vor meinen eigenen und auch früher schon auf den ganz anderen Bau dieser Thiere aufmerksam fiel mir diess jetzt immer mehr in die Augen. Während das Araber-Kameel, wahrscheinlich durch die Araber in Nord-Afrika oder durch die Berber-Völker eingeführt, schwerfällig ist, dickere Beine, einen dickeren Hals zeigt, mit Einem Worte viel gedrungener ist, erreicht das Tebu- oder Borgu-Kameel eine bedeutendere Höhe, der Hals ist viel dünner und lang gestreckt und die Beine sind viel schmächtiger. Auch ist es bei weitem nicht so behaart wie das Araber-Kameel. Wie das Araber-Kameel südlich von Kauar nicht leben kann, denn es ist eine bekannte Thatsache, dass alle von Norden nach Bornu oder Sudan kommenden Kameele nach kurzer Zeit sterben, sei es nun in Folge der anderen Nahrung oder aus sonst irgend einer Ursache, eben so können auch die Afrikanischen Kameele das nördliche Klima nicht vertragen. Man kann also wohl mit Recht auch in Afrika ein einheimisches Kameel annehmen[1]), denn auf den ersten Blick sieht man die grosse Verschiedenheit zwischen einem Araber-Kameel und einem der Tebu. Wenn nun aber die der letzteren bedeutend geschwinder sind im Gehen, so haben sie nicht die gleiche Ausdauer wie die Araber-Kameele, vermögen auch nicht so schwere Lasten zu tragen.

Von Mestúta nach Gatron. — Wir verliessen Mestúta um 7 Uhr in der Richtung von 150°, welche wir auch den ganzen Tag inne hielten. Jenseit der Grenze der Oase hatten wir eine Sserir vor uns, deren Ende wir um 11 Uhr an dem Gurt el Kebir erreichten. Der Gurt el Kebir ist ein Ausläufer der südwestlich sich hinziehenden Dünen und einen grossen Bogen nach Süden zu bildend geht er durch Osten nach Norden herum. Nachdem wir den Gurt überstiegen, breitete sich vor uns eine endlose, jedoch nicht

---

[1]) Vergl. Barth, Reisen und Entdeckungen in Nord- und Central-Afrika, Bd. 1, S. 215; Duveyrier Les Tuareg du Nord, p. 221. A. P.

hoch gewellte Sand-Ebene aus; um 4 Uhr erblickten wir im Osten Um el Adam, um 5 Uhr tauchte in derselben Richtung Djufára auf und um 7½ Uhr erreichten wir Dekír. Der Brunnen musste erst gegraben werden, womit indess die Tebu, als der Arbeit gewöhnt, schnell fertig wurden. Das Wasser ist leidlich. Im Mondschein nahmen sich die Palmen Dekír's höchst sonderbar aus, da alle Zweige vom Fusse bis zur Krone am Stamme, wenn auch vertrocknet, herunterhingen, denn Niemand kommt hierher, sie zu befruchten oder zu schneiden. Die herabfallenden Datteln kommen den vorüberziehenden Reisenden oder den wilden Thieren, Kaninchen, Gazellen und Schakalen, zu Gute.

Am 31. März brachen wir von Dekír um 7½ Uhr auf und in fast gerader Süd-Richtung mit dem Thale fortgehend erreichten wir, beständig zwischen Palmen reitend, um 12¼ Uhr Gatron. Maina Adem kam erst lange nach uns an, da er seine Kameele weiden liess. Ich lagerte am Nordrande des Ortes, was gegen den Karawanen-Gebrauch war, denn eine nach Süden marschirende Gofla muss immer an der Südseite eines Ortes oder Brunnens, eine nach Osten an der Ostseite &c. lagern; da aber die Nordseite Gatron's einen schönen, von Palmen beschatteten Platz bot, so liess ich dort mein Lager aufschlagen, worüber sich Maina Adem, als er ankam, höchst entrüstet stellte und nach der Südseite zog. Maina Adem nimmt überhaupt, seit er aus dem Bereich Mursuk's und mithin des Türkischen Gouvernements ist, immer mehr an Herrscherwürde zu, denn in Mursuk spielte er, obwohl Fürst, dem Kaimmakam und auch mir gegenüber eine ganz untergeordnete Rolle, indem ihm die Türken nicht einmal militärische Ehre erwiesen. Die Marabutin mit ihrem derzeitigen Chef, dem Hadj Djafer, empfingen mich mit bekannter Zuvorkommenheit und während meines Aufenthaltes in Gatron hatte mein Koch vollkommene Ruhe; auch freuten sie sich sehr, dass Mohammed Gatróni in meinen Diensten war, denn obgleich nicht aus dem Orte selbst gebürtig, betrachten sie ihn doch als einen der Ihrigen. Natürlich erwiderte ich ihre Gastfreundschaft mit einem entsprechenden Geschenk an Zucker, Thee, Essenzen, Messern und anderen Kleinigkeiten. Der Hadj Djafer ist zugleich Mudir über das ganze Gatron-Thal; er muss 100 oder mehr Jahre haben, denn sein Sohn Hadj Mahmud ist ein weisshaariger Greis. Er ist es auch, der Lyon Gastfreundschaft erwies, so wie allen späteren Reisenden.

Die Bevölkerung in Gatron ist durchaus schwarz, obgleich keineswegs rein Tebu. Man spricht gleich gut Tebu und Bornu und versteht Arabisch. Wie die übrigen Einwohner Fesan's sind auch die Gatroner sehr gemischter Abstammung und selbst die Marabutin, die den geringeren Theil der Bevölkerung ausmachen, sind weit davon entfernt, Arabisches Blut in ihren Adern zu haben. Gatron kann 1000 Einwohner haben, ein Theil der Leute wohnt in Erdhäusern, ein Theil in Palmhütten, alle sind einzig und allein auf die Palme angewiesen, denn die wenigen Gemüse, das wenige Korn, Weizen, Gerste, Bischna, Ngáfoli und Ksob reichen eben hin, um sie selbst zu ernähren. Die Datteln sind indess vorzüglich und die Frauen verstehen es, ausserordentlich zierliche Körbchen und Teller aus den Palmblättern zu verfertigen, die in der ganzen Tripolitanie berühmt sind. Die Tracht der Männer und Frauen ist wie im übrigen Fesan, nur sieht man namentlich bei den Frauen mehr Sudan- als Europäischen Kattun zur Kleidung verwendet. Man hatte mir sehr die Schönheit der schwarzen und braunen Gatronerinnen gerühmt und ihre grosse Gefälligkeit, aber sei es nun, dass ich an dem Tage von einem bösen Stern geleitet war oder dass heuer die weibliche Bevölkerung Gatron's diess Privilegium nicht mehr besitzt, auch nicht ein einziges niedliches Köpfchen kam mir zu Gesicht, so sehr ich auch danach suchte.

Abends am Tage unserer Ankunft war indess grosse Musik und Tanz zu Ehren des Mondes, der Nachts vorher sich entfernt hatte (Mondfinsterniss); eigentlich sollte das im Augenblick, wo er wieder hervorkommt, Statt finden, da aber die Meisten zur Zeit der Verfinsterung schon geschlafen hatten, so begrüsste man ihn heute. Zwei Gruppen hatten sich formirt, eine, die im Kreise den bekannten Negertanz mit Stöcken aufführte, eine andere aus jungen Mädchen und Knaben bestehend. Die Mädchen bildeten einen dichten Kreis, bewegten in beiden Händen grosse Fächer von Palmzweigen und sangen zu der begleitenden Musik, welche in einer Trommel und eisernen Handplatten bestand, die gegen einander geschlagen wurden. In der Mitte des Kreises befanden sich drei oder vier Knaben, die am Kreise der Mädchen herumgingen und von ihnen gefächelt wurden, dann auf ein gegebenes Zeichen tanzten sie wüthend im Inneren des Kreises, so stark springend und mit den Händen schlagend, wie sie konnten, und die kleinen Mädchen stampften den Takt mit den Füssen. Bis lange nach Mitternacht dauerte dieser Lärm.

Intriguen gegen die Reise nach Tibesti. — Am folgenden Tag war Ruhetag; alle Marabutin kamen zu mir heraus und der Hadj Djafer und sein Sohn bewirtheten uns wie am vorigen Tage. Einen meiner Diener jedoch musste ich hier zurücklassen, da er marschunfähig war, obgleich er sonst ein guter Mann zu sein schien; ich übergab ihn den Marabutin und bat sie, ihn mit nächster Gelegenheit nach Mursuk zu schicken. Der Tag verging unter Ausbessern und Reinigen der Sachen, auch einige Tebu stellten sich ein, um mir Kameele zu vermiethen, keiner jedoch wollte nur ein Wort von Tibesti hören, indem alle, obgleich sie aus dem Lande waren, den Weg nicht gehörig zu kennen vorgaben oder sonstige nichtige Gründe hatten. Ich merkte nun, dass Maina Adem dahinter steckte, denn wir hatten verabredet, dass ich mit allen meinen Dienern von Tedjérri aus über Tao in Tibesti nach Bilma ginge in Begleitung von einigen treuen Tebu, er selbst aber mit Mohammed Gatróni, einem anderen meiner Diener und meinem sämmtlichen Gepäck die gerade Strasse nach Kauar nehmen solle. Wir hatten uns schon in Mursuk hierüber geeinigt und eine Menge Tebu aus Tibesti hatten sich mir in jener Stadt zur Begleitung angeboten, aber Maina Adem behielt sich die Wahl der mir mitzugebenden Tebu vor, damit ich auf alle Fälle sicher ginge. In Gatron nun bekam Maina Adem die Nachricht, dass die in Kauar Salz holenden Tuareg mit den dortigen Einwohnern nicht übereingekommen und mit allen ihren Waaren von Kauar weg und nach einer benachbarten Oase gezogen wären. Obgleich es noch weit von Feindseligkeiten war, so fürchtete er doch jetzt für seine eigene Sicherheit und indem er den Tibesti-Tebu vorspiegelte, ich sei ein Türkischer Spion &c., verleidete er ihnen den Gedanken, mich in ihr Land zu führen; er wollte mich auf diese Weise zwingen, ihn zu seiner eigenen Sicherheit nach Kauar zu begleiten. Indem ich nun zwar in Gatron jeden Gedanken an Tibesti aufgeben musste, hoffte ich noch in Tedjérri mein Vorhaben ausführen zu können.

Bachi und Medrússa. — Am 2. April um 6 Uhr Morgens schickte der Hadj Mahmud noch ein reichliches Frühstück und gleich darauf liess der Sultan Adem mir sagen, dass er marschbereit sei, demzufolge brach auch ich auf. Immer südlich und unter Palmen reitend erreichten wir nach zwei Stunden das Dorf Bachi und nach zwei weiteren Stunden Medrússa. Dieser Ort sowohl wie Bachi hat nur einige wenige Häuser aus Thon oder Erde, die meisten sind aus Palmzweigen gebaut, wodurch sie jedoch keineswegs an Reiz und Reinlichkeit verlieren, sie nehmen sich im Gegentheil viel hübscher aus als jene schmutzigen, halb verfallenen Häuser. Beide Dörfer haben kaum einige hundert Einwohner. Die Bevölkerung ist durchweg schwarz und eben so wenig schön wie die in Gatron, jedoch sah ich Abends zwei schöne Tebu-Gestalten aus Tao von brauner Gesichtsfarbe, die mit ihren grossen Lederschilden, eisernen Spiessen, dem Handdolch, Schwert und endlich dem Schangermangor[1]) versehen Maina Adem und dann mir ihre Aufwartung machten. So schrecklich ausgerüstet sie waren und so ritterliche Gestalten sie besassen, so grosse Feiglinge waren sie, denn als ich ihnen eine etwa 500 Schritt entfernte Palme zeigte und ihnen sagte, dass ich dieselbe mit meinem Repetirstutzen treffen wollte, machten sie sich eiligst davon und auch Maina Adem, der sie herbegleitet hatte, wollte das Resultat nicht abwarten. Diese beiden Tebu hatten eine auffallend helle Gesichtsfarbe.

Dicht vor Bachi liessen wir am Morgen links am Wege die Ruinen Serénibé's liegen, deren Mörtel nach Moritz v. Beurmann mit Schita oder Bornu-Pfeffer gemischt sein soll. Zwischen Bachi und Medrússa erweitert sich das Thal sehr und Ethel-Büsche haben Veranlassung zu zahlreichen „Neulingen" gegeben. In Medrússa übte Maina Adem seine sultanische Herrschaft in so fern aus, als er vier Lakbi tropfende Palmen durch seine Leute in Besitz nehmen liess. „Unser gnädiger Herr will Lakbi trinken", erwiderten sie den protestirenden Eigenthümern, und als er Abends seinen Muth durch den brausenden Saft gehoben hatte, liess er mir durch einen seiner Diener gebieten, meinen Hund anzubinden, indem die ihn besuchenden Tebu sich fürchteten, das Lager zu betreten. Da Mohammed Gatróni, mein gewöhnlicher Vermittler mit den Tebu, wahrscheinlich aus Freude, eine früher von ihm verstossene Frau hier wohl und gesund vorgefunden zu haben, auch zu tief in eine Lakbi-Gulla geschaut hatte, liess ich durch meinen alten Marokkaner Diener Hamed Riffi dem Sultan sagen, er möchte sich um seine eigenen Angelegenheiten kümmern und falls er den Hund angebunden wünsche, möge er einen seiner Leute senden, um ihn anzubinden. Der gnädige Herr hatte auf eine solche Antwort Nichts zu erwidern. Am anderen Morgen früh besuchte mich der Sultan selbst in meinem Zelte und obgleich ihn der Hund nicht allzu artig empfing, that er, als ob Nichts vorgefallen wäre, und ich desgleichen. Er brach dann eine Stunde vor mir auf, da der ehrwürdige Diener Abd el Kerim's, Mohammed Gatróni, noch allerlei kleine Geschäfte mit seiner ehemaligen Ehehälfte abzumachen hatte.

Um 11 Uhr folgten wir und die Ruinen eines Dorfes links lassend erreichten wir auch das Ende des Palmenwaldes; vor uns bestand die Vegetation nur noch aus Dommrahn und einzelnen Attila-Büschen. Eine Menge Tebu, alle bis an die Zähne bewaffnet, eskortirten uns hoch zu Méheri reitend, alle in der Hoffnung, dass wir in Tedjérri von ihnen Kameele bis Kauar miethen würden. Nach einer kleinen Stunde sahen wir sechs bis acht Stunden von uns in östlicher Richtung entfernt den Djobel Ben Gnémi, der, wenn auch nicht hoch, so doch umfangreich zu sein scheint. Um 2½ Uhr erreichten wir gegen Süden marschirend den von einigen Palmen beschatteten Bir Ssuffra-Tedüssma, wo der Sultan mit der Tebu-Gofla auf guter Kameelweide lagerte und von dem gerade östlich, ebenfalls im Thale, der Bir Toal, auch von einigen Palmen umgeben, liegt.

---

[1]) Schangormangor ist kein Wort der Tebu-Sprache, in der Teda-Sprache heisst diess Wurfeisen Medjri, die lange Lanze Édiboï, der Wurfspiess Edtne, der Handdolch Loï, das Schwert A'kassu, der Schild Kiffa, der Pfeil Kinnik, der Bogen Néros.

Der Sonnenschirm ein Privilegium der Sultane. — Am 4. April brach die ganze Karawane um 6¾ Uhr gemeinschaftlich auf, Maina Adem zu Pferde und von einer grossen Schaar Tebu umgeben, die gekommen waren, ihn zu begrüssen. Es ärgerte ihn nicht wenig, dass ich meinen seidenen Sonnenschirm aufspannte, was hier zu Lande ausschliesliches Privilegium der Sultane ist. So unglaublich es klingt, so wahr ist es doch, dass noch unter Hassan Pascha in Fesan ein armer Modjábra-Kaufmann die Laune, unter einem aufgespannten Sonnenschirm in Mursuk eingeritten zu sein, dem Pascha mit 200 Maria-Theresien-Thaler bezahlen musste. Natürlich benutzt heute im ganzen Türkischen Reiche Sonnen- und Regenschirm wer will, aber Hassan Pascha's Regierung liegt kaum 15 Jahre hinter uns. In Bornu und den Sudan-Ländern ist noch heut zu Tage das Tragen eines Schirms ausschliessliches Recht der Sultane, nur uns Europäischen Reisenden ist es gestattet, davon Gebrauch zu machen. Der Sultan hätte mir gern meinen Schirm abgekauft oder ihn noch lieber zum Geschenk erhalten, aber obgleich ich die Sonne auch wohl ohne Schirm hätte ertragen können, wollte ich seiner Eitelkeit nicht neue Nahrung geben und ihm aufs Neue zeigen, dass ich ganz und gar unabhängig von ihm sei. Obgleich wir so äusserlich immer sehr freundschaftlich mit einander verkehrten, so hatten wir doch eine gegenseitige Abneigung: ich, weil ich wusste, dass er es war, der mir mein Vorhaben, über Tibesti nach Kauar zu gehen, vereitelte, er, weil ich mich nicht sklavisch in seine Launen fügte.

Gleich nach unserem Aufbruche kamen wir über die weitläufigen Ruinen von Bíssilmi und sahen hier besonders schön die Formation der „Neulinge", die im Dorfe zu einer Höhe von 30 Fuss aufsteigen und von denen Mohammed Gatróni behauptet, dass sie früher nicht dagewesen seien, sondern höchstens ein Alter von 40 Jahren hätten. Alle bestehen aus Wurzeln und vegetabilischer Erde, von Attila gekrönt. Nach 1½ Stunden liessen wir Kasaráua links vom Wege, es besteht jetzt nur aus drei oder vier Hütten, der Ksor selbst liegt in Ruinen. Auch Palmen sind nicht zahlreich vorhanden. In gerader Ost-Richtung von Kasaráua, am Ufer des Thales und in einer Entfernung von 1½ Stunden, liegt der Djebel Ekéma, der die erste Station auf dem Wege von Medrússa nach Tibesti bildet. Immer im Thale bleibend, das jedoch gleich südlich von Kasaráua aller Palmen entbehrt, gingen wir in der Richtung von 200° weiter, liessen um 12¾ Uhr die Ruinen von Tégüi-Frama links liegen, hatten um 1¼ Uhr die Spitze des Ras Tedjérri in gerader Ost-Richtung von uns und erreichten dann den Sebcha von Tedjérri. Ras Tedjérri ist eine Erhebung des sonst flachen Thal-Ufers und schiebt sich weit ins Thal selbst hinein. Um 3 Uhr erreichten wir Tedjérri selbst nach einem über achtstündigen schnellen Marsche.

Tedjérri ist ein Ort von 500 bis 600 Einwohnern und bildet die politische Südgrenze von Fesan, in seiner Administration steht es wie Bachi, Medrússa und Kasaráua unter dem Mudir von Gatron. Der Ort besteht aus kleinen, niedrigen Thonhütten, die um ein Kastell gebaut sind, das zur Zeit der Noth als Zufluchtsort dient. Im Kastell hat jeder Einwohner sein eigenes kleines Haus, welches jedoch in gewöhnlicher Zeit unbewohnt ist. Es kommt indess jetzt unter der Türkischen Regierung äusserst selten vor, dass Rásia gegen die Tedjérri-Bewohner unternommen werden, höchstens werden sie dann und wann von unabhängigen Tuareg-Schwärmen bedroht. Tedjérri liegt am Südrande eines Sebcha und Wassertümpel mit brackischem Wasser finden sich selbst in der Nähe des Ortes, jedoch giebt es auch Brunnen mit ausgezeichnet süssem Wasser. Vergebens forschte ich nach, wo der Ras oder das obere Ende des langen Thales, das sich von Medjúl bis Tedjérri hin erstreckt, und wenn ein solches vorhanden wäre, ob man diess Thal als ein Flussbett bezeichnen könne. Einige Bewohner behaupteten, dass Tedjérri Ras oder Kopf des Ued sei, andere wiederum meinten, Medjúl sei der höhere Theil. Barometrische Beobachtungen gaben eben so wenig ein Resultat, deuteten vielmehr an, dass von Dekír an, wo ich zuerst ins Thal kam, weder Senkung noch Hebung vorhanden sei. Wir müssen also annehmen, dass es ein muldenförmiges Thal ist, welches einen Theil der grossen Fesaner Niederung bildet, denn auch die Ufer des Thales sind, einige Stellen wie den Ras Tedjérri ausgenommen, kaum einige Fuss über die Thalebene erhaben.

Eine Teufel-Austreibung. — Voller Freude kam am Abend einer meiner Diener, Abd-el-Kader, aus Sokna gebürtig, mit einem Hahn in der Hand angelaufen. „Wer hat Dir den Hahn gegeben?" fragten wir anderen Leute. „Das ist der Lohn für meine Arbeit, ich habe so eben einer alten Frau, die besessen war, den Teufel ausgetrieben." — „Und der Teufel, wo ist er geblieben?" — „Ich konnte ihn nicht fangen, er ist ins Wasser gefahren." — So wie man bei den Juden vor 1800 Jahren Teufel austrieb, so treibt man sie noch heute hier aus und dergleichen Wunder sind nichts Seltenes. Abd-el-Kader, der Sokner, hat sich grosses Ansehen hier erworben, theils weil er fertig Kanúri spricht, indem er früher in Bornu war, dann aber auch, weil er den Aissáuin angehört, einer Brüderschaft, die beim gemeinen Volke sehr geehrt ist, denn die Mitglieder stehen im Rufe, Wunder thun zu können, und essen bei gewissen festlichen Gelegenheiten lebendige Kröten, Schlangen, Skorpione, Nägel und zerhacktes Glas, ohne dass es ihnen schadet, und dadurch glauben sie ihre Wunderkraft zu beweisen.

3. Die Wüste zwischen Fesan und Kauar.

Vollkommene Wüste. — Nachdem vier Tage mit Vorbereitungen und Unterhandlungen mit den Tebu-Reschade hingegangen waren, um Kameele zu miethen, fand sich Maina Adem am 9. April Morgens marschfertig und ich beschloss, obgleich es mir unmöglich gewesen war, ein Kameel aufzutreiben, mit ihm weiter zu reisen. Unsere fünf Kameele waren natürlich über ihre Kräfte beladen, da wir ausser dem Gewöhnlichen für 5 Tage Datteln und Kraut für die Kameele selbst, dann Kochholz für uns mitzunehmen hatten, denn die Wüste vor uns war der Art, dass man auch nicht einen Halm findet. Um 7¾ Uhr verliessen wir Tedjérri und erreichten bald die Grenze der Oase, die sich jedoch in südöstlicher Richtung noch weiter hinzieht, so dass wir den Bir Omah um 10 Uhr in gerader östlicher Richtung von uns hatten. Wir hielten die Richtung von 175°, die wir den ganzen Tag beibehielten, bis wir an den Djuri-Fluss kamen, wo wir noch um einige Grade östlicher gingen. Die Gegend ist sandig, mitunter kiesig und mit grossen Sandsteinblöcken überworfen. Den Djuri (Ghad), von den Arabern Ued Had genannt, erreichten wir um 2½ Uhr. Seinen Namen Had hat er vom Krautе gleichen Namens, das dort nach Regenfällen wächst, jetzt jedoch, da es in dieser Gegend lange nicht geregnet hatte, war Nichts vorhanden. Das Had-Kraut ist dem Dommrahn, das wie auch das Beggel in Fesan seine südlichste Grenze erreicht, nicht unähnlich, jedoch stark bedornt. Der Djuri-Fluss kommt vom Ben-Gnemi und zuerst nach Süden fliessend biegt er hier nach Westen um und verliert sich 6 Stunden weit von hier, am Orte Djuri Ssürma, im Sande. Ich bemerke hierbei, dass ich von hier an, wo wir uns im Gebiete der Tebu befinden, die landesüblichen geographischen Namen wiedergebe, denn wenn wir auch viele Orte, Berge und Flüsse von den Arabern getauft finden, so sind wir doch keineswegs gehalten, deren Benennungen anzunehmen, denn die Araber haben dieselbe Manie wie die Engländer und Mohammed, Ali und Fathma findet man als Namen für Brunnen, Flüsse und Berge eben so häufig, wie es Victoria-, Albert- und Georg-Örter giebt. Dadurch entsteht aber grosse Confusion, und warum sollten wir uns in einem Lande, wo einheimische Teda-Namen vorhanden sind, der Arabischen bedienen?

Um 3 Uhr lagerten wir und hier gelang es Maina Adem, mir ein Kameel zu verschaffen, und zwar von den Tebu, die uns gefolgt waren, um uns ihre Kameele zu vermiethen, aber unverschämt hohe Preise verlangten. Freilich musste auch ich es theuer genug bezahlen, doch meine eigenen Kameele waren so beladen, dass ich den ganzen Tag hatte zu Fuss gehen müssen. Für meinen in Gatron abgegangenen Diener war es mir auch gelungen, in Tedjérri einen anderen aufzutreiben, einen durch den Tod seines Herrn befreiten Neger, dem es sehr erwünscht kam, auf diese Art in sein Vaterland zurückzukommen, obgleich er nicht wusste, ob er aus Bornu, Haussa oder Bágirmi oder einem anderen der Negerländer stamme, da er ganz klein nach Fesan gekommen war und sich seiner Heimath gar nicht mehr erinnerte.

Spuren besserer Zeiten. — Eine Stunde früher als am vorigen Tage brachen wir am 10. April vom Djuri auf. Es blies der heftigste Südost-Wind, ja er steigerte sich bald zu einer solchen Wuth, dass man vor Staub Nichts sehen konnte, daher blieb uns auch der Debássé-Berg unsichtbar, der vom Djuri circa 6 bis 8 Stunden in gerader östlicher Richtung liegt. Die Gegend behält denselben Charakter wie am vorigen Tage: kiesiger, mit grossen Sandsteinblöcken überworfener Boden, der jeder Vegetation ermangelt. Um 2 Uhr erstiegen wir eine Hügelkette und erreichten dann das Thal Dendal-Galadíma, welches sich wie das Thal Meschru vom Debássé herziehen soll. Um 4 Uhr erreichten wir das Thal Meschru und um 6 Uhr den Brunnen selbst, der am nördlichen Abhange einer Hügelkette liegt. Im Thale selbst viele „Neulinge", die ich Anfangs von Weitem für „Zeugen" hielt, dann aber bei näherer Untersuchung fand, dass alle aus vegetabilischen Überresten des Ethelbaumes bestanden. Es ist also anzunehmen, dass diese jetzt ganz baum- und krautlosen Thäler früher mehr begünstigt waren, und eben die vielen, oft 50 Fuss hohen, „Neulinge" beweisen, dass sie mit üppiger Vegetation bestanden waren. In der Mitte des Thales dicht am Wege fanden wir die Reste einer vielleicht 20 Fuss langen Marmorsäule, von denen die Tebu und meine Leute behaupteten, dass es die versteinerten Knochen der Leute der vorsündfluthlichen Welt seien. Ich glaube indess eher, dass früher hier Ansiedelungen der Garamanten waren, dass sie vielleicht hier ihre Chalcedonyx-Gruben hatten, denn man findet noch heut zu Tag äusserst schöne Steine von grüner, gelber und rother Farbe. Auch der Brunnen selbst zeigt durch sein Mauerwerk, dass früher eine feste Ansiedelung hier war, denn in der ganzen Wüste findet man äusserst selten gemauerte Brunnen und fast nur da, wo früher bewohnte Orte standen.

Die Schrecken des Wüstenwindes. — Aber die Leiden des heutigen Tages waren noch nicht zu Ende, denn wenn der erstickend heisse Wüstenwind uns den ganzen Sand ins Gesicht getrieben, unsere Kehlen gänzlich ausgetrocknet hatte und wir mit unseren ledernen Eimern auf den Brunnen zu stürzten, um uns und dann die vor Durst nach Wasser brüllenden Kameele durch einen Trunk zu laben, fanden wir den Brunnen zu unserem Entsetzen versandet. Der Sturm vom heutigen und dem vorhergehenden Tage hatte eine solche Menge Sand hinein getrieben, dass er trocken war. Wir verloren indess nicht den Muth oder vielmehr die Nothwendigkeit zwang uns, sogleich einige Leute in den 30 Fuss tiefen Brunnen hinabzulassen, und alle andere Mannschaft wurde mit Körben und Seilen am Brunnen selbst aufgestellt, um den aufgewühlten Sand herauszuziehen. Nach zwei Stunden harter Arbeit und nachdem ungefähr 3 Kubikmeter Sand mit den Händen aufgekratzt und in Körben aufgewunden worden war, hatten wir Wasser und zwar reichlich und gut, wenn auch trübe. Den Brunnen umgab ein ungeheures Knochenfeld, theils Kameelknochen, theils Menschenknochen lagen massenhaft umher, selbst als ich in mein Zelt kam, fand ich, dass meine Leute in der Dunkelheit einen Schädel nicht hinweggeräumt hatten. So kampirten wir inmitten der verdursteten Menschen, denn dass es die Gerippe von Sklaven waren, beweist der Umstand, dass man sie nicht eingegraben hatte, indem man es nicht der Mühe werth hält, ihnen ein Grab zu geben, wenn sie vor Ermattung oder Durst verschmachten. Der heisse Wind hatte an diesem Tag auch eine so grosse Menge Elektricität in den wollenen Decken und Kleidungsstücken angesammelt, dass Abends knisternde Funken beim Schütteln heraussprangen. Ich war früher der Meinung, dass diese Erscheinung an eine gewisse Örtlichkeit gebunden sei, indem ein solches Übermaass von Elektricität sowohl von Lyon und Duveyrier als auch von mir in den Schwarzen Bergen nördlich von Fesan beobachtet wurde; da ich nun aber auch hier dieselbe Erscheinung sich wiederholen fand, so ist eine solche elektrische Ansammlung doch wohl einzig dem trockenen Winde zuzuschreiben.

Nachdem wir am folgenden Morgen unsere Schläuche gefüllt und die Kameele nochmals abgetränkt hatten, war es 9½ Uhr geworden, ehe wir aufbrechen konnten. Wir hielten die Richtung von 175°. Die Gegend blieb eben so öde und krautlos, jedoch hatten wir rechts und links Gebirgszüge, die indess ohne Namen sind. Im Osten bleiben sie auf 10 bis 12 Stunden Entfernung, im Westen auf 6 Stunden von der Strasse. An beiden Seiten des Weges sahen wir die gebleichten Knochen hingeschiedener Sklaven, manche noch in ihren blauen Negerkattun gehüllt. Auch wer den Weg nach Bornu nicht kennt, braucht nur den Knochen nachzugehen, die rechts und links vom Wege liegen, und er kann nicht fehlen. Um 6 Uhr Abends kamen wir an den Pass, der beim Berge Lágaba bóïa in die Lágaba bóïa (Tnie kebira) oder Grosse Ebene führt. Mit Mühe leiteten wir, da es schon Nacht geworden war, die Kameele in die Ebene hinab und lagerten dann um 8 Uhr Abends. Der heisse Wind hatte uns wie Tags zuvor ausserordentlich ermüdet und unsere Kleidung zeigte am Abend dieselbe elektrische Erscheinung, ja mein armer Hund, der sich auf dem bis 70° erwärmten Boden die Füsse verbrannt und wund gelaufen hatte, war so mit Elektricität geladen, dass beim Streicheln mit der Hand Funken heraussprangen wie bei einer schwarzen Katze. Nach zwei so entsetzlichen Tagen und den Tod der verdursteten Sklaven immer vor Augen fing mir das Wüstenreisen an, recht beschwerlich zu werden, und doch hatte ich bis zur nächsten bewohnten Oase noch so weit.

Früher, aber doch nicht so früh, als es die entsetzliche Tageshitze wünschenswerth machte, brachen wir am 12. April um 6¼ Uhr auf, uns immer mit geringen Abweichungen direkt südlich haltend. Nachdem wir die Lágaba bóïa um 9 Uhr hinter uns hatten, kamen wir über einen niedrigen Hügelzug in die Lágaba kono (Tnie sserrira) oder ins Kleine Thal von derselben Beschaffenheit wie die nördliche Lágaba, jedoch nur zwei Stunden breit. Gegen Westen und Osten sahen wir hohe Berge, die von Norden nach Süden laufen und an beiden Seiten circa zwölf Stunden vom Wege entfernt bleiben. Um 11 Uhr erreichten wir die Hochebene von Alóta kiú, die von Norden nach Süden ansteigt, so dass der Südrand bedeutend höher als der Nordrand ist. Wenn auch nicht so heiss wie an den beiden vorhergehenden Tagen, war die Sonne Mittags doch so empfindlich, dass Menschen und Thiere stark litten; überdiess war mein armer Hund ganz unfähig zum Marschiren und ich musste ihn deshalb reiten lassen. Ich selbst war so erschöpft, dass ich den ganzen Tag Nichts essen konnte, aber alle fünf Minuten mit Begier eine Tasse Wasser trank, dem ich etwas Tamarindensaft zusetzte, um es zu säuern. Maina Adem, dieser Wüstensohn, der die Nächte jetzt noch zu kalt (das Thermometer fiel fast nie unter + 20° vor Sonnenaufgang) fand, um Nachts zu reisen, wäre gern noch am Abend etwas weiter marschirt, ich hielt indess um 7 Uhr meine Leute an und bestimmte ihn dadurch, ebenfalls Halt zu machen.

Das Tümmo- oder War-Gebirge. — Am 13. April liess ich die Tebu-Gofla und ihren Sultan Adem, der noch in sanftem Schlummer lag, zurück, brach mit meinen Leuten um 4½ Uhr auf und erreichte nach einer Stunde den Südrand der Alóta kiú. Um 9 Uhr engagirten wir uns dann in das Gebirge Tümmo (Uar oder War von den Arabern genannt wegen seiner zerrissenen Natur), welches mehrere kesselartige Thäler umschliesst, in deren einem, dem südöstlichsten, die Brunnen oder Wasserlöcher von Tümmo sich befinden. Einen Berg des Tümmo östlich vom Wege, der mir der höchste zu sein schien, bestieg ich und fand seine Höhe zu 900 Meter. Das Gebirge selbst besteht ganz aus schwarzem oder vielmehr an der Oberfläche geschwärztem Sandstein, wie die Schwarzen Berge des Had und Sokna. Der Pass, der durch das Gebirge führt, hat an seiner höchsten Stelle 715 Meter. Als ich um 1 Uhr wieder zu unserer Karawane stiess, ging ich dann, indem dieselbe ihren Weg durch das Gebirge fortsetzte, nach der fast zwei Stunden in südöstlicher Richtung entfernten Quelle und labte mich an dem herrlichen frischen Bergwasser. Zahlreiche ausgetretene kleine Gazellenwege und der Guano von Vögeln bewiesen, dass tagtäglich Hunderte von Geschöpfen hier ihren Durst stillten, und doch ist diese Quelle erst seit Menschengedenken den Karawanen bekannt, denn frühere Karawanen liessen den Djebel Uar östlich liegen und nahmen beim Berge Labrak in Süd-Westen der Aloóta kiú den Weg über den Djebel Tji-Grunto nach dem Bir Ahmer er Rharbi. Vielleicht entdeckte eine verirrte Karawane diesen Brunnen oder ein seinem Vaterlande treuloser Tebu verrieth ihn den Arabern. Aber vergebens sucht man nach Vegetation; wenn auch in einzelnen Thälern des Tümmo-Gebirges nach anhaltendem Regen Gras und einige Kräuter wachsen, so war doch in unmittelbarer Nähe der Quelle auch nicht ein grüner Halm, der das Auge hätte erfreuen können, zu finden. Desto widerlicher war der Anblick der Knochen und Gerippe, auch der halbe Leichnam eines jungen Knaben, der zur Mumie vertrocknet war, ehe die von Weitem herbeikommenden Hyänen Zeit gehabt hatten, ihn ganz zu verzehren, lag in unmittelbarer Nähe der Quelle; da die Karawanen nie in der Nähe dieser fast zwei Stunden vom Wege abliegenden Quelle lagern, war er vielleicht entflohen, um seinen brennenden Durst zu löschen, dann aber dem Hunger zum Opfer gefallen. Wer je die Sklaverei und den Menschenverkauf vertheidigt hat, möge nur von Fesan nach Bornu reisen und die Schrecken und das Scheussliche dieses Menschenhandels werden ihn Schritt vor Schritt, Tag und Nacht vor die Augen geführt werden, und möge er sich dann erinnern, dass diese Opfer durch die fielen, welche dafür bekannt sind, dass sie die Sklaven am menschlichsten behandeln. In der That führen die modernen mohammedanischen Lobhudler heut zu Tage immer noch an, dass die Mohammedaner die Sklaven mit väterlichster Sorgfalt behandelten. — „Warum bindest Du die Schläuche so zu, dass beim Aufhängen der Mund immer nach hinten kommt?" fragte ich Mohammed Gutróni. — „Das habe ich den Sklavenkarawanen abgesehen, denn wenn der Mund des Schlauches nach vorn zu aufgehängt wird, können die Sklaven nicht heimlicher Weise trinken, indem das Kameel beim Öffnen still stehen und brüllen würde; deshalb binden die Sklavenkarawanen alle Schläuche mit dem Munde nach vorn auf, denn die Sklaven würden sonst Wasser stehlen."

Wie im Äusseren das Tümmo-Gebirge ganz den Schwarzen Bergen bei Sokna gleicht, so auch seiner inneren Natur nach. Zum Theil verdankt es seine schwarze Farbe dem Einflusse der Witterung, zum Theil dem Eisen, welches dem Sandstein beigemischt ist, zum Theil bestehen die Berge auch aus wirklichen schwarzen Basaltgesteinen. Die Wässer fliessen aus den Thälern fast alle nach Westen oder Süd-Westen und verstärken wahrscheinlich nach starken Regengüssen die unterirdischen Flussadern, die Djebádo ernähren. Im Ganzen in der Form eines Quadrats erscheint das Tümmo-Gebirge wie ein ungeheurer vom Regen oder Wind ausgefurchter „Zeuge". Der Gipfel jedes Berges oder Bergzuges ist platt und alle sind fast von gleicher Höhe, woraus man schliessen kann, dass sie früher ein Ganzes bildeten. Es ist dies überhaupt durchgängig die Natur der Wüstenberge und Wüstengebirge, fast alle haben gleiche Höhe und überragen selten die Hohe Hammáda. Man kann mit Recht sagen, dass alle Berge und Gebirge der Wüste „Zeugen" im Grossen oder grosse Tafelberge sind. Wenn man von höheren Bergen in Ahagar oder Tibesti gesprochen hat, so ist das erst zu beweisen, vorläufig glaube ich nicht, dass irgend ein Berg 4000 Fuss übersteigt. Wenn die Tuaregs-Hogar sagen, dass in ihrem Gebirgslande im Winter Schnee falle, so muss man bedenken, dass auch die Rhadameser behaupten, dass im Winter in ihrer Stadt Schnee falle, und doch fällt dort niemals Schnee, sondern es reift nur nach kalten Nächten, und so, glaube ich, muss man es auch verstehen, wenn die Hogar sagen, es schneie in ihren Bergen, zumal weder Tuareg noch auch Rhadameser je Gelegenheit haben zu sehen, was wir unter Schneien verstehen.

Riesenspinnen; vernachlässigte Brunnen. — Am 14. April Aufbruch um 6½ Uhr in gerader südlicher Richtung. Wir verliessen das Gebirge Tümmo und mehrere trockne und vegetationslose Rinnsale durchschreitend die alle nach Süd-Westen ihren Lauf nahmen, hatten wir um 12 Uhr den Grra-Berg[1]) auf eine Stunde Entfernung in gerader westlicher Richtung und in circa sechs Stunden Entfernung das nordöstliche Ende des Gebirgszuges Tji-Grunto-n-Mádema, welcher sich in einer Länge von ungefähr zwölf Stunden südwestlich hinzieht, während gegen Osten sich fortwährend eine steinige Hochebene ausbreitet. Um 3 Uhr erreichten wir einige niedrige Felsen, die uns von der Ebene Emi-Mádema trennten, und dann in die Ebene selbst hinabsteigend lagerten wir um 6 Uhr. Von 9 Uhr Morgens an hatten wir immer die Richtung von 200° gehalten. Der Tag war weniger heiss, doch war ich vom gestrigen Bergsteigen, dann vom Ausfluge nach der Quelle so abgespannt, dass mir Reiten wie Gehen gleich schwer wurde, und immerhin erreichte die

---

[1]) Eine Bergformation, die den Namen Bab führte, war unseren Tebu nicht bekannt, obgleich wir zwei Hügel passirten, die ein Thor bildeten.

Hitze Nachmittags noch 40° im Schatten. Trotz der wüsten Gegend — nur hie und da wuchs etwas Sbith — kamen Abends nach einander drei grosse Spinnen in mein Zelt, an Grösse bei weitem die Buschspinne übertreffend. Von gelblicher Farbe mass eine derselben von den Kopfzangen bis zum Ende des Leibes 3 Centimeter, von den Spitzen der beiden ersten Vorderfüsse, die länger als die zweiten waren, bis zu den Spitzen der hintersten Beine gerade ausgestreckt 8,6 Centimeter; die beiden ersten Glieder, d. h. die äussersten der ersten Beine, waren schwarz, alle Beine stark behaart. Mohammed Gatróni behauptete, dass es dieselbe Art sei, die Barth einst in seinem Zelte gefunden hätte, und dass sie ungemein häufig in diesem Theile der Wüste sei. Ihr Biss soll giftig sein, Mohammed Gatróni und meine anderen Leute nannten sie Luftskorpion oder Agrab-er-rih.

Am folgenden Tage setzten wir uns um 6½ Uhr in Bewegung, wie immer südlich. Links hatten wir den Tji-Grunto, rechts eine endlose Ebene. Um 11 Uhr erreichten wir den Lakakéño-Fluss, der hier von Osten nach Westen fliesst, und verbrachten unter seinen Talha-Bäumen, den ersten, die wir sahen, seit wir Fesan verlassen hatten, die Mittagshitze. Um 2½ Uhr brachen wir wieder auf, immer über ödes und unfruchtbares Terrain marschirend, um 4½ Uhr Abends hatten wir den Emi-Máderna-Berg in einstündiger Entfernung gerade westlich von uns und um 6 Uhr erreichten wir den oberen Lauf des Lakakéño, der vom Emi-Máderna kommt und nachdem er östlich und nördlich geflossen, durch Westen nach Süd-Westen zum Bir Ahmer er Rharbi fliesst. Um 6½ Uhr lagerten wir am Brunnen Emi-Máderna, von den Arabern Bir Ahmer es Scherghi genannt. Die Brunnen, obgleich nicht tief, sind alle im schlechtesten Zustande und fast immer versandet. In früheren Zeiten, als Fesan noch ein selbstständiges Reich war, unterhielten die Sultane alle diese Brunnen bis zum Jat, seit indess die Türken Fesan in Besitz genommen haben, kümmert sich Niemand um die Brunnen südlich von Tedjérri und selbst die innerhalb der Grenzen Fesan's liegenden sind ohne jegliche Sorge. So kommt es denn, dass man bei den Brunnen immer die meisten Gerippe verschmachteter Sklaven findet, denn wenn eine Karawane ihre Sklaven durch tröstende Worte bis zum nächsten Brunnen hingeschleppt hat, findet sie ihn versandet und muss oft noch einen halben oder ganzen Tag graben, ehe sie auf Wasser kommt, und Verzweiflung endet das Leben der schon halb todten Geschöpfe. Abends hatte ich wieder den Besuch von mehreren grossen Luftskorpionen in meinem Zelte, die wahrscheinlich durch das Kerzenlicht herbeigelockt wurden.

Am 16. April Aufbruch um 6½ Uhr in Südrichtung. Die Gegend ist eine einförmige kiesige Ebene; da gar kein Wind wehte, steigerte sich schon um 8 Uhr die Hitze zum Unerträglichen. Um 12½ Uhr hatten wir in ungefähr acht Stunden Entfernung den Fesan-Berg, an dem auch der Brunnen Fesan liegt. Dieser konische, doppelspitzige Berg ist wahrscheinlich derselbe, den Vogel Pisa nennt; Maina Adem und Mohammed Gatróni kannten diesen Namen nicht. Um 2 Uhr passirten wir den Fluss Seuffra-Sintal, der von Westen nach Osten fliesst, einen von Fesan kommenden Arm aufnimmt und dann sich mit dem Lakakéño vereinigt. Um 3½ Uhr erreichten wir einen Strich fruchtbaren Bodens, Búddema genannt, mit vielen Kräutern bewachsen, und obgleich Maina Adem noch weiter marschirte, liess ich unsere Kameele lagern, da weiterhin kein Futter zu finden war. Nachts jedoch brachen wir um 2 Uhr auf, immer uns südlich haltend, und den Spuren der vorangegangenen Tebu folgend erreichten wir die Gofla derselben um 6 Uhr. Als wir ankamen, schlossen sie sich uns an und vereint marschirten wir weiter. Mittags erreichten wir die Niederung Máfaras und um 4 Uhr den Brunnen Máfaras selbst, ganz erschöpft vom anstrengenden Marsche und der drückenden Hitze. Auch hier musste erst tüchtig gearbeitet werden, bis der Sand aus den Brunnen oder Wasserlöchern herausgeworfen war. Kreidebänke, Gyps, Marmor und Alabaster liegen hier offen zu Tage, obgleich die Hauptbildung Sandstein ist. Mit dem Namen Máfaras bezeichnet man eine ausgedehnte Niederung, wo einige Talha- und Ethelbäume die Brunnen beschatten und für die Kameele reichlich Sbith und Had vorhanden ist. Unseren halb verhungerten Kameelen war daher ein Rasttag sehr nothwendig und uns allen sehr willkommen.

Sturz vom Kameel. — Der drückenden Tageshitze wegen hatte ich Maina Adem überredet, Nachts aufzubrechen, und um 1½ Uhr Morgens gingen wir vereint vorwärts, immer südlich auf einer grossteinigen Hammáda. Kaum waren wir jedoch eine Stunde Wegs marschirt, als der vordere Sattelgurt meines Kameels riss und ich rücklings sammt beiden Kisten zu Boden stürzte. Wäre der Fall nicht durch die Matratze, die als Unterlage diente, gemildert worden, so hätte er für mich tödtlich werden können, indem ich gerade aufs Genick fiel; so kam ich mit einigen Quetschungen davon, aber das Wiederaufladen und Ausbessern des Strickes nahm so viel Zeit weg, dass die ganze Karawane unterdessen weit von uns weg war und wir uns nun obendrein in der Dunkelheit verirrten. Erst durch Nothschüsse fanden wir uns wieder zur Karawane, die fast eine Stunde östlich von uns wartete. Mit Tagesanbruch das Südende der Máfaras erreichend umbogen wir das Nordostende des Berges Tji-Grunto (Tiggerandumma?) und erreichten ein von Westen nach Osten laufendes, mit einigen Talha-Bäumen und Had bestandenes Thal, wo wir um 8 Uhr lagerten, um die Hitze vorübergehen zu lassen.

Jetzt wurde ich indess erst gewahr, dass mir der Fall vom Kameel grösseren Verlust verursacht hatte, als ich Anfangs dachte; ausser einem Aneroid und Doppelfernglas, die zu beständigem Gebrauche in einem Ledertäschchen am Kameelsattel gewesen waren, hatte ich eine Menge Sachen zu beklagen, die in den Kisten selbst zerbrochen und beschädigt sich vorfanden. Glücklicher Weise hatten die Barometer in den Kisten den Stoss gut ertragen. Um 2½ Uhr Nachmittags setzten wir, obgleich die Sonne noch tüchtig brannte, unseren Marsch fort, immer am Rande des Tji-Grunto-Gebirges hinmarschirend, was wegen der vielen grossen Bodenwellen für die Kameele sehr lästig war. In sechs- bis achtstündiger Entfernung hatten wir östlich Sanddünen, die jedoch nicht sehr hoch zu sein schienen. Nach Sonnenuntergang wurde der Boden immer hügliger, wir passirten mehrere Engpässe, aber zerbrochen, wie ich vom vornächtlichen Falle war, liess ich um 9½ Uhr Abends anhalten.

Oase Jat; ein Kameel geschlachtet; anstrengende Märsche. — Da wir am vorigen Abend nach dem Abkochen erst gegen Mitternacht Ruhe gefunden hatten, konnten wir am 20. April erst um 5½ Uhr Morgens aufbrechen und auch Maina Adem, der noch später als wir gelagert hatte, fanden wir erst um diese Zeit gerüstet. Aber eine Oase war nahe, denn nach zweistündigem Marsche auf einer Höhe angelangt sahen wir vor uns die Dumpalmen der Oase Jat. Diese grüne Insel erreichten wir um 10 Uhr und um 10½ Uhr lagerten wir an den Brunnen, die die Tiefe von nur einigen Fuss haben. Eins meiner Kameele indess, obgleich es schon seit mehreren Tagen Nichts mehr getragen hatte, war gestern sogar unfähig geworden, den eigenen Sattel zu tragen, und heute konnten wir es nur mit Noth bis zur Oase treiben. Da es auch nicht fressen wollte, also, wie die Araber sagen, bathal, d. h. marsch- und tragunfähig, geworden war (bathal heisst eigentlich „umsonst", man braucht das Wort aber auch adjektivisch für „schlecht" und es ist ein gebräuchlicher Ausdruck für Thiere, die durch Marsch und Anstrengung untauglich zum Gehen werden, wovon sie sich jedoch durch Ruhe und Futter schnell erholen), — so blieb nichts Anderes übrig, als es zu schlachten, zur grossen Freude meiner Gefährten, die nun im Fleische schwelgen konnten. Einer von den Tebu-Rschade hatte mir 5 Real Fesaner Währung für das Thier geboten, was circa 20 Francs beträgt, aber das Thier, das mir Konsul Rossi unbegreiflicher Weise vor zwei oder drei Monaten für 250 Francs in Tripoli gekauft hatte — „unbegreiflicher Weise" sage ich, da es seines hohen Alters wegen auf dem Tripolitaner Markt sicher nicht mehr als 50 Francs werth war —, auch schon ganz unbrauchbar in Mursuk ankam, so billig hinzugeben, ärgerte mich und nach einigem Zögern entschloss ich mich, es zu schlachten. Wie gesagt, war das ein Fest für die ganze Karawane und meine Leute sowohl wie die Tebu-Rschade liessen auch Nichts übrig, selbst Magen, Eingeweide, Lunge, kurz Alles wurde verschlungen. Für uns liess ich indess ein gut Theil Fleisch in dünne Streifen schneiden und trocknen und das Fell wurde vertheilt, um Sandalen daraus zu gewinnen, obgleich das Kameelleder eben nicht sehr dauerhaft ist. Da es nun aber unmöglich war, das ganze Kameel an einem Abend zu essen — denn im Ganzen mochten wir 30 Leute haben: Maina Adem zu acht, ich zu neun, die übrigen Tebu-Rschade — so war ein Ruhetag nöthig, obgleich der Sultan gern Alles auf Ein Mal gegessen hätte, denn er wollte Kauar vor dem Aid el Kebir oder grossem Feste erreichen, das in einigen Tagen bevorstand, und er sagte ganz naiv: „Was wir heute essen, brauchen wir morgen nicht zu essen." Auch bin ich überzeugt, dass, wenn er und die Tebu-Rschade sich daran gemacht hätten, von dem mehrere Centner wiegenden Kameele nach einer einzigen Mahlzeit Nichts übrig geblieben wäre. Nachts hatte mein Hund einen ernstlichen Kampf mit einem Schakal um die Reste und Knochen des Kameels zu bestehen, meine Leute und auch Mohammed Gatróni behaupteten sogar, es sei eine Hyäne gewesen; da Mursuk indess das Feld behauptete, was er einer Hyäne gegenüber wohl nicht gekonnt hätte, so glaube ich, dass es wohl nur ein Schakal war. Ich hatte an dem Tage Etwas geschrieben, als ein fürchterlicher Stosswind, von Staub begleitet, aus Süden kam, mir das Zelt über den Kopf hinweggeschleudert und theilweis zerriss. Somit wurde denn auch die Morgenmahlzeit meiner Leute, wenn nicht zu Wasser, so doch sehr sandig, indem der Himmel nicht aufhörte, seine Staubwolken, die er weiss Gott woher entführte, auszuschütten. Dabei stieg die Hitze auf 45° im Schatten. Nach einer guten Stunde indess wurde es wieder ruhig und mein Zelt wurde wieder aufgebaut.

Die Oase Jat erstreckt sich von Westen nach Osten; mit Dum und Talha bestanden und ausserdem reich an Sbith gewährt sie einen anziehenden Ruhepunkt, wenn man aus der Wüste kommt. Für uns, die wir mit Ausnahme Mohammed Gatróni's früher nie in die heisse Zone gedrungen waren, bot namentlich die Dumpalme eine angenehme Abwechselung, denn statt Eines Stammes und Einer Krone bildet die Dumpalme Äste, deren jeder von einer grossen Krone überragt wird. Früchte fanden wir trockne und grüne. Von der Grösse eines Hühnereies ist aber die Dumfrucht fast nur Kern, die grüne Hülle von der Dicke eines halben Centimeter ist für uns Europäer ungeniessbar und selbst die trockne wird wenig Liebhaber finden. In Zeit von Hungersnoth essen sie die Tebu grün oder getrocknet. Der Kern, einen leeren Raum einhüllend, der vielleicht wie die

Kokosnuss, wenn grün, Milch enthält, ist an und für sich weiss, indess sehr schwer zu zerschlagen. — Wasser, und zwar meist ausgezeichnet gutes, findet sich überall bei der geringen Tiefe von 4 bis 5 Fuss. Die Tebu-Rschade, denen der Brunnen gehört, erheben hier von kleinen und nicht gut bewaffneten Karawanen einen Zoll von einem Real Fesaner Währung oder etwa 4 Francs auf das Kameel. Da wir mit Maina Adem reisten, hatten wir natürlich Nichts zu bezahlen, obgleich die uns begleitenden Rschade vorher gesagt hatten, dass sie den Zoll erheben würden.

Am 22. April brachen wir eine Stunde nach Mitternacht auf in der Richtung von 200° und bald nachdem wir die Oase verlassen, kamen wir auf eine steinige Hochebene von hügeliger Natur, der gewöhnliche Karawanenweg jedoch führt über Ssiggedím, von den Arabern El Marra genannt, eine südwestlich von hier gelegene Oase. Der von uns eingeschlagene Weg war der kürzere, ist aber nur den Tebu bekannt. Um 3 Uhr Morgens wurde das Kameel der beiden Ghorianer „bathal" und da sie nur eins hatten, welches ausser ihrer Provision ihre Waaren trug, so waren die armen Leute in grosser Verlegenheit. Zwar hatten sie von den Tebu ein anderes für ihre Waaren gemiethet, aber das hatte sein bestimmtes Gewicht. Ich liess also Maina Adem, der voran ritt, rufen und sagte ihm, dass es seine Pflicht sei, das Gepäck der Leute zu vertheilen; er und Maina Ssala, ein anderer vornehmer Tebu, verstanden sich auch bereitwillig dazu und nachdem wir unser Theil übernommen, setzten wir ohne Unterbrechung unseren Nachtmarsch fort. Von den Tebu-Rschade wollte aber auch nicht ein einziger auch nur das Geringste aufladen, wohl aber erboten sie sich, es gegen unverschämte Preise zu transportiren. Ein Ghorianer und einer meiner Diener blieben denn mit dem Kameel zurück und versuchten es, letzteres ohne Last vorwärts zu treiben, denn das Thier zu schlachten, war nicht Zeit, noch hätten auch die Ghorianer den Verlust ertragen können.

Um 4 Uhr hielten wir, um einen Berg zu umgehen, eine Stunde lang die Richtung von 290°, schlugen jedoch hierauf die frühere wieder ein. Um 9 Uhr Morgens hielten wir inmitten der vegetationslosen Hochebene, um die Hitze abzuwarten, die uns wieder aufs Höchste quälte. Als die Leute mit dem Kameel um 2 Uhr eintrafen, brachen wir ³/₄ Stunden später wieder auf. Statt einer steinigen hatten wir jetzt eine sandige Ebene zu überwinden, die indess auch ohne alles Leben und ohne jegliche Abwechselung war. Bloss um 7 Uhr Abends erhob sich gleich westlich vom Wege ein kleiner Hügel, der schon von Weitem sichtbar ist und als Wegweiser dient, er heisst Gretebretmár oder, wie mir ihn andere Tebu nannten, Gretedétoa-Berg. Hier lagern gewöhnlich die Karawanen, wir indess zogen noch weiter, nachdem wir uns reichlich mit trocknen Kameeläpfeln versehen hatten, die an keinem Lagerplatze fehlen. Diese trocknen Kameeläpfel dienten statt Brennholz und ihres Fettgehaltes wegen brennen sie wie Steinkohlen. Um 8 Uhr Abends lagerten wir am Wege. Etwas vor Sonnenaufgang brachen wir am folgenden Tage um 5 Uhr auf in der Richtung von 205°. Statt Sand hatten wir heute eine grosssteinige Ebene zu überschreiten, die Hitze, durch einen heissen Südwind vermehrt, steigerte sich bald zu solcher Höhe, dass uns allen das Fortkommen sehr lästig wurde; endlich um 3 Uhr Nachmittags erreichten wir Igjeba, d. h. wir, die wir beritten waren, die Hälfte der Leute war noch zurück. Ein Pass, der den Namen Nefássa führt, ist den Tebu nicht bekannt, obgleich man von Ssiggedím kommend eine Art Pass herabsteigt; vielleicht nennen ihn die Araber so.

Maina Adem, dem sehr daran gelegen war, zur rechten Zeit in Tiggemámi, seinem Wohnort in Kauar, einzutreffen, um das grosse Fest mitzumachen, kündigte mir an, dass er um 8 Uhr Abends aufbrechen würde. Ich für meine Person hätte nun zwar mitgehen können, aber den Zustand meiner an solche anstrengende Märsche nicht gewöhnten Diener betrachtend, dann auch weil meine Kameele erschöpft waren, sagte ich ihm, dass ich vor Nachmittag am folgenden Tage nicht aufbrechen könne, und dabei blieb ich, obgleich er mich bei Allem, was er als heilig von den Arabern gelernt hatte, beschwor, ich solle mitgehen, da es eine Schande für ihn sei, wenn sein Bruder, der Sultan von Kauar, erführe, dass er mich in der Wüste allein zurückgelassen hätte. Als ich aber standhaft blieb, liess er mir sagen, dass seine Leute und die Tebu-Rschade weiter reisen würden, er indess bei mir zurückbliebe, denn er dürfe mich seines Bruders wegen nicht allein lassen. Durch solche Grossmuth besiegt, hatte ich schon meine Leute beredet, ihr Äusserstes zu versuchen, als er plötzlich selbst kam und mir sagte, er hätte alle überredet und wir würden erst am folgenden Nachmittag die Reise fortsetzen.

Die Oase Igjeba bietet wenig Reize, da die Dumpalme nur spärlich wächst und man kaum eine beschattete Stelle findet; sie gehört zum Sultanat Kauar. Wasser findet man überall in der geringen Tiefe von 2 Fuss und es ist so süss wie Regenwasser und ganz ohne allen Geschmack. Um 1½ Uhr Nachmittags am folgenden Tage, obgleich noch in der stärksten Hitze, brachen wir auf und die kaum eine halbe Stunde breite Oase verlassend hatten wir eine kiesige Ebene vor uns, den ganzen Tag gingen wir gerade südlich. Da die Gegend ganz ohne Berge, Hügel oder auch nur die geringste Erhebung war, hatten wir Abends bei Mondschein das seltsame Schauspiel, dass wir keinen Himmel sahen, denn der noch von Staub graue Himmel bildete mit dem grauen Boden eins. Maina Adem selbst machte mich darauf aufmerksam und es ist dieses höchst eigenthümlich, indem gar kein Horizont vorhanden ist. Bis 9 Uhr Abends marschirten wir, machten dann einen vierstündigen Halt und gingen am 25. April schon um 1¼ Uhr Morgens weiter. Die Gegend wurde nun etwas hügeliger und die Gesteinsmasse bestand vorwiegend aus weissgrauem Tuffstein. Um 5 Uhr erblickten wir von einer Anhöhe aus die Oase Kauar, Freudenschüsse wurden abgeschossen und die Karawane machte einen kurzen Halt, damit Maina Adem und seine Leute ihre Prachtkleider überwerfen konnten. Schon Tags vorher hatte Maina Adem seinem Pferde ein reich mit Gold gesticktes Geschirr angelegt und vergoldete Steigbügel dem Sattel beigefügt. So ausgeschmückt hielt er seinen Einzug in Kauar und bei Anay angelangt stieg er ab, um die Huldigungen der Bewohner entgegen zu nehmen. Seine Karawane liess er jedoch weiter marschiren bis Annikímmi, um von dort nach einer kurzen Ruhe nach ihrem Heimathsorte aufzubrechen, wir indess lagerten uns dicht bei Anay unter den Palmen, froh, endlich einen bewohnten Ort erreicht zu haben.

4. Das Königreich Kauar oder Hénderi Tegē.

Kauar ist der Arabische Name für Hénderi Tegē, indess ist er bei den eingebornen Tebu selbst so eingebürgert, dass man den echten Teda-Namen nur noch von auswärtigen östlichen Tebu hört. Die nördliche Grenze bildet der Brunnen Jat, der zu Kauar gehört, der nördlichste bewohnte Ort ist Anay. Dieser Ort ist theils am Fusse eines Berges, theils auf dem Berge selbst gebaut und hat 100 oder 150 Häuser und Hütten, Einwohnerzahl über 500. Die Häuser sind niedrig, haben nur Eine Eingangsthür, aber mehrere Abtheilungen, die Dächer sind flach und bestehen entweder aus Palmzweigen oder aus Diss, einer Binsenart, die häufig in dieser Oase wächst.

Anay; die Tebu-Frauen. — Da es Festtag war, blieben wir in Anay, überdiess war dieser Rasttag uns nöthig, denn mehr noch als die Anstrengungen der langen Märsche hatte die fürchterliche Hitze und die Ansammlung von Elektricität uns zu Allem unfähig gemacht. Den grössten Theil des Tages hielt sich das Thermometer zwischen 40 und 50° C. und man kann sich vorstellen, welche Gewalt die Sonne hier erreicht, wenn ich erwähne, dass eine Stearinkerze, die zufällig in der Sonne geblieben war, bis auf den Docht zusammengeschmolzen war. Die Preise für die Ziegen und Schafe waren indess so hoch, dass ich meinen Leuten die Freude, ein Thier zu opfern, nicht gewähren konnte, und ich freute mich, in Fesan einen gehörigen Vorrath an Medra oder Kautabak eingekauft zu haben, mit dem ich so wie mit Medizin alle kleinen Vorräthe einkaufen konnte, denn meine Waaren, als Messer, Spiegel, Nadeln, Zeuge, Mützen &c., fanden gar keinen Anklang. In der Regel machten die Frauen den Handel, von denen übrigens keine einzige hübsch war und alle hinlänglich schwarz. Eine, heller als die übrigen, sagte mir, dass ihr Vater ein Targi sei. Alle hatten zum Festtag ihre neuen Gewänder angelegt und die meisten ihre Haare frisch geflochten und eingebuttert. In der That gehört eine ganze Tagesarbeit dazu, um eine Frau in Kauar zu frisiren, denn rund um den Kopf fallen vielleicht 60 bis 80 feine Flechten herab, ohne jedoch sehr lang zu sein, da das Haar der Neger überhaupt nicht lang wird. Vor der Stirn kürzen sie dieselben jedoch, so wie sie frei bleibt, und manche winden die Stirnflechten in einen Wulst, aus welchem bei den kokettesten eine Art Tute oder Horn aufrecht hervorsteht. Ausserdem liegen acht bis zehn feine Flechten über den Kopf von vorn nach hinten und theilen denselben so in eine rechte und linke Hälfte. An jedem Vorderarm tragen sie acht oder zehn halbzollbreite Ringe, von denen die beiden äussersten aus Elfenbein, die inneren aus schwarzem Holz oder Horn bestehen. An den Füssen haben sie einen oder zwei dünne Ringe von Messing oder Silber. Die vornehmen tragen Ringe von Blei oder Silber an den Fingern und alle tragen im rechten Nasenflügel ein Stückchen Koralle oder Knochen, worauf sie grosses Gewicht zu legen scheinen. Ihre Kleidung ist dunkelblau und besteht in einem langen Tuche, unter dem die reichen auch ein dunkelblaues Sudan-Hemd tragen; diess sehr lange Tuch wissen sie sehr anmuthig zu tragen. Ich hatte mich bisher immer gewundert, dass die Europäer noch nicht dahin gekommen waren, die Sudan-Kattune nachzumachen, indem weder von Marokko noch von Algerien, Tunis oder Tripolitanien diese Baumwollenstoffe, wie sie die Eingebornen zu haben wünschen, importirt wurden. Hier wurde ich nun eines Besseren belehrt, denn als ich den schönen baumwollenen Haik einer Dame bewunderte, der mit der Stärke der Sudan-Kattune elegante Arbeit und harmonische Farben verband, sagte mir die Tebu-Schöne, dass diess Masseri, d. h. von Ägypten her eingeführt, sei.

Ein Felsen, der künstlich vom übrigen Berge abgetrennt ist, dient als Zufluchtsort in der Zeit der Noth; mit einer Leiter gelangt man auf seine Spitze, die mit einer Mauer umgeben und in mehrere bedeckte Zimmer abgetheilt ist. Als ich die Leiter hinaufsteigen wollte, kamen die beiden Wächter und verhinderten mich, weiter hinauf zu kommen, als ich indess Hamed rief, mir Büchse und Revolver zu bringen (unser Lager war am Fusse des Berges), machten sie weiter keine Schwierigkeiten und der Amo-búi-nemai oder Ortsvorsteher kam selbst, um mir Alles zu zeigen. Übrigens ist nichts Merkwürdiges zu finden und Inschriften sucht man vergebens, überdiess behaupten die Einwohner, dass Anay ein neuer Ort sei, indem ihre Vorfahren in Kisbi, einem jetzt zerstörten und verlassenen Ort, gewohnt hätten. Der Bauch des Felsens ist ganz von Gängen durchlöchert, in denen sie ihr Vieh bergen.

Ackerbau von den Tuareg verboten. — Wasser findet sich wie in ganz Kauar überall bei geringer Tiefe und ist hier ausgezeichnet; Dattelpalmen sind in grosser Menge vorhanden, erreichen jedoch nicht mehr die Entwickelung wie in den nördlichen Oasen der Wüste, weil das Klima hier schon zu heiss ist. Auch sind die hier gewonnenen Datteln, sei es nun, dass Mangel an Pflege oder die Palmen-Art selbst die Schuld daran trägt, von äusserst geringer Qualität. Hier wie in ganz Kauar bauen die Bewohner weder Gemüse noch Getreide, weil die von Air kommenden Tuareg ihnen diess nicht erlauben. Diese bringen ihnen nämlich alljährlich Getreide vom Sudan zu, für welches sie Salz einhandeln, das die Kauar-Bewohner aus ihrem Sebcha herausarbeiten müssen, und wenn sie selbst Getreide zögen, würden sie das Salz nicht für die Tuareg bearbeiten können. Das Einzige, was ihnen diese Herren der Wüste zu bauen erlauben, ist Klee, der als Tauschmittel getrocknet in kleine Bündel gebunden wird und den Kameelen, Pferden und Ziegen ein treffliches Futter abgiebt. Für eine Handvoll Tabak oder ein Brechmittel tauschte ich in der Regel zwei Bündel trockenen Klee's ein, zwölf solcher Bündel speisen vier Kameele oder mit 24 füttert man sie den ganzen Tag.

Die Tebu sind als ungastlich verschrieen und die anderen Mohammedaner werfen ihnen vor, sie seien eben so wenig gastlich wie die Christen; ich muss indess gestehen, dass wir in Anay sehr gastlich bewirthet wurden; mehrere Schüsseln Ngáfoli[1]) mit Mlochía[2])-Sauce, diess Nationalgericht der Neger Inner-Afrika's, setzten meine Leute in die freudigste Stimmung; ja spät am Abend schickte mir der Amo-búi-nemai sogar eine Schüssel Fleisch. Von wem die anderen Schüsseln gekommen waren, weiss ich nicht; vielleicht hatte ich mir beim Handeln das Wohlwollen einiger Tebu-Schönen erworben, denn bei den Tebu wie bei uns sind die Frauen die Herren. Die Tebu, obgleich sie in der That sich äusserlich zum Islam bekennen, haben in ihren häuslichen Einrichtungen noch fast ganz ihre alten Civilsitten beibehalten, obgleich weniger hartnäckig wie die zum Mohammedanismus bekehrten Tuareg. So findet man schon, dass die Tebu ihre Frauen verstossen, manche auch heirathen zwei oder mehrere, und dass die Tebu-Frauen schon eben so listig ihre Männer zu hintergehen wissen, um sich vor Trennung wegen Unfruchtbarkeit zu schützen, beweist der Fall, dass eine zu mir kam und Medizin verlangte, um ein Kind abzutreiben, das seit vier Jahren im Mutterleibe ruhe. Auch am folgenden Morgen bewirtheten uns noch die Anayer auf gastliche Art, ehe wir aufbrachen, und meine Diener nahmen sicher ein gutes Andenken von Anay mit.

Annikímmi; Kisbi. — Nach einer halben Stunde in der Richtung von 150° erreichten wir Annikímmi, einen kleinen Ort, der ebenfalls am Fusse des Gebirges liegt, das die Ostgrenze von ganz Kauar bildet. Wie in Anay haben die Bewohner Annikímmi's oben auf einem Berge ein Kastell, welches sie bei Gefahr beziehen, doch ist Annikímmi nur halb so gross wie Anay. Wir lagerten uns etwas westlich vom Dorfe unter einigen Palmen, die unseren Zelten indess nur dürftigen Schatten gewährten, und nachdem ich wie früher gegen Tabak und Medizin Kameelfutter eingehandelt hatte, schickte ich Mohammed Gatróni mit unserer Karawane nach Aschenúmma, wo ich ihn zu lagern gebot, während ich selbst allein nach Kisbi aufbrach. Ich erreichte diese älteste Stadt Kauar's, die in der Richtung von 240° von Annikímmi liegt, nach zwei kleinen Stunden. Auf einem Hügel am Westufer der Oase gelegen, welches sich indess wie das östliche zu einem Gebirge erhebt, sondern nur einige Fuss über das Niveau der Oase emporragt, kann Kisbi vielleicht ein Ort von 1000 oder mehr Einwohnern gewesen sein. Manche Gebäude sind noch recht gut erhalten, aber nicht wie die heutigen aus Stein, sondern aus Erde oder Thon gebaut wie die in Fesan. Inschriften sucht man vergebens. Obgleich mehrere grosse Gebäude noch aufrecht standen, fand ich doch keine Moschee, die auf neuere Zeiten hätte hindeuten können, da der Islam erst in der jüngsten Zeit unter den Tebu eingeführt ist, selbst ein grosser Theil derselben diese Religion noch gar nicht angenommen hat. Indem also in Kisbi wenigstens über der Erde — denn die Einwohner der anderen Orte behaupten, dass dort grosse Schätze vergraben seien — nichts Merkwürdiges zu finden war, machte ich mich wieder auf den Weg, denn schon fing die Nacht an hereinzubrechen und ich hatte noch ein gutes Stück Wegs bis Aschenúmma zurückzulegen; zudem wusste ich nicht genau, wo der Ort war, denn da Kauar durchschnittlich drei Stunden breit ist, so genügt es nicht, bloss zu wissen, dass ein Ort südlich oder südöstlich liegt. Ich ging indess immer starken Schrittes südlich über Stock und Stein, manchmal etwas östlich, um mich dem Gebirge

---

[1]) Eine Sorghum-Art.
[2]) Gemüse von Bornu, das eine schleimige Grundsubstanz hat.

zu nähern, das die Ostgrenze der Oase bildet. Endlich um 7¼ Uhr Abends hörte ich einen Doppelschuss und nun wusste ich, dass diess der Gatroner war, der, meine Ortsunkundigkeit kennend, mich auf die richtige Spur bringen wollte; ich antwortete sogleich wieder und so von Zeit zu Zeit schiessend gelangte ich eine Stunde vor Aschenúmma auf den Weg, wo einer meiner Leute mit einer Girba wartete und ich meinen brennenden Durst löschen konnte, denn obgleich ich unterwegs Wasser in einem Tümpel gefunden, hatte mich doch das strenge Laufen ganz ausgetrocknet. Um 9 Uhr Abends erreichte ich Aschenúmma, wo Mohammed Gatróni kurz vor mir eingetroffen war. Ich habe vergessen anzuführen, dass auf halbem Wege zwischen Anay und Annikímmi sich ein grosser, mit Kritzeleien und Inschriften bedeckter Felsblock befindet; Arabische Namen, dann andere Zeichen, jedoch ohne alle Bedeutung, sind indess Alles, was man sieht.

Aschenúmma; das Mogodóm-Gebirge, Elidja, Babus, Schimmedrú. — Da wir hier erfuhren, dass Tuareg in Dirki und Bilma eingetroffen seien, um Salz einzuhandeln, beschlossen wir, so langsam wie möglich zu reisen, um nicht mit ihnen zusammenzutreffen. Nicht dass wir sie hier im Lande selbst zu fürchten gehabt hätten, aber sobald die Tuareg in Erfahrung bringen, dass eine schwache Karawane Kauar in der Richtung nach Süden verlässt, lassen sie nie die Gelegenheit entschlüpfen, derselben an irgend einem Brunnen aufzulauern. Um ihnen also unsere Ankunft in Kauar zu verbergen, machten wir einen Rasttag in Aschenúmma. Dieser Ort liegt wie alle anderen am westlichen Abhange des Mogodóm-Gebirges und die Leute wohnen theils in steinernen, theils in Palmhütten, alle Wohnungen aber sind bedeutend reinlicher und netter gehalten als die der Araber oder Tuareg. In Aschenúmma machte ich meinen Handel mit den Frauen wie immer; im ganzen Dorfe, das übrigens wohl nicht mehr als 200 Einwohner haben mag, waren nur drei erwachsene Männer anwesend. Die Frauen geberdeten sich sehr ungenirt, eine, die vor meinem Zelte die Trinkschüssel meiner Diener fand, benutzte das Wasser, um sich damit zu waschen. Wie früher bemerkte ich auch hier, dass sich alle Leute eines gewissen Wohlstandes erfreuen, was vom Sklavenhandel herkommt, den sie eifrig von Bornu aus nach Rhat und Fesan vermitteln.

Am folgenden Morgen brachen wir um 5¼ Uhr auf und immer mit dem Mogodóm-Gebirge gehend erreichten wir nach zwei Stunden den Ort Elidja, der einen guten Büchsenschuss von Tiggemámi entfernt liegt, wo Maina Adem seinen Wohnsitz hat. Wir gingen dann noch denselben Tag bis Babus, das ebenfalls ziemlich hoch am Mogodóm-Gebirge liegt und wie alle diese Orte von einer für nicht mit Schiesswaffen versehene Feinde uneinnehmbaren Burg überragt wird. Auf ungefähr drei Stunden Entfernung liegt Dirki, der zweite Hauptort von Kauar, in der Richtung von 235°. Wir blieben in Babus, das nicht mehr als 100 Einwohner hat, den Tag über und am folgenden Morgen früh verliessen wir es, um bis Schimmedrú zu gehen. Schimmedrú ist der drittgrösste Ort des Königreichs und kann gegen 800 Einwohner zählen. Hier haben auch die Snussi eine Sauia gegründet. So gern die Bewohner von Schimmedrú auch mein Dableiben gesehen hätten, denn sie hatten mir sogar ein Haus zur Disposition gestellt, so gingen wir doch noch denselben Abend nach dem eine gute halbe Stunde entfernten Emi Mádema, weil eben die Bewohner von Schimmedrú zu liebenswürdig waren, denn haufenweise umlagerten mich Weiber und Kinder. Alle diese Orte liegen einer nach dem anderen in fast gerader Südrichtung, wie sich denn überhaupt auch das Mogodóm-Gebirge genau von Nord nach Süd erstreckt.

Gastliche Aufnahme. — In Emi Mádema, einem ansehnlichen Doppelort, fanden wir indess die gastlichste Aufnahme; der Ortsvorsteher suchte uns ein Haus, welches merkwürdiger Weise einer eben erst verstossenen Frau des jetzigen Sultans von Kauar gehörte, und obgleich auch diese uns freundlich empfing und Nichts dagegen einzuwenden hatte, dass wir ihr halbes Haus in Beschlag nahmen, so erklärte sie doch, mit so vielen Männern nicht unter Einem Dache schlafen zu wollen, wahrscheinlich weil sie noch auf Wiederverheirathung spekulirte. In Wirklichkeit verliess sie indess nicht ihr Haus, sondern schickte uns sogar Abends ein Gericht von getrocknetem Gazellenfleisch. Auch von anderen Seiten bewirthete man uns gastfreundlichst, so dass ich mich mehrmals fragte, ob wir uns wirklich unter den als so ungastlich geschilderten Tebu befänden. Ja Abends beim Mondschein liess der Ortsvorsteher durch den ganzen Ort ausrufen, dass jede Familie zwei Bündel Kleeheu für die Kameele des Gastes zu bringen habe, was auch auf das Bereitwilligste geschah.

Buckelochsen; eine Prinzessin. — Hier sah ich auch zum ersten Mal die Buckelochsen mit ihren langen gewundenen Hörnern, die von Bornu hierher transportirt werden und hier gut gedeihen.

Am 1. Mai kam ein anderer Bruder des Sultans von Dirki, um mich zu begrüssen und mir als Gastgeschenk eine Ziege zu bringen. Eine Prinzessin, seine Schwester, begleitete ihn und verlangte Medizin, um einen Sohn zu bekommen, obgleich sie augenblicklich ohne Mann war. Auf meine verwunderte Frage antwortete sie, dass sie sich nächstens zu verheirathen gedächte und dann das Mittel benutzen würde.

Besteigung des Mogodóm-Gebirges. — Am Abend zuvor bestieg ich den Felsen Emi Mádema's (Emi Mádema heisst wörtlich „rother Felsen") und fand seine relative Höhe zu 114 Meter, die absolute zu 632 Meter und diess ist die durchschnittliche Höhe des ganzen Mogodóm-Gebirges. Von der Höhe des Berges eröffnete sich mir eine weite Aussicht, nach Osten zu eine endlose Hammáda, nach Westen übers Thal hinaus 6 bis 8 Stunden weit Sand, mit niedrigen Sanddünen untermischt. Gerade im Westen erhob sich ein einzelner Berg von durchschnittlicher Wüstenhöhe, im Süd-West ein anscheinend von Norden nach Süden ziehendes Gebirge gleicher Höhe und von der Länge einer Tagereise, beide in ungefähr 8 oder 10 Stunden Entfernung von hier. Im Orte konnte mir jedoch Niemand den Namen weder des Berges noch des Gebirges angeben[1]), wie denn die Tebu überhaupt in dieser Beziehung sehr sorglos sind und manche Berge und Thäler, die von den Arabern oder Tuareg, lägen sie in ihrem täglichen Bereiche, gewiss benannt werden würden, ohne die Bezeichnung lassen.

Wohnungen. — Von Schimmedrú an findet man den grössten Theil der Häuser auf andere Art gebaut: eine runde niedrige Steinmauer ist von einem deckelförmigen Binsendach überdacht. Der innere Raum ist in der Mitte durch eine Steinwand in zwei Zimmer getheilt, von denen das erste wieder durch eine Matte in zwei Theile getrennt wird. Die grössten Häuser haben 20, die kleinsten 10 bis 15 Fuss im Durchmesser. Von Weitem gleichen sie ganz den kleinen Dosen, welche die Tuareg aus Leder bereiten. Im Inneren sind sie sehr reinlich, wie es überhaupt die Tebu in dieser Beziehung allen anderen Wüstenbewohnern zuvorthun. So oft wir an einen Brunnen kamen, sah ich, dass alle Tebu, auch die Rschade, sich immer den ganzen Körper wuschen, während alle anderen Mitglieder der Karawane, meine städtischen Diener nicht ausgenommen, das Wasser nur zum Trinken benutzten. Neben der Wohnung findet man mehrere runde Höfe, die die Hauptwohnung umschliessen, als Ställe für das Vieh, geheime Gemächer, Höfe zum Kochen, denn die Tebu kochen nicht in den Wohnhäusern.

Hitze; Ankunft in Bilma. — Am 2. Mai brachen wir Abends nach dem eine halbe Stunde südlich entfernt liegenden Musche'i auf und lagerten beim Brunnen westlich vom Dorfe, dessen Bevölkerung, nur einige Rschade-Familien, wegen ihrer Gaunereien in üblem Ruf steht. In der That stiessen auch Nachts zwei betrunkene Rschade des Dorfes auf unser Lager wurden aber schon von Weitem von meinem Hunde empfangen und als sie dann das Spannen der Hähne hörten, riefen sie uns l'áfio, den Friedensgruss, zu und sagten, sie hätten sich verirrt, da sie zu viel Lakbi getrunken. In Wirklichkeit kamen sie aber wohl nur, um uns zu bestehlen. Am anderen Morgen um $5\frac{1}{4}$ Uhr zogen wir in südlicher Richtung weiter, das Gebirge, das jetzt in der Richtung von 165° lief, verlassend. Um 7 Uhr hatten wir einen dichten Wald von Dum, untermischt mit einigen anderen Palmen, zu passiren; in ihm liegen mehrere Tebu-Dörfer, von denen das südöstlichste und bedeutendste Agger ist, an dem wir um 8 Uhr vorbeikamen. Um 9 Uhr lagerten wir bei einem Brunnen, um die Hitze vorübergehen zu lassen. Ein Nachmittags in den von der Sonne beschienenen Sand gestelltes Thermometer stieg bis auf 63° C., während die Hitze in der Sonne 74° C. und die im Schatten 43° war. Abends marschirten wir noch eine Stunde und lagerten dann Angesichts Bilma's (Gáru), so dass wir am folgenden Morgen nur noch eine kleine Stunde zu marschiren hatten, um bis zur Hauptstadt Kauar's zu gelangen. Unterwegs war uns indess die Nachricht zugekommen, dass der Sultan in Kaláia residire, wir nahmen also unseren Weg auf dieses Dorf zu, das eine halbe Stunde nordwestlich von Bilma liegt, und früh hielten wir unter zahlreichen Flintenschüssen unserer Diener vor der Wohnung des Sultan.

Der Sultan von Kauar. — Einige Diener kamen, um mir das für mich bestimmte Haus zu zeigen, welches ein elender Stall neben dem Hause des Sultan war, und gleich darauf kam er selbst, um mich zu begrüssen. Nach den langen Complimenten, die halb in Arabisch, halb in Teda abgemacht wurden, ging er fort, mir durch Mohammed Gatróni sagen lassend, da er selbst nur einige Brocken Arabisch verstand, dass er es mir an Nichts würde fehlen lassen. Nachdem wir dann unser Gepäck ins Haus geschafft, fand ich dieses so klein, dass wir unmöglich darin bleiben konnten. Mit meinem Empfehlungsbrief versehen ging ich dann, um dem Sultan aufzuwarten und ihn zu bitten, mir ein anderes Haus anzuweisen. Seine Majestät empfing mich vor seinem Hause im Sande hockend, stand indess höchsteigen auf, um mit mir ein anderes Gebäude zu suchen welches sich auch bald fand, indem Kaláia, wenn es auch nicht so gute, aus Stein gebaute Häuser hat wie die Dörfer am Gebirge, doch grosse und geräumige, aus Salz gebaute Wohnungen besitzt. Ich übergab dann dem Sultan den Brief des Kaimmakam und da er denselben verkehrt hielt, sagte er, er verstände nicht Türkisch zu lesen. Wie gross war aber seine Verlegenheit, als ich ihm sagte, der Brief sei Arabisch geschrieben! Er faltete ihn zusammen und meinte, ein solches Schreiben müsse er genau mit seinen Thaleb durchgehen. Später indess erfuhr ich, dass sein Thaleb selbst nicht lesen konnte, also gar kein Thaleb oder Schriftgelehrter war. In unserer neuen Wohnung angelangt lauerten wir den ganzen Tag vergebens auf ein Frühstück und auch Abends waren wir gezwungen, uns das Essen selbst

---

[1]) Später erfuhr ich den Namen, es heisst Ingissómmi-Gebirge.

zuzubereiten. Ich fing nun an, ernstlich an dem guten Willen des Sultan zu zweifeln, dachte aber, er habe vielleicht sofort ein Geschenk erwartet, obgleich es nicht Sitte ist, die Geschenke am ersten Tage abzugeben. Am folgenden Morgen schickte ich ihm also das für ihn bestimmte Geschenk: zwei Hut Zucker, zwei Rasirmesser, einen Turban, einen Dolch, Rosenöl, 6 Taschentücher, eine Harmonika und 10 Thaler in Geld, Alles zusammen im Werthe von 20 Thaler. Mohammed Gatróni hatte mir gesagt, dass ihm Barth bloss eine Bornu-Tobe (im Werthe von 3 bis 4 Thaler) gegeben habe, ferner hatte man mir in Mursuk, wo ich mich nach Allem, was man zu geben hat, im Voraus erkundigt hatte, gesagt, dass, wenn ich dem Fürsten der Tebu zwei Hut Zucker gäbe, diess reichlich sei. Wenn man mit einer starken Araberkarawane reist, so mag diess seine Richtigkeit haben, da der Sultan in Gegenwart von 40 oder 50 Flinten natürlich über die Grösse oder Reichlichkeit des angebotenen Geschenks seinen Mund nicht aufzuthun wagt. Da er mich aber mit meinen wenigen Leuten ganz in seiner Gewalt hatte, verhöhnte er meine Diener, als sie ihm das Geschenk brachten, stiess es zurück und liess mir sagen, wenn ich nicht 100 Thaler und einen Tuch-Burnus gäbe, müsste ich nach Fesan zurückkehren, indem er jedem Tebu verbieten werde, mich nach Bornu zu begleiten, ausserdem gestatte er mir nicht, hier zu bleiben. Empört über solche unverschämte Forderungen und ein so ungastliches Betragen hatte ich Anfangs vor, gleich nach Norden umzukehren, dann aber bedenkend, dass ich mir dadurch den einzigen noch einigermaassen offenen Weg ins Innere verschloss, schickte ich den Gatroner an ihn ab und liess einen Burnus im Werthe von 30 Thaler zu den schon angeführten Geschenken hinzufügen, zugleich liess ich ihm sagen, dass mir keine so grossen Summen zu Gebote ständen wie meinen Vorgängern (wenn anders es wahr ist, wie er behauptete, dass ihm Vogel und v. Beurmann je 100 Thaler gegeben hatten), und bat, mir nach einiger Zeit, wenn meine Kameele sich erholt hätten, einen Führer zu geben, unterdessen aber mir zu gestatten, in Kauar meinen Aufenthalt zu nehmen, wo ich wolle. Der schöne Burnus aus dunkelblauem Tuch, mit Gold gestickt, den früheren Geschenken hinzugefügt, erweichte das Herz des feigen Räubers, der es nicht wagt, starken Karawanen gegenüber zu sprechen, es aber für nobel findet, einzelne Reisende auszusaugen. Er nahm jetzt das Geschenk mit Dank an und liess mir sagen, ich könne jetzt in Kauar thun, was, und wohnen, wo ich wolle, und er würde ausserdem suchen, eine Karawane nach Bornu zu Stande zu bringen, oder mir nöthigenfalls einen Führer miethen.

Vorläufig blieb ich daher in Kalála, theils weil ich nöthig hatte, meine Vorräthe zu erneuern, und Ngáfoli und Butter hier billiger zu haben waren als in den nördlichen Orten, theils weil ich hoffte, selbst Einiges verkaufen zu können, indem Bilma (Gáru) der Hauptort von ganz Kauar ist. Dieser Ort, der südlichste bewohnte Punkt im Königreich, hat über 1000 Einwohner, ist von Mauern umgeben und hauptsächlich wichtig und berühmt wegen der Salzminen, die man in seiner Nähe bearbeitet. Der Ort selbst jedoch ist einer der schmutzigsten, die ich je gesehen, die niedrigen, unregelmässigen, aus dreckigen Salzklumpen aufgeführten Häuser machen einen widerwärtigen Eindruck auf den Reisenden, der so eben die reinlichen Dörfer am Mogodóm-Gebirge hinter sich gelassen hat. Dasselbe kann man auch von Kalála, der gewöhnlichen Residenz des Sultan, sagen.

Maina Abadji — so heisst der gegenwärtige Herrscher des Königreichs Kauar — ist ein Mann von etwa 45 Jahren, von schwarzbrauner Farbe hat er nicht ganz die Europäische Gesichtsbildung wie sein jüngerer Bruder Maina Adem, aber bei ihm, und diess ist ein Zeichen edler Abkunft bei der schwarzen Race, beobachtete ich, dass auch die innere Handfläche ganz schwarz ist, während sie bei der arbeitenden Klasse wie die Fusssohlen sich abfärbt und weisslich wird. Dem jetzigen Sultan, dem Ältesten in seinem Hause, folgt nach seinem Tode der älteste Stammhalter eines anderen Hauses, indem die Sultanswürde in Kauar in zwei verwandten Häusern erblich ist, die sich wechselseitig ablösen. Auf diese Art folgt nie der Sohn seinem Vater und die Bewohner Kauar's haben diess absichtlich so eingerichtet, damit ihre Fürsten nicht zu mächtig werden. Aus eben diesem Grunde wird darauf gesehen, dass ein zur Regierung kommender Fürst, wenn er Reichthümer besitzt, diese abzugeben hat, weil er sonst Sklaven kaufen und mit diesen das Volk unterdrücken könnte. So ist in der That in Kauar wie auch in den übrigen Königreichen der Tebu der jedesmalige Sultan weiter Nichts als der höchste Schiedsrichter bei inneren Streitigkeiten und der Anführer gegen etwaige Feinde, aber nie hat er das Recht, auch nur die geringsten Abgaben zu erheben oder seine Unterthanen zu besteuern[1]). Eben so steht ihm kein Recht über Leben und Tod seiner Unterthanen zu und es ist diess ein wesentlicher Unterscheidungspunkt der Tebu-Völker von ihren anderen schwarzen Stammesgenossen, die fast alle in einem sklavischen Verhältnisse zu ihren Fürsten stehen.

Die Salzminen von Bilma. — Nachdem ich Bilma gesehen, besuchte ich auf dem Rückwege die berühmten Salzminen, die zwischen Bilma und Kalála, hauptsächlich aber

---

[1]) Wesentlicher Unterschied zwischen den Tebu-Negern und den anderen Negern, indess finden wir bei den unabhängigen Budduma denselben Gebrauch und die absolute Königswürde mit unbeschränkter Gewalt hat sich wohl bei den Negern erst mit und durch den Islam eingeschlichen.

auf der Nordseite des letzteren Ortes liegen. Diese Minen bestehen in grossen Gruben, welche von 20 bis 30 Fuss hohen Salz- und Erdschutthaufen umgeben sind. Die Gruben selbst dringen in der Tiefe bis auf die Wassermasse ein, die sich beständig erneuernd und von Osten nach Westen fliessend auf Steinsalz zu ruhen scheint. Das Wasser nun in diesen Gruben ist so salzhaltig und die Verdunstung hier im Centrum der Wüste so gross, dass sich innerhalb einiger Tage eine mehrere Zoll dicke Kruste auf dem Wasser bildet, welche durchstossen und abgefischt wird. Es ist diess höchst eigenthümlich, denn während sich bei der Meersalzgewinnung, wie z. B. in Capo d'Istria, das Salz erst bildet, wenn alles Wasser verdunstet oder durch die Erde zum Theil aufgesogen ist, bildet sich hier das Salz wie Eis auf der Oberfläche des Wassers selbst und man kann sich von der schnellen Krystallisation und Produktion dieser gar nicht so umfangreichen Minen einen Begriff machen, wenn man bedenkt, dass ein grosser Theil Central-Afrika's von hier aus mit Salz versorgt wird. Die Tuareg Air's sind es, die den Salztransport nach Sudan unternehmen, die Tebu und Araber vermitteln den Vertrieb nach Bornu und Bágirmi. Nach und nach ist es aber den Tuareg-Kelui durch ihre numerische Übermacht gelungen, die Bewohner Kauar's in völlige Abhängigkeit von sich zu bringen, so dass sie ihnen heute weder erlauben zu ackern noch sonst irgend eine andere einträgliche Beschäftigung mit Ausnahme des Sklavenhandels zu treiben, um sie so zur Bearbeitung der Minen zu zwingen. Dafür bringen sie indess den Tebu Getreide und Kleidungsstücke, auch Sklaven von Sudan, welche letztere sie indess zu dem Preise annehmen müssen, der ihnen von ihren Herren, den Tuareg, vorgeschrieben wird. Hier sieht man denn auch bisweilen die grössten Karawanen, die überhaupt die Wüste durchziehen, denn die Bewohner Kalála's und Bilma's sagen, dass die Tuareg in einzelnen Jahren in Karawanen von 3- bis 4000 Kameelen kommen, und wenn man auch bedenkt, dass diese Völker es mit den Hunderten und Tausenden eben nicht genau nehmen, so könnte es doch der Fall sein, dass Karawanen von gegen 1000 Kameelen hierher kommen. Das Salz wird entweder als Pulver oder in kleinen Krystallen oder Säulenkapitalform oder tellerartig gegossen exportirt. Diese letztere Salzart ist sehr schlecht und stark mit Sand oder erdigen Theilen vermischt.

Andere Produkte. — Ausser Salz bringt Kauar Nichts hervor, denn selbst die wenigen und schlechten Datteln genügen nicht zum eigenen Bedarf. Gemüse giebt es ausser Kürbissen und Wassermelonen, will man diese anders dahin rechnen, gar nicht. Um nun ihrer Nahrung etwas Grün hinzuzusetzen, kochen die Eingebornen die jungen Kleeblätter und diese, mit Mlochía-Blättern gemischt, bilden die Zuspeise zu jedem Gericht. Die Viehzucht ist ebenfalls gering, kleine Schafe ohne Wolle, verkrüppelte Ziegen, einige vom Bornu-Lande eingeführte Rinder bilden nebst den Kameelen, die hier alle Afrikanischer Art sind, die einzigen Hausthiere. Hühner, Hunde, Katzen &c. sucht man vergebens, indess halten sich die Vornehmen Pferde, und zwar sind die vom Norden kommenden graufarbigen besonders gesucht und werden weit theurer als die von Bornu kommenden Füchse oder Braunen bezahlt.

Bevölkerung. — Was nun die Bevölkerung selbst anbetrifft, so kann man zwei Hauptgruppen, die zwar verwandt sind, jedoch ursprünglich von einander verschieden waren, unterscheiden. Die Bewohner Bilma's, Kalála's, Dirki's (so wie die die Oasen Agram und Djado bewohnenden Neger und auch die Ureinwohner Tedjérri's) nennen sich Kanurischen Ursprungs, während die am Mogodóm-Gebirge[1]) Angesiedelten von den Teda oder Bewohnern von Tibesti abzustammen behaupten. Obgleich jetzt ganz und gar vermischt, indem die Kanúri der eben genannten Orte so geläufig Teda sprechen wie die Teda selbst und diesen die Bornu-Sprache so mundgerecht ist wie den Bornuern, so findet man dennoch wesentliche Unterscheidungszeichen, so namentlich in der Bauart ihrer Häuser und Dörfer; alle von den Kanúri bewohnten Orte sind aus Erd- oder Sandklumpen aufgeführt, die der Tebu hingegen aus Stein. Erstere sind sehr schmutzig[2]) in jeder Beziehung, letztere sehr reinlich, so weit uncivilisirte Völker reinlich sind. Die von Tibesti eingewanderten Tebu, welche sich am Mogodóm angesiedelt haben, stammen von folgenden Familien ab: die in Bilma und Dirki von den Tamára oder Temaghéra, die in Aschenúmma von den Etmáda, die in Annikímmi und Anay von den Gunna (Gonda oder Gunda) und Tauia. Der eigentliche Wohnsitz der Tamára-Familien ist indess auch in den Gebirgsorten und nach Bilma und Dirki kommen sie nur zeitweise wegen des Salzhandels. Im Ganzen mag die Zahl der sesshaften Kanúri und Teda in Kauar 3000 Seelen nicht übersteigen.

Der Name Bilma. — Noch muss ich einen sonderbaren Irrthum berichtigen, der, wie anderen Reisenden, so auch mir passirt ist. Es giebt nämlich keine Stadt oder keinen Ort Namens Bilma, wohl aber eine Provinz des Namens. Die Provinz Bilma hat als Orte Gáru, das wir als Bilma bezeichneten, und Kalála. Dieser Irrthum kommt daher, weil die Araber gewöhnlich die geographischen Ver-

---

[1]) Die Bewohner Agger's sind Abkömmlinge der Tebu-Desa aus Kanem.
[2]) Diess kann aber vielleicht auch durch die Erdarbeiten bei dem Salzgewinne hergekommen sein, so wie durch die Bauart ihrer Wohnungen aus Salz und Dreckklumpen, denn später lernte ich die Kanúri als sehr reinliche Neger kennen.

mittler bilden und dabei sehr ungenau in ihren Bezeichnungen sind, so brauchen sie oft Mursuk für Fesan, Stambul für die ganze Türkei, Fes für ganz Marokko, Bilma für ganz Kauar und umgekehrt, und daher hört man auch so oft die dumme Frage: Wie weit ist es von Deutschland bis nach der Türkei &c. Die Araber denken sich wie überhaupt alle Wüstenbewohner alle Länder durch Wüste oder Wasser getrennt und es wird ihnen schwer, sich vorzustellen, dass z. B. ein Punkt Deutschlands ganz nahe an der Türkei liegen kann und ein anderer viele Tagereisen davon entfernt.

Theuerung: Handelsgegenstände. — Inzwischen machte der Sultan von Kauar einen Ausflug nach dem Norden, um auch die anderen Mitglieder der mit uns gekommenen Karawane zu brandschatzen. Mit seinem Bruder Maina Adem gerieth er in den heftigsten Wortwechsel, wahrscheinlich auch des Geldes wegen. Die beiden armen Gorianer mussten je 5 Thaler geben, während mir einer von ihnen sagte, dass er vergangenes Jahr bei seiner Reise nach Bornu bloss 2 Baschlik, also ungefähr 1/3 Thaler, gegeben hätte. Freilich war er damals bei einer starken Karawane. Während meiner Anwesenheit in Kalála bekümmerte sich indess der Sultan so wenig um mich wie ich mich um ihn, jedoch liess er mir seine Abreise und Wiederankunft melden, welche Höflichkeit ich nicht für gut fand zu erwidern, denn gestern Morgen brach ich meiner Kameele wegen nach Schimmedrú auf, weil in der Provinz Bilma das Futter theuer und schlecht ist, man aber im genannten Orte oder vielmehr in der zu ihm gehörigen Hattie ausgezeichnet gutes Agol-Kraut findet, das die Kameele sehr lieben.

Im Übrigen behalfen wir uns so gut, wie es gehen wollte, obgleich man hier in Kauar eine traurige Existenz führt. Unsere Weizenvorräthe waren fast erschöpft, es gab aber nur Ńgáfoli (Sorghum) und Ksob (Negerhirse) zu kaufen, aus denen man ein fast ungeniessbares Brod oder eine Art Polenta bereitet. Hatte sich mein in Schwarzbrod gewöhnter Nord-Deutscher Magen an Sesometa (gebranntes Gerstenmehl) und Basina (Gersten-Polenta oder Kuskussu aus Gerste) leicht gewöhnen können, so wurde es mir doch fast unmöglich, mich an Ńgáfoli oder Ksob zu gewöhnen. Überdiess war auch unser Ölvorrath zu Ende und unmöglich zu erneuern, selbst Butter nicht aufzutreiben. Die Ziegen sind hier so klein, dass uns eine nur für zwei Mahlzeiten ausreichte, und dennoch zu theuer, um alle Tage eine kaufen zu können, denn man bezahlt das Stück mit 4 bis 5 Maria-Theresia-Thalern. Wie in allen Ländern, wo keine Scheidemünze existirt, sind die kleinen Gegenstände entsetzlich theuer und selbst mit Spiegeln, Nadeln und Tabak oder Taschentüchern profitirt man Nichts. So musste ich in Kalála vier Kameelladungstaue kaufen und mit einem Thaler bezahlen, während in den nördlichen Oasen alle vier zusammen einen Groschen kosten. Für zukünftige Reisende füge ich hinzu, dass sie sich für Kauar ausser mit Maria-Theresia-Thalern mit kleinen Spiegeln, Taschentüchern, Weihrauch, Benzoe, Rosenöl in kleinen Fläschchen und Mursuker Kautabak versehen mögen, als Dingen, bei denen man noch am wenigsten einbüsst. Tuch, Kattune, Glasperlen, Messer &c. kann man kaum zum halben Einkaufspreise los werden. Auch darf sich Keiner einfallen lassen, diese Gegenstände in Europa einkaufen zu wollen, einestheils weil man alles diess in Tripoli oder den anderen Berberischen Hafenstädten, die den Handel nach dem Inneren vermitteln, billiger findet, anderntheils weil oft ein kleiner Unterschied in hergebrachter Form, Farbe oder Qualität den Gegenstand ganz nutz- und werthlos macht.

Meine Zeit nun in Kauar brachte ich mit *Studien des Teda* zu und vervollkommnete mich im Kanúri, obgleich man hier den grössten Theil des Tages der entsetzlichen Hitze wegen (Nachmittags meist über 50° C.) unfähig zum Arbeiten ist und die schlechte Nahrung nicht wenig dazu beiträgt, den Körper zu erschlaffen. Sollte man indess erwarten, dass Bilma, weil die südlichste und am niedrigsten gelegene Provinz, die heisseste wäre, so täuscht man sich. Sei es nun die Menge der Wassertümpel, die starke, immer Statt findende Salzkrystallisation oder eine andere Ursache, nach Aussage der Eingebornen sowohl als auch nach meinen Thermometer-Beobachtungen ist die Temperatur zu Bilma durchschnittlich um 10° niedriger als in den Bergdörfern, deren Luft zum Theil auch durch die Nähe der von der Sonne beschienenen Felsen erwärmt wird und bei der Lage der Orte am Süd- und West-Abhang des Mogodóm nicht durch die Nord- und Ostwinde abgekühlt werden kann.

5. Die Tebu.

Die Tebu sind Neger. — Durch Barth's Sprachforschungen steht es unwiderruflich fest, dass die verschiedenen Tebu-Stämme nicht der weissen Race, sondern der schwarzen zuzuzählen sind, und zwar sind sie nach ihm eng mit den Kanúri oder Bewohnern Bornu's verwandt[1].

Frühere Forscher wurden durch die häufige Europäische Gesichtsbildung und das öftere Antreffen von Leuten mit hellbrauner oder rother Farbe verleitet, sie der Berberischen Race zuzuzählen, noch Andere wollten sie eigends als ein sogenanntes Sub-Äthiopisches Volk hinstellen; alles diess basirt indess

---

[1] Durch meine eigenen Sammlungen in der Teda-, Kanúri- und Bádduma-Sprache kann ich diess nur bestätigen.

auf keiner festen Grundlage, denn wenn sprachliche Untersuchungen festgestellt haben, dass sie mit den Kanúri gleicher Abkunft sind, müssen wir sie folglich zu den Negern rechnen, da am Ende die Bornuer Niemand zu einer anderen Menschenrace zählen wird. Das sporadische Vorkommen Kaukasischer Gesichtsbildung, die helle Hautfarbe, die man bei Manchen antrifft, thun Nichts zur Sache, der Verkehr ihrer Frauen mit den Tuareg, die häufigen Rasia, welche die Araber der Küste gegen diess wehrlose Volk unternehmen, der frühzeitige Verkehr mit den Weissen, wenn anders die Tebu die Abkömmlinge der Garamanten sind, erklären diess genugsam, und frägt man sie selbst, woher der Eine helle Hautfarbe, der Andere dunkele habe, so wissen auch sie keine andere Erklärung zu geben als die eben von mir angedeutete. — Ganz anders verhält es sich mit den Fellata- oder Pullo-Völkern, die alle hellfarbig sind[1]); diese dürften vielleicht nicht Afrikanischen Ursprungs sein, sondern früher im Osten ihre Wohnsitze gehabt haben.

Verbreitung der Tebu. — Weit davon entfernt, hier eine vollkommene Beschreibung der Tebu-Völker geben zu wollen, da es mir ja nicht vergönnt gewesen, ins Innere ihrer Sitze einzudringen, und ich so zu sagen nur den Saum ihres Gebiets streifte, will ich das wiedergeben, was ich über sie erfahren konnte, und das ist nicht viel, denn einestheils bewohnen sie die Wüste, anderntheils sind die Tebu selbst so zurückhaltend, dass es schwer hält, nur Einiges aus ihnen herauszupressen. Zudem sind die Tebu, obgleich immer unterwegs, lange nicht so gute Geographen wie die Araber und Berber, eine Menge von Bergen passiren sie täglich oder alljährlich, ohne dass es ihnen einfällt, ihnen einen Namen zu geben. Eine grosse Anzahl von Thälern und Ebenen, die in ihrem Gebiete liegen, sind ohne Namen.

Die nördlichsten von den Tebu bewohnten Oasen sind Tibesti und Uadjánga, denn Fesan ist wenigstens heute keineswegs von sesshaften Tebu bewohnt und Kufra ist entvölkert, denn an sogenannte Oasen, die kein Mensch finden kann als die von Djenun (Geistern) geleiteten Karawanen zwischen Fesan, Tibesti und Kufra, wohin z. B. auch Wau-es-çerir gehört, glaube ich nicht.

Die Tebu theilen sich in verschiedene Stämme, die selbst durch die Sprache so sehr von einander abweichen, dass man versucht sein könnte, sie gar nicht als Ein Volk hinzustellen. Derjenige Stamm, der am nordwestlichsten wohnt und unter den Arabern als Tebu-Rschade bekannt ist, nennt sich selbst Teda und das von ihm bewohnte Land, unter dem Namen Tibesti bekannt, heissen sie Tu, was auf Deutsch „Fels" bedeutet, woher auch wohl der Name Rschade kommt, da rschade auf Arabisch ebenfalls Fels oder Stein bedeutet. Nach Westen haben sich die Teda bis ans Mogodóm-Gebirge ausgebreitet, im Süden stossen sie an Borgu, östlich von den eigentlichen Tu-Thälern scheinen keine Teda in der Wüste zu wohnen und in Fesan kommen sie nur sporadisch und vorübergehend vor. Auf der Strasse von Fesan nach Kauar rechnen sie die Oase und Brunnen Jat als zu ihnen gehörig. In Kauar sind die Teda herrschend und der Sultan stammt aus ihrer Mitte, indess stehen sie dort, wie schon gesagt, in einem vollkommenen Abhängigkeitsverhältniss zu den Tuareg-Kelui.

Unkenntniss ihrer frühesten Wohnsitze. — Da die Teda selbst gar keine historische Erinnerung bewahrt haben, weder schriftlich, noch in mündlicher Überlieferung, ist es schwer, Etwas über ihre frühesten Wohnsitze zu sagen. Wenn die Sprache darauf hindeutet, dass sie desselben Ursprungs mit den Kanúri sind, so giebt vielleicht eine genauere Erforschung dieses Stammes und der übrigen Tebu-Völker Aufschluss über ihre Urwohnsitze. Nur so viel will ich hier bemerken, dass die Tebu und Kanúri den gemeinsamen Ausdruck „ialla" für Nord und „anum" (Kanúri) oder „onum", „enom" (Teda) für Süd haben, dass endlich die Kanúri Osten „gedi" nennen, während die Teda es durch „foto" oder „futu" bezeichnen und umgekehrt die Kanúri Westen „foto" oder „futo" heissen. Die Kanúri bezeichnen also die Himmelsgegend mit Ost, welche die Teda West benennen. Wann Barth in seinen Vokabularien anführt, dass ialla in Teda „West" bedeute, so muss das auf einem Irrthum beruhen, denn für West haben die Teda das Wort „di". Es könnte diess vielleicht später Licht auf die Frage ihrer alten Wohnsitze werfen, da mehrere Völker durch spätere Wanderungen dazu gekommen sind, ihre Himmelsgegenden anders als ursprünglich zu bezeichnen; so sagen jetzt die Bewohner Tidikelt's, wenn sie nach Timbuktu gehen, sie gingen nach dem Scherg, d. h. nach dem Osten, während doch diese Stadt im Süden von ihnen liegt.

Der Islam bei den Tebu. — Die Teda oder Bewohner Tu's sind jetzt alle zum Islam bekehrt, obgleich sie im Grunde Nichts vom Wesen der mohammedanischen Religion angenommen haben. Die Gebete, die sie zu plappern wissen und wozu sie unbeholfen die vorgeschriebenen Verbeugungen machen, werden von keinem verstanden, denn ich glaube kaum, dass von sämmtlichen Teda zehn fertig Arabisch, geschweige die Sprache des Kuran verstehen. Selbst ihre Thaleb und Faki sind im höchsten Grade unwissend, ihre ganze Kenntniss beschränkt sich auf einige auswendig gelernte Gebete, auf einige Suraten, die sie mechanisch schreiben können, ohne zu wissen, was sie

---

[1]) D. h. ihrem Ursprung nach, denn jetzt, als Herrscher eines so ungeheueren Landes, wie Sokoto, Gando und andere Nebenländer sind, scheint es, als ob sie ganz von der schwarzen Bevölkerung absorbirt würden.

schreiben, denn sie sind nicht im Stande, den einfachsten Verkehrsbrief abzufassen oder auch nur zu lesen. Da die Snussi die Verbreiter des Islam unter ihnen sind, so haben sich diese verschmitzten Leute hauptsächlich der Frauen bemächtigt, indem sie mit Scharfblick sahen, dass dieselben bei den Teda eine bedeutend hervorragendere Stellung einnehmen als bei den übrigen Mohammedanern. Sie fingen also an, diese zuerst zur Lehre Mohammed's zu bekehren, und dann unterstützten sie dieselben in ihrer einflussreichen Stellung, indem sie sie lesen und schreiben (natürlich mechanisch) lehrten, und noch heut zu Tage sind die Schulen mehr von Mädchen und Weibern als von Knaben und Männern besucht. Mit Stolz führt das Teda-Weib den ganzen Tag ihre hölzerne Schreibtafel spazieren, um anzudeuten, dass sie schriftgelehrt sei, obgleich sie selbst in den allergewöhnlichsten Arabischen Redensarten die lächerlichsten Verwechselungen macht. So pflegte unsere Hausfrau in Schimmedrú, die nach ihrer eigenen Aussage eine der gelehrtesten Weiber des Ortes war, immer das اللّٰه "Bism il Lah" (im Namen Gottes) بسمن "Bi Smin il Lah" (in der Butter Gottes) auszusprechen, was meinen Arabischen Dienern stets viel Grund zu Spässen gab. Es ist indess sehr zu bedauern, dass nicht von Fesan[1]) aus früher Missionen, namentlich protestantische, gegen die Teda unternommen worden sind, die gewiss leicht Eingang gefunden hätten. Jetzt, wo diese ungebildeten Völker vom Islam durchzogen sind, ist es für die Missionen auf friedlichem Wege zu spät, namentlich für katholische, da die Mohammedaner den Katholiken Idolatrie und Götzendienst vorwerfen, denn ein Mohammedaner lässt sich nie ausreden, dass die Christen Statuen und Bilder anbeten, da eben die christlichen Völker, mit denen sie am meisten im Verkehr stehen, wie Spanier, Franzosen, Italiener und Österreicher, alle Katholiken sind und sie von der reinen christlichen Lehre gar keinen Begriff haben. Deshalb machen auch die Franzosen unter den Bewohnern Algeriens so wenig Proselyten, denn wenn auch an grossen Feiertagen die hervorragenden Mohammedaner Decorum's halber mit den Französischen Autoritäten die christlichen Kirchen besuchen, so unterlassen sie es dennoch nie, sich mit Abscheu wegzuwenden, wenn sie sehen, wie Alles sich vor dem Kreuze oder der Monstranz verbeugt und niederkniet. Sucht man ihnen zu erklären, dass dies Niederknieen nicht vor dem Kreuze an und für sich, sondern in Erinnerung an die Leiden Christi, nicht vor der goldenen Monstranz selbst, sondern weil sie die geweihte Hostie enthält, geschehe, so antworten sie: Auch die Heiden, wenn sie vor einem Stein niederknieen, thun dies nicht vor dem Stein an und für sich, sondern weil er geheiligt ist &c. In der That wird es auf diese Art schwer, mit den Algerischen Mohammedanern zu Rande zu kommen, und ich glaube, die Franzosen als Katholiken werden die Mohammedaner nie in Güte bekehren können.

Mit dem Islam haben sich bei den Teda natürlich auch mohammedanische Sitten und Gebräuche eingeschlichen, obgleich Vielweiberei sehr selten vorkommt. Die Heirathen, die manchmal sehr früh abgeschlossen werden, geschehen vor dem Faki, von den Teda Mallem oder Meister genannt, jedoch wird Alles mündlich abgemacht und kein schriftlicher Contract wie bei den Arabern angefertigt, da überdiess Niemand im Stande wäre, ihn zu schreiben. Bei Geburts- und Todesfällen finden keine Ceremonien Statt und selbst bei der Verheirathung geht es gemeiniglich still zu.

Eigenthümliche sociale Stellung der Schmiede. — Es giebt drei Klassen unter den Teda: die Maina oder Edlen, aus denen die Sultane genommen werden und die zwar nicht den Einfluss besitzen wie die Schürfa oder Marabutin bei den Arabern, aber bei den Teda fast dieselbe Stellung einnehmen; dann das Volk selbst und endlich die Schmiede. Diese letzteren, obgleich auch Teda, haben eine so eigenthümliche Stellung, dass es wohl der Mühe werth ist, davon zu sprechen. Wie die Juden in Marokko leben sie ganz und gar abgesondert von der übrigen Bevölkerung und schliessen Heirathen nur unter sich. Der Ausspruch der Frau eines Waffenschmiedes gilt als ein Orakel und ist für eine Krankheit gar kein Rath beim Arzt oder beim Faki zu holen, dann nimmt man seine Zuflucht zum Schwertfeger. Einen Schmied schlagen oder tödten gilt für ein grosses Verbrechen oder wird vielmehr als ein Akt der Feigheit bezeichnet. Aber — sonderbarer Widerspruch! — kein Teda würde mit einem Waffenschmied aus Einer Schüssel essen oder nur unter seinem Dache schlafen oder seine Tochter heirathen. Einen Teda „Waffenschmied" heissen ist eine der infamsten Beleidigungen, die nur durch den Tod gut gemacht und gerächt werden kann. Ich habe vergebens nach der Ursache dieser eigenthümlichen Stellung der Schmiede unter den Teda zu forschen gesucht, die sich einerseits auf grosse Achtung, andererseits auf eine eben so grosse Verachtung zu basiren scheint. Sollten die Schmiede vielleicht ursprünglich nicht Teda, sondern eingewanderte und durch den langen Aufenthalt nationalisirte Teda sein?[1]) Sie selbst leugnen das, im Gegentheil beide, die Schmiede und Teda, behaupten, Eines Ursprungs zu sein. Die Schmiede befassen sich nicht nur mit Anfertigung von Degen, Spiessen, Schilden und Bogen, sondern

---

[1]) Als ich in Mursuk war, kam mir vom sehr achtungswerthen Pater-Präfekt der katholischen Mission in Tripoli die Nachricht zu, dass der Römische Hof die Absicht habe, in Fesan eine Mission für die Tebu zu errichten.

[1]) Möglicher Weise könnten sie Abkömmlinge der Juden sein, die Erinnerung daran aber verloren haben.

verfertigen auch Silber- und Goldschmuck, indess auf die roheste Art.

Industrie. Tracht. — Von irgend einer anderen Industrie wissen die Teda Nichts, indess verstehen sie es, Matten zu flechten und Schläuche zuzubereiten, freilich ohne den Geschmack und die Kunst dabei zu entwickeln wie die sie umgebenden Völker. Was sie indess vor den anderen Nachbarvölkern, als Arabern und Berbern, voraus haben, ist die Reinlichkeit in ihren häuslichen Einrichtungen, sei es nun, dass sie eine Binsenhütte oder ein steinernes Haus bewohnen. Alle ihre Wohnungen sind inwendig mit weissem Sande bestreut, den sie von Zeit zu Zeit erneuern; ihre Thiere haben abgesonderte Höfe und nie sieht man Ziegen oder Schafe in die Wohnungen der Menschen kommen. Ihre Kleidung ist sehr einfach: für die Männer im Winter ein Ziegenfell, im Sommer eine Tobe aus dunklem Sudan-Kattun, denen die Begüterten einen dunklen Turban in Lithamform beigesellen. Die Frauen umschlingen sich mit einem länglichen dunklen Kattunstück, tragen Kupfer- oder Silberringe an den Knöcheln und oft sechs oder acht hörnerne Armringe, manchmal auch welche aus Elfenbein oder Silber, um den Hals tragen sie eine Schnur Glasperlen. Die Tebu-Frauen sind äusserst eitel, eine Menge älterer Damen, mit denen ich in Berührung kam, verlangten schwarze Farbe, um ihre gebleichten Haare zu färben. Dass sie sehr frei und leichtfertig sind, liegt in der Natur der Sache, denn die Männer sind fast immer unterwegs, theils in Fesan, theils in den südlichen Ländern. Die kleinen Kinder bis zu zehn Jahren gehen ganz nackt und Niemand findet das anstössig.

Tibesti und die Teda-Familien. — Das Land Tu scheint sehr arm zu sein, woher es auch kommt, dass die Männer, um ihre Familien zu erhalten, immer unterwegs sind, theils um den Karawanen von und nach Kauar ihre Kameele zu vermiethen, theils um durch den Handel Etwas zu gewinnen. Ob Tu jetzt unter einem Sultan steht, darüber konnte mir Niemand Auskunft geben. Obgleich es nun am Ende einerlei ist zu wissen, wo die verschiedenen Teda-Familien wohnen, — denn von Stämmen kann wohl kaum die Rede sein, da die ganze Einwohnerschaft Tu's nach dem, was man mir darüber mitgetheilt, und wenn man den Charakter ihres steinigen Wüstenlandes in Betracht zieht, wohl nicht mehr als 5000 Seelen betragen mag — so gebe ich doch die Namen ihrer Hauptfamilien, wie sie mir genannt wurden, wieder: in Tao die Gunna, in Borde die Fukta und Adebóka, in der Mitte die Temára, Gobáda, Magátna, Aboa-ár, Aosso-ár, Jerkúmda und südlich die Aréna. Die Tebu-Damássa[1]) gehören schon zu Borgu. Das bevölkertste

[1]) Siehe die zehnblätterige Karte von Inner-Afrika von Petermann und Hassenstein, Ergänzungsband II der „Geogr. Mittheil."

Thal von Tibesti oder Tu scheint Borde zu sein, es ist diess nach Aussage der Eingebornen ein mit vielen Palmen bewachsenes Thal mit den Orten Érmeebe, Dúdue, Sui, Sugra und Muska. Einen Tagemarsch südlich von Borde befindet sich eine hier überall berühmte heisse Quelle Namens Jeréke, an welcher Schwefel und Salpeter offen zu Tage liegen sollen. Einen Berg Namens Estherdat-Erner konnte ich nicht erfragen.

Begrüssungsweise. — Als eigenthümlich führe ich die Begrüssungsweise der Tebu hier an, die, wenn sie für einen Europäer schon beim Araber oder Berber unendlich lang ist, beim Teda gar kein Ende zu nehmen scheint. Begegnen sich zwei Teda, so setzen sie sich auf zehn Schritt Entfernung nieder, den Spiess aufrecht in der Hand, und der Erste ruft: Lahin-kénnaho, worauf der Andere erwidert: Getta inna du'nnia, dann ergiessen sich beide in unzählige Lahá, Lahá, Lahá, die, je höflicher man sein will, um so länger dauern. Endlich nähern sie sich, drücken sich nach Sitte der Araber stark die Hand, ohne sie jedoch zu küssen, und der zuerst Angeredete sagt dabei: Getta inna du'nnia, und der Andere erwidert: Lahin-kénnaho, worauf wieder von beiden Seiten viele Lahá folgen. Haben sie so die ersten Höflichkeiten gewechselt und sich nach Frau, Kindern, Haus und Vieh, Freund und Feind, Marktpreisen, Krieg und Frieden erkundigt, wobei sie von Zeit zu Zeit öftere Lahá oder Killahá, Killahénni einschieben, trennen sie sich und beim Abschiednehmen sagt der Eine: Temesches (wohl aus dem Arabischen), der Andere: Killaháde. Kommt man zu Jemandem ins Haus, so ist Labarako (Arabisch) der Gruss und die Antwort: Labara-Lahá, dann kann man zu jeder Zeit sagen: Killahá, Killahénni, Killa-állaha &c.

Charakter. — Den Teda als ganzer Nation Feigheit vorwerfen zu wollen, würde voreilig sein, dass sie pulverscheu sind, haben sie mit allen den Völkern gemein, die keine Feuerwaffen haben. Dass sie ungeheuer diebisch sind, kann ich bezeugen, denn es verging in Kauar kein Tag, wo mir nicht irgend eine Kleinigkeit entwendet wurde, trotzdem wir Alles immer bewachten und in Gewahrsam hatten. Selbst die Teda von guter Herkunft scheuen sich nicht, das, was sie gebrauchen können, sich heimlich anzueignen, so z. B. fand Ihre Majestät die Ex-Königin von Kauar es für gut, mir meine letzte Trinkschale zu entwenden; zwar schwur sie, unschuldig zu sein, irgend ein böser Geist müsse sie gestohlen haben, aber beim Nachsuchen fanden wir sie unter ihrem Herde eingescharrt. Ich hatte sie deshalb auch stark im Verdacht, dass sie mir ein Taschentuch weggenommen hätte, das sie vergebens von mir verlangte, als ich bei ihr logirte. Diess war indess nicht wieder zu finden und die letzte Trinkschale fand am nächsten Tage in Kalála einen anderen Liebhaber. Wenn es vielleicht ungerecht wäre, den Tebu im Allgemeinen Feigheit vorwerfen zu wollen, so klagt man sie dagegen mit Recht der Grausamkeit, Gewissenlosigkeit und Räuberei an. Ein einzelner Reisender wagt es nie, mit den Teda zu gehen, aus Furcht, von ihnen ausgeplündert oder ermordet zu werden. Wegen eines neuen Hemdes oder eines Turbans würden sie ohne Frage einen Einzelnen umbringen. Selbst Maina Adem, ein Fürst der Teda, wagte nicht, als ich mit ihm von Fesan kam, seine Kameele Nachts weiden zu lassen, aus Furcht, dass die uns begleitenden Teda sie stehlen möchten. Die Armseligkeit ihres Heimathlandes mag wohl viel dazu beitragen, denn die diebischsten und räuberischsten Völker sind immer die, welche die am wenigsten begünstigten Erdstriche bewohnen.

Geographische Nomenklatur der Tebu. — Wie die umliegenden Völker die Teda und ihr Land Tu nur unter den Namen Tebu-Rschade und Tibesti kennen, so haben die Teda für die ihnen bekannt gewordenen Völker und Länder auch eigene Namen, die ich hier anführe. Fesan selbst nennt der Teda Djela[1]) und die Bewohner Fesan's Kíkena, die Berber nennt er Amo-túggui, die Tuareg Ibórde, die Araber Jogóda, die Türken Túrko oder Erdi, welches letztere Wort so viel als Heide oder Feind bedeutet, die Christen Erdi oder mit dem durch die Araber eingeführten Namen Nssara (Plur. von narani, der Nazarener oder Christ), die nördlich von Tu wohnenden Völker (vielleicht die Modjabra?) Amo-mogatna; Uadjanga nennt er Enneri und die Bewohner Amo-anno, Kauar Hénderi-Tegĕ, die Bewohner Amo-Tege, die Kanem-Bewohner Amo-Konem, die Borgu-Bewohner Amo-Borgu, die Bornuer Amo-Bornu, die Haussaner Amo-Áfono (áfono, wahrscheinlich ein aus der Berber-Sprache eingeführtes Wort, welches in Sokna und ganz Fesan sehr gebräuchlich ist und sich auch ins Arabische eingebürgert hat, bedeutet „schlecht"; ﻋﻔﻨﻴﻦ ﻧﺲ nas afnin, schlechte Leute, ist in der Tripolitanie ein ganz gewöhnlicher Ausdruck), endlich die Uadaïer sind ihnen unter dem Namen Amo-Morka bekannt.

Topographie von Tibesti. — Was die Topographie des Tebu-Landes anbetrifft, so muss ich mich auf die Nachrichten beschränken, die ich über Tibesti oder Tu einziehen konnte und die ich namentlich aus dem Munde Maina Bu-Bkr's und anderer Eingebornen Tu's einsammelte.

Tibesti, von den Eingebornen selbst, die sich den Namen Teda beilegen, Tu genannt, scheint ein zusammenhängender Gebirgsstock zu sein, der sich von Kaissono bis nach Borgu zieht und seinen Knotenpunkt im Tisri- oder Tarsso-Berg hat. Das Gebirge selbst, von zahlreichen Thälern durchfurcht, scheint eine gleichförmige Höhe zu haben und besteht wahrscheinlich aus Basalt-Steinen nebst an der Oberfläche gefärbtem Sandstein und Kreidegebilden; da Tu eine oder mehrere Thermalen aufzuweisen hat, dürften die Berge vulkanischen Ursprungs sein. Ausser Kochsalzminen findet man noch mehrere Natrongruben und die Eingebornen sprechen von Schwefel- und Salpeterminen, namentlich bei der heissen Quelle Jeréke. Ausser dem schon genannten Tisri, der auf halbem Wege zwischen Tao und Borde liegt und von dem die meisten Thäler auslaufen, giebt es noch andere bedeutende Höhepunkte: einen halben Tag nördlich vom Tisri der Tisri-Dau oder Sohn des Tisri, dann nördlich vom Arin-Thal der Emi-Arin, endlich der Tásserterri, von dem das Tásserterri-Thal ausläuft, das ins Borde-Thal mündet; weiter nach Süden der Duske-Berg, östlich von Duske selbst; der Kusso-Berg, von dem das Dummeroder Dirkemáu-Thal ausläuft und der als höchster Punkt zwischen Tibesti, Uadjanga und Borgu genannt wird. Südwestlich von Krema im Thale selbst liegt ein vereinzelter hoher Berg, Matakáta genannt, und einen halben Tag südlich von ihm der Áteram-Berg. Alle anderen Berge oder Gebirgsketten sind ohne besondere Bezeichnung oder man benennt sie nach den Thälern und Orten, die ihnen zunächst liegen.

Tu selbst hat neun Hauptthäler, die alle bewohnt sind, deren gesammte Einwohnerzahl aber kaum 5000 Seelen übersteigen möchte. Der von Fesan kommende Weg führt uns zuerst nach dem Thale Abó oder Uro, welches sich aus vielen anderen Thälern zusammensetzt. Von Nord-West vereinigt sich das Beri-Thal mit dem Tegai-Thal, das von Norden kommt und einen Ort gleichen Namens hat. In Tegai wird Palmenzucht getrieben, auch findet man reichlichen Dum-Wuchs. Vereint nehmen beide den Namen Adaróa an und das Adaróa-Thal hat noch den Ort Adiú, ehe es sich mit dem Abo vereinigt. Von Norden kommt ferner das Aréma-Thal, ebenfalls bewohnt und mit reicher Dum- und Palmen-Vegetation, von Nord-Ost das bewohnte Mádega-Thal mit reicher Palmenzucht, endlich von Osten das Bodau-Thal mit einem Ort gleichen Namens und den grossen Ruinen eines zerstörten Ortes. Das Bodau-Thal nimmt weiter nach Westen zu den Namen Aru nach dem Orte gleichen Namens an und von Süd-Ost das Schische-Thal aufnehmend mündet es in den Uro. Von Süden vereinigt sich das Araba-Thal mit dem Uro. Der Uro selbst verliert sich nach zwei oder drei Tagen in der Ebene Asaróa.

Das Tao-Thal mit dem grossen Orte Tao, der circa drei Tage südsüdwestlich von Abó oder Uro liegt, entspringt vom Tisri- oder Tarsso-Berg, an dem sich eine berühmte

---

[1]) Ein Wort, welches wahrscheinlich aus Zuila entstanden ist, das früher die Hauptstadt Fesan's war und nach welchem einige umwohnende Völker ganz Fesan benannten, wie ja auch heute noch die Araber Mursuk und Fesan immer verwechseln oder für gleichbedeutend halten.

Natrongrube befindet. Der Tisri ist circa 1½ Tage in östlicher Richtung von Tao entfernt. Von ihm entspringt auch das Kauno-Thal, das, einen Bogen nach Norden zu beschreibend, südlich vom Gebirge und Pass Akerdélluli oder Akerkélluli vorbeigeht, welcher letztere auf halbem Wege zwischen Abo und Tao sich befindet und bei den früheren Araber-Karawanen wegen seiner steilen Wände berühmt war, so dass man von ihm sagte, beim Hinaufsehen falle Einem die Mütze vom Kopfe. Das Kauno-Thal biegt dann nach Süden um und erhält vom Orte Mim den gleichen Namen. Von Süden erhält das Tao-Thal nur das Thal Suar-Kaï. Tao selbst endet bei Dursso, einen Tag westlich.

Das Thal Suar mit dem Hauptorte gleichen Namens, der circa drei Tage südwestlich von Tao entfernt ist, verläuft von Süden nach Norden und mündet ebenfalls auf Dursso zu. Den Subb passirend, der ebenfalls nach Dursso geht, kommt man von Tao zuerst zu dem grossen Orte Belahárde und dann nach Suar selbst. Nördlich von Suar sind die Orte Aun, Káschogui und Ariu. Man zieht Palmen und Feigen und Dum kommt wild vor.

Das Marmar-Thal mit einem Orte gleichen Namens, der circa drei Tage südsüdöstlich von Tao entfernt ist, verläuft von Nord-Ost nach Süd-West. Von Nord-West das Taskáma-Thal aufnehmend heisst das Marmar-Thal einen Tag weiter nach Süd-West Adau und abermals einen Tag weiter nach Süd-West liegt der Brunnen Fuschin und einen Tag südwestlich von ihm der Brunnen Araka. Andere Hauptorte im Marmar-Thale selbst sind Gaudan, von Gunna und Temághera bewohnt, dann Koï und nach Osten zu Tinnífi.

Das Krema-Thal nimmt seinen Anfang vom Tisri, wo es nach dem Orte Temórtu den gleichen Namen führt. Weiter nach Süden zu verändert es nach dem Orte Mussoï seinen Namen und erhält von Nord-Ost das ebenfalls bewohnte Thal Debússer. Unterhalb ihrer Vereinigung nehmen sie den Namen Joa an, nach dem Orte Joa, und das Joa-Thal mündet nun direkt ins Krema-Thal. Von Nord-Ost jedoch erhält das Krema-Thal noch das Oki-Thal mit einem Orte gleichen Namens, das weiter nach Norden zu den Ort Duske, von dem östlich ein bedeutender Gebirgsstock gelegen ist, und noch weiter nach Norden zu den Ort Ssaat hat. Auch aus dem Duske-Gebirge wird Natron gewonnen. Von Osten erhält Krema noch das Maro-, von Süd-Ost das Ao-Thal, die ebenfalls bewohnt sind und viel Datteln und Dum haben.

Das Dummer- oder Dirkemau-Thal, vom Dusso-Berg auslaufend, zieht sich nach Süd-West. Dummer selbst ist ein grosser bewohnter Ort sieben Tage südöstlich von Tao, auf dem Wege nach Jen. Das Thal selbst öffnet sich auf die Gerë-Eríde-Ebene.

Das Bordē-Thal mit dem bedeutenden Orte gleichen Namens, der circa 1½ Tage in östlicher Richtung von Tarsso entfernt ist, verläuft von Süden nach Norden; der südlichste Ast entspringt aus der weit berühmten Jérike-Quelle, mit heissem Wasser, welches Schwefel enthält; von Süd-West fällt das Tásserterri-Thal, vom hohen Berge gleichen Namens kommend, ins Bordē-Thal, weiter nach Norden zu, ebenfalls von Westen kommend, das Simri-Thal mit einem Ort gleichen Namens. Von Süd-Osten mündet das bewohnte Wum-Thal, welches an seinem Süd-Ost-Ende die immer fliessende Quelle Társyi hat; endlich ganz im Norden, wo das Bordē-Thal seinen Namen schon gegen den Namen Aray vertauscht hat, fällt von Süd-West das Egai-Thal mit dem Brunnen Terko ein. Von Süden nimmt das Egai-Thal selbst das Ofotúi-Thal auf und nach ihrer Vereinigung nehmen sie den Namen Tedéfu-Thal an, das, bevor es Aray erreicht, nach dem Orte Kabúrda ebenfalls Kabúrda genannt wird. Ausser Bordē selbst liegen im Bordē-Thal die Orte Su, Dúduē, Ermesbe, Ssugra und Aluska. Das Bordē-Thal mit seinen Nebenthälern ist eins der bewohntesten von ganz Tibesti, Feigen, Datteln, Wein, Weizen und Gerste werden gezogen, Dum wächst überall wild und grosse Ziegenheerden machen die Fukta und Adebóka reicher und angesehener als die übrigen Stämme Tu's.

Das Ausso-Thal im Osten von Bordē und ebenfalls von Norden nach Süden laufend ist 1 oder 1½ Tage von ersterem Thale entfernt. Ein grosser Ort gleichen Namens liegt in Ausso; nach Norden zu ändert das Thal seinen Namen in den von Araby, welches die Ruinen eines grossen gleichnamigen Ortes aufzuweisen hat, der früher — daher der Name — von Arabern bewohnt gewesen sein soll. Von Araby aus führt eine durch zahlreiche Wegsteine (alem) angedeutete Strasse nach Wau, welches man in sieben Tagen erreichen kann, jedoch sind keine Brunnen auf der Hammáda.

Das Desai-Thal, von Süd-Osten nach Nord-West verlaufend wird nur seines ausgezeichneten Futters wegen nach starken Regengüssen von Heerdenbesitzern zeitweilig bewohnt. Es giebt in ihm drei gemauerte Brunnen, Tindi, Udénger und Gerda genannt. Das Desai-Thal, circa 1½ Tage lang, läuft gegen Beri und Oï zu und öffnet sich in die Ebene Erdémme.

Andere Orte, die nicht zu diesen Thälern zählen, aber zu Tu gehören, sind: 1. Elírima, Brunnen, einen Tag nördlich von Desai, in einem nach Norden zu verlaufenden Thale. 2. Zwischen Tarsso und Tásserterri der Ort Gaboon, von Tebu-Gobúda bewohnt, viel Palmen und Weizenbau. 3. Medérma, einen Tag östlich von Társyi, ein kesselartiges, von sehr hohen Bergen umschlossenes Thal mit natürlicher hoher Felsenburg in der Mitte, von Tebu-Kióta bewohnt, reich an Palmen und Feigen. 4. Südlich von

Medérma auf 1½ Tage Entfernung der Ort Miski, reich an Feigen und Palmen, und östlich von Miski, einen Tag entfernt, 5. der Ort Gummer, ebenfalls in einem von schroffen Bergen umschlossenen Kessel. 6. 1½ Tage östlich von Bordē der Ort Ibi, ebenfalls von hohen Bergen umringt; von hier aus führt ein Weg nach Kufra. 7. Einen Tag südöstlich von Gummer die bewohnte Oase Gro, über welche der Weg nach Uadjanga führt.

Itinerare in den Tebu-Ländern.

1. Weg von Medrussa in Fesan nach Abo.

1. Tag von Medrussa nach Chalfaua, Brunnen, 10 Minuten in Süd-Ost-Richtung.
2. nach Debissa-Domma, Brunnen, 1 Tagemarsch in Süd-Ost-Richtung.
3. Debissai, ½ Tagemarsch in Süd-Ost-Richtung.
4. Emi-Madema (Rothe Erde), 1 Tagemarsch in Süd-Ost-Richtung.
5. Tea-Gamado (oder Kuwährah), 1 Tagemarsch in Süd-Ost-Richtung.
6. Lebo (oder Melaky), 1 Tagemarsch in Süd-Ost-Richtung.
7. Merü-Gedeï, 1 Tagemarsch in Süd-Ost-Richtung (vielleicht Muraydjah?).
8. Mesaro, 1 Tagemarsch in Süd-Ost-Richtung.
9. Kuriño, 1 Tagemarsch in Süd-Ost-Richtung (Kuriño wird von den Arabern Biban genannt).
10. Kaïssono, 1 Tagemarsch in Süd-Ost-Richtung [1].
11. Oï, 1 Tagemarsch in Süd-Ost-Richtung.
12. Beri, 1 Tagemarsch in Süd-Ost-Richtung. Wassertümpfel nach der Regenzeit.
13. Uro, 1 Tagemarsch, Brunnen. Uro ist der grösste Ort von Abo.

Die Tagemärsche sind klein, von Sonnenaufgang bis l'asser; in der Regel wird die Strecke zwischen Debissa-Domma und Beri in 7 Tagen zurückgelegt.

2. Weg von Uro nach Tao.

Drei grosse Tagemärsche, man passirt den Pass Akerdélulli und das Thal gleichen Namens am 2. Tage Mittags und erreicht am 3. Tage Tao. Südliche Richtung.

3. Weg von Tao nach Anay.

1. Tag von Tao nach Dursso, 1 Tagemarsch in West-Richtung.
2. ", nach Seri, 1 Tagemarsch in West-Richtung.
3. und 4. Tag in der Hammáda Agrateï in West-Richtung.
5. Tag nach Korinsau, 1 Tagemarsch in West-Richtung.
6. ", Oto, Brunnen mit schlechtem Wasser, 1 Tagemarsch in West-Richtung.
7. ", Dada, grossem Thal von Osten nach Westen mit herrlichem Baumwuchs und Brunnen, ½ Tagemarsch.
8. ", Djidja, Brunnen, schöner Baumwuchs, Dum und Talha, 1 Tagemarsch in Süd-West-Richtung.
9. ", Imsride, 1 Tagemarsch in West-Süd-West-Richtung.
10. ", ", Immibeseo, 1 Tagemarsch in West-Süd-West-Richtung.
11. ", ", Anay, 1 Tagemarsch in West-Süd-West-Richtung.

Die Tagemärsche sind nicht gross.

4. Weg von Tao nach Jen.

1. Tag von Tao nach Suar-kai, ½ Tagemarsch in Süd-Richtung. Wassertümpfel nach der Regenzeit.
2. nach Siraï, 1 Tagemarsch in Süd-Süd-Ost-Richtung.
3. Marmar, bewohntem Ort, Brunnen, 1 Tagemarsch in Süd-Süd-Ost-Richtung.
4. Srumm, ½ Tagemarsch in Süd-Süd-Ost-Richtung. Wassertümpfel nach der Regenzeit.

5. Tag nach Jos, bewohntem Ort, Brunnen, 1 Tagemarsch in Süd-Süd-Ost-Richtung.
6. Ogi, bewohntem Ort, Brunnen, Palmen und Dum, 1 Tagemarsch in Süd-Süd-Ost-Richtung.
7. Maro, bewohntem Thal, Brunnen, Dum, ½ Tagemarsch in Süd-Süd-Ost-Richtung.
8. Ao, Weideplatz, 1 Tagemarsch in Süd-Süd-Ost-Richtung.
9. Dummer oder Dirkenau, bewohntem Ort, Brunnen, Dum, 1 Tagemarsch in Süd-Süd-Ost-Richtung.
10. Arri, unbewohntem Thal ohne Brunnen, 1 Tagemarsch.
11. Trri oder Tiggi, bewohntem Ort, 1 Tagemarsch in Süd-Ost-Richtung.
12. Jen, 1 Tagemarsch in Süd-Ost-Richtung.

5. Weg von Tao nach Bordē.

1. Tag Lager am Wege, 1 Tagemarsch in Ost-Richtung.
2. " nach Tarsso oder Tisri, Tümpfel und Weideland, 1 Tagemarsch in Ost-Richtung.
3. Lager am Wege, 1 Tagemarsch in Ost-Richtung.
4. nach der Provinz Bordē.

6. Weg von Dirki nach Air.

1. Tag von Dirki nach Intjibul-Oga, Brunnen, kleiner halber Tagemarsch.
2. nach Kaffra, Brunnen, im Norden und Süden Berge, grosser Tagemarsch.
3. Aschegur, Brunnen, von kleinen Bergen umgeben, 1 Tagemarsch.
4. Ammadan, Hattie, grosser Tagemarsch.
5. Allelaga, Sand-Dünen, grosser Tagemarsch.
6. Igudda, Ebene, grosser Tagemarsch.
7. Bobandoschi, felsigem Gebirge, grosser Tagemarsch.
8. Adjur, Brunnen und Hattie, grosser Tagemarsch.
9. Air, das mit Adjur Eine Hattie bildet; dieser letzte Tagemarsch ist klein, 4, 5, 6, 7, 8 dürften Tagemärsche von je 15 Stunden sein. Die Richtung ist immer westlich.

7. Weg von Bilma nach Faschi oder Agram.

1. Tag nach Kameru, Dünen und kleinen Felsen, Süd-West-Richtung.
2. " blosse Sand-Dünen.
3. " erreicht man das Gebirge Fosao, das Agram östlich begrenzt. Agram wird von den Tuareg Faschi genannt, hat nur Einen bewohnten Ort gleichen Namens und wird von einem von Norden kommenden Fluss Namens Tese bewässert.

8. Weg von Marmar nach Bátele.

1. Tag nach Adau, Hattie ohne Wasser, Süd-Süd-West-Richtung.
2. " Krema, grossem, nach Süd-West strömenden Fluss mit vielen Brunnen und in ihm der Berg Mákata.
3. " " dem Fluss Ssubka mit fliessendem Wasser, viel Dum.
4. " " Turki, Brunnen, viel Dum.
5. " Lager in der Hammáda Assarunga.
6. " nach Jaïo, von den Tebu-Bultu bewohntem Ort in Bátele.

Die Richtung ist immer Süd-West.

9. Weg von Tao nach Suar.

1. Tag nach Suar-Kai, Wassertümpfel, ½ Tagemarsch in Süd-Richtung.
2. " Subb, bewohntem Ort, Brunnen, ½ Tagemarsch in Süd-West-Richtung.
3. Belaharde, grossem bewohnten Ort in Suar, 1 Tagemarsch in Süd-West-Richtung.

10. Weg von Abo nach Djebado.

1. Tag von Uro nach Schische, Brunnen, ½ Tagemarsch in West-Richtung.
2. nach Kasan, Hattie, 1 Tagemarsch in West-Richtung.
3. Sobóso, Brunnen, ½ Tagemarsch in West-Richtung.
4. Kirkeroa, Hattie, 1 Tagemarsch in West-Richtung.
5. Bellilīdji, Brunnen, viele Dum-Palmen, ½ Tagemarsch in West-Richtung.
6. Kinnúmto, Hattie, Brunnen, ausgezeichnetes Natron, 1 Tagemarsch in West-Richtung.
7. Urúmma, Brunnen, 1 Tagemarsch in West-Richtung.
8. Jat, Brunnen, 1 Tagemarsch in West-Richtung.

---

[1] Zwischen Kuriño und Kaïssono, 1 Tagemarsch östlich von der grossen Strasse, liegt der Berg Asserserte mit grossem Wasser-Reservoir und ½ Tagemarsch in Süd-Ost-Richtung von ihm der Brunnen Ibekóra.

9. Tag nach Siggedim oder Sau, Brunnen, 1 Tagemarsch in West-Richtung.
10. „ Uggedi, hohem Borg, 1 Tagemarsch in West-Richtung.
11. „ Ssura oder Schūrfa in Djado, West-Richtung. Djado wird im Osten von einem Gebirge begrenzt, das in Höhe und Formation dem Mogodóm gleich ist.

11. Weg von Bátele nach Borgu.
1. Tag von Jaïo nach Angánma, Hammáda, ½ Tagemarsch in Nord-Ost-Richtung.
2. „ nach Logokóssama, Hammáda, 1 Tagemarsch in Nord-Ost-Richtung.
3. „ Gálaka¹) (Teleka?), bewohntem Ort in Borgu, 1 Tagemarsch in Nord-Ost-Richtung.
4. „ „ Jen, 2 Stunden in Nord-Ost-Richtung.

12. Weg von Tao nach Anay (nördlicher Umweg).
1. Tag von Tao nach Dursso, 1 Tagemarsch in West-Richtung.
2. „ nach Kanadji, 1 Tagemarsch in West-Richtung.
3. „ Agratafi, 1 Tagemarsch in West-Richtung.
4. „ dem Brunnen Differ, 1 Tagemarsch.
5. „ nach Korinssau, 1 Tagemarsch in West-Süd-West-Richtung, und von hier mit der alten Route bis Anay.

13. Weg von Tao nach Marmar.
1. Tag nach Suar-Kai, Brunnen, ½ Tagemarsch in Süd-Richtung.
2. „ Sigri oder Sirai, Brunnen, ½ Tagemarsch in Süd-Richtung.
3. „ Taskama, Brunnen, 1 Tagemarsch in Süd-Süd-Ost-Richtung.
4. „ Marmar, 1 Tagemarsch in Süd-Süd-Ost-Richtung.

Stämme der Tebu, welche in Kanem ansässig sind:
1. Ssegardá, 2. Schinda-kora, 3. Madaméa, 4. Adjema, 5. Timbolia, 6. Uandala, 7. Uorba, 8. Diggeri, 9. Kemmaswala, 10. Ssaloméa, 11. Medeleia, 12. Kuridinia, 13. Uorda, 14. Duggorda, 15. Keri-bu, 16. Norea, 17. Kara oder Kareda, 18. Biggeria, 19. Fannenyia, 20. Urreda, 21. Ssegárda (nicht zu verwechseln mit Nr. 1).

¹) Gálaka heisst in der Tebu-Sprache „Quelle".

Produkte. — An Pflanzen dürfte Tu vielleicht manche eigene Arten in den wasserreichen Thälern haben, genannt wurden mir unter den Bäumen ausser der Dattelpalme vorzüglich die Dumpalme, der Kornabaum, dann zwei Mimosenarten; andere Obstarten als Feigen und ein wenig Wein scheinen der Teda nicht bekannt zu sein. An Getreide bauen sie Weizen, Gerste, Ngáfoli, Ksob, von Erdfrüchten sind ihnen Melonen, Wassermelonen und Kürbisse bekannt, Gemüse, als Rüben, Wurzeln &c., scheinen nicht gezogen zu werden. Ausser dem Afrikanischen Kameel scheint eine eigene Ziegenart in Tu zu existiren, die mir jedoch nie zu Gesicht gekommen, die aber, nach dem Fell zu urtheilen, mit dem sich die Teda im Winter wie mit einem Mantel gegen die Kälte schützen, von aussergewöhnlicher Grösse sein muss. Antilopen, Gazellen, Hasen, Kaninchen, Springratten sind die der übrigen Wüste und in den südlichen Thälern soll die Meerkatze, von ihnen Deggel genannt, sehr häufig sein. Von Vögeln sind Raben, Aasgeier und Sperlinge gemein, dann ein Gesellschaftsvogel, der wie in Kauar in den Häusern nistet, hübsch singt und kleiner als der Sperling ist. Die übrigen Vögel sind die der Wüste. Schlangen, Skorpione, Eidechsen und Insekten sind ebenfalls, nach Aussage der Teda wie die in den anderen Theilen der Wüste.

6. Weitere Erlebnisse in Kauar.

Rückkehr nach Schimmedrú. — Da mein Aufenthalt in Kauar ja nun doch ein Mal ein längerer werden sollte, war ich meiner Kameele halber gezwungen, Bilma zu verlassen und nach Schimmedrú zu gehen, wo viel Agol wächst, während im südlichen und nördlichen Kauar nur Sbith und Talha vorkommt. So zuvorkommend mich nun auch früher die Bewohner Schimmedrú's aufgenommen hatten, so hatte sich ihr Benehmen in dem Grade gegen mich geändert, dass ich mich fragte, ob es dieselben Leute seien. Gleich bei meiner Ankunft, als ich unfern von den Palmen lagerte, deren Datteln jetzt zu reifen begannen, und ich einen Diener in den Ort schickte, um ein Haus für uns zu suchen, empfingen ihn die Weiber höchst barsch, fragten, weshalb wir gekommen seien und warum wir so nahe bei den Palmen lagerten (sie fürchteten nämlich, dass die Kameele Schaden anrichten möchten), und sagten, wenn wir ein Haus wollten, müssten wir eins miethen. Obgleich es nun hier nie vorgekommen war, dass Reisende gemiethet hätten, indem immer eine Menge Häuser oder Hütten leer stehen, da während der Abwesenheit des Hausherrn seine Frau, wenn sie nicht eine grosse Familie hat, meist bei ihren Eltern wohnt, so blieb doch nichts Anderes übrig, und obgleich man Anfangs Preise forderte, wie sie nur in den grossen Städten Europa's üblich sind, so begnügte man sich schliesslich mit 1 Thaler Bu Thir für 15 Tage.

Unterhandlungen mit einem Führer; ein Besessener. — Unterdess bemühte ich mich eifrig, einen Mann ausfindig zu machen, der mich nach Kuka geleiten könnte, denn an den Aufbruch einer Karawane war gar nicht zu denken, seit 5 Monaten war keine Nachricht von Bornu oder auch nur ein einzelner Mann hier angekommen. Zudem waren meine Kameele durch die sorgfältige Fütterung, indem ich sie Abends, wenn sie von der Weide kamen, immer noch mit Klee fütterte, so weit hergestellt, dass ich mit ihnen aufbrechen konnte, obgleich auch hier die Arabischen Kameele entsetzlich von der Hitze und noch mehr durch das ganz andere Futter leiden, denn Agol kommt nördlich nur bis Fesan vor und dient ihnen dort nur gelegentlich zur Nahrung. Endlich gelang es uns, einen alten Neger ausfindig zu machen, berühmt wegen seiner Kenntniss der Wege, der entschlossen war, uns nach Bornu zu geleiten. Nach langem Verhandeln kamen wir überein und der Preis wurde zu 60 Maria-Theresia-Thaler festgesetzt, die ich alle im Voraus bezahlen musste. Unterdessen hatte ich auch den Sultan an sein Versprechen erinnert, aber da er sein Geschenk bereits hatte, liess er mir einfach sagen, ich könne thun, was mir beliebe, jeder Weg stehe mir frei, er könne aber weder eine Karawane zu Stande bringen, noch wisse er einen Führer. In der Hoffnung indessen, noch ferner Geld von mir erpressen zu können, liess er mir am anderen Tag sagen, er habe einen Führer in Bereitschaft für 30 Thaler und 30 Thaler für ihn selbst. Da dies nun ganz auf Eins hinauskam, der Führer des Sultan aber, wie mir alle Leute sagten, keine grössere Sicherheit gewährte als der von mir gemiethete, im Gegentheil des Weges nicht so kundig sein sollte, so gab ich ihm gar keine Antwort.

Als es nun aber wirklich zum Aufbruch kommen sollte, kamen die Grossen von Schimmedrú sowohl als auch von Dirki, Maina Ssala an der Spitze, zu mir und beschworen mich, nicht abzureisen, da der Neger zwar des Weges kundig sei, andererseits aber gar keine Bekanntschaft unter den nomadisirenden Tebu habe und der Weg doch jedenfalls sehr unsicher sein müsse, indem wir Nachrichten von Bornu oder auch nur von Kanem mangelten. Ich sagte ihnen, dass, da ich das Geld schon im Voraus bezahlt hätte, diess allein schon Grund genug wäre abzureisen, denn ich könne eine so grosse Summe nicht einbüssen und der Neger würde jetzt jedenfalls auf Erfüllung des Vertrags bestehen. Da sie nun erwiderten, dass dieser Vertrag nicht binde, indem er einseitig ohne Vorwissen der Djemma abgeschlossen, der Neger aber, dessen Vater zwar durch den Tod seines Herrn frei geworden, noch heute in einem gewissen Abhängigkeitsverhältnisse zu dem Sohne seines früheren Herrn stände und es diesem, da auch er gar keine Kunde von dem abgeschlossenen Vertrage habe, leicht sei, das Geld wieder zu schaffen, sie überdies hinzufügten, dass, wenn der Sultan mich auch gänzlich vernachlässige, sie doch wohl wüssten, welche Gewalt die Christen besässen, und dass man sie vielleicht, da ich jetzt Schimmedrú bewohne, später in Fesan für mich, wenn mir Etwas zustiesse, verantwortlich mache, überdies Maina Ssala, Bruder des Sultan, der allein von der ganzen herrschenden Familie mir Freundschaftsbezeigungen erwies, mir sagte, wenn bis Ende des Monats keine Karawane käme, wolle er mir einen Führer miethen, so konnte ich den dringenden Vorstellungen nicht widerstehen, nur war ich neugierig, wie man den Neger bewegen würde, mir das Geld zurückzugeben. Man liess ihn also kommen und fragte ihn (die ganze Verhandlung war in Teda und wurde durch Kanúri ins Arabische übersetzt), ob er von mir 60 Thaler empfangen habe, um mich nach Kuka zu geleiten. Da ich gar keine anderen Zeugen hatte als meine Diener Abd el Kader, den Teufelaustreiber, und Hamed Riffi, so war ich sehr auf seine Antwort gespannt, zumal der Neger gewollt hatte, dass Niemand anders bei Auszahlung des Geldes zugegen sein sollte. Wider mein Erwarten bejahte er die Frage. Als man ihm sagte, er habe der eben angeführten Gründe wegen das Geld zurückzugeben, da es überdies eine Prellerei wäre, so erwiderte er, dass er um Dohor (1 Uhr Nachmittags) das Geld bringen würde. Der Sohn seines ehemaligen Herrn, Thaïb-ben-Ssudduk (Ssudduk hat die meisten Orte Kauar's zum Islam bekehrt und ist eng mit dem in Bornu herrschenden Kanemi verwandt), aber, in Aussicht auf ein tüchtiges Geschenk von meiner Seite, wollte von gar keinem Aufschub wissen, sondern befahl ihm, das Geld sogleich herbeizubringen. Der Neger ging und brachte kurz darauf 50 mit Sand bedeckte Thaler. Auf die Frage, wo die übrigen 10 Thaler wären, wollte er erst nicht recht mit der Sprache heraus, sagte dann aber schliesslich, dass mein Diener Abd el Kader von ihm diese Summe erhalten habe, um den Vertrag so günstig wie möglich für ihn, den Neger, abzuschliessen. Da Abd el Kader in der That den ganzen Miethvertrag für mich abgeschlossen hatte, so konnte ich ihm und die ganze Versammlung nicht anders als den Worten des Negers Glauben schenken. Indes wurde die Versammlung aufgehoben, da ich Abd el Kader zufällig an diesem Tage nach Kalála geschickt hatte, um einige noch dort sich befindende, uns gehörende Sachen zu holen. Als nun Abends Abd el Kader zurückkam, war es mein Erstes, den Neger zu rufen und beide zu confrontiren, wobei indess Nichts herauskam, indem der Neger hartnäckig behauptete, ihm das Geld gegeben zu haben, während Abd el Kader schwur, keinen Heller empfangen zu haben. Ich musste also die Sache bis auf den folgenden Tag verschieben, wo die Djemma versprochen hatte, sich dieserhalb bei mir versammeln zu wollen.

Abd el Kader, den Teufelaustreiber, hatte diese Scene indess so hart mitgenommen, dass er selbst vom Teufel besessen wurde, wie wüthend auf allen Vieren herumlief, die Steine beroch, grunzte und brüllte und sogar zu schäumen anfing. Da diess bei Mondschein Statt fand und das ganze Dorf sich vor meinem Hause versammelte, wobei die Einen Weihrauch herbeizubringen riethen, da der Teufel den Weihrauch nicht riechen könne, die Anderen aber in eine Kumme zu schreiben, dann Wasser hineinzugiessen und den Besessenen mit dem von der Schrift durchtränkten Wasser zu besprengen vorschlugen, wurde mir die Sache zu widerlich; ich forderte daher Abd el Kader auf, vernünftig zu sein, da dieser Spuk nichts zur Sache thäte und es sich morgen schon herausstellen werde, wer der Hehler sei. Da er nicht aufhörte, befahl ich Hamed und dem Gatroner, einen tüchtigen Strick herbeizubringen, und in Einem Nu hatten wir drei ihn geknebelt, dass er sich nicht rühren konnte. Ich gebot ihm dann, mit dem Grunzen und Blöken inne zu halten, oder ich würde ihn durch den Gatroner und Hamed Riffi so lange mit einem Palmstock bearbeiten lassen, bis er still sei. Diess hatte eine wunderbare Wirkung, denn Abd el Kader war überzeugt, dass ich Ernst machen würde. Unter einem lauten letzten Gebrüll fuhr der Teufel aus und Abd el Kader bat, die Bande zu lösen, was man auch sogleich that. Die anwesenden Leute aber, die eigentlich ungehalten über die schnelle Beendigung des Schauspiels waren und gern den Weihrauch hätten wirbeln sehen oder gewünscht hätten, ihrem Faki durch das Schreiben von Sprüchen Etwas zuzuwenden, meinten: „Die Christen können doch Alles, bloss gegen den Tod haben sie noch kein Mittel erfunden."

Am folgenden Morgen sollte es also zum Schwören kommen; als die ganze Versammlung der Teda-Grossen wie am vorigen Tage bei mir war, brachte man einige alte, schmutzig-gelbe Blätter, welche möglicher Weise einige Suraten aus dem Kuran enthalten konnten, jedenfalls aber nicht der ganze Kuran waren. Abd el Kader erklärte sich gleich bereit zu schwören, der alte Neger aber, eifrig ein verblichenes Blatt Papier lesend (hier kann Jedermann lesen, obgleich Keiner weiss, was er liest, das sei auch gar nicht nöthig, meinen sie, da Gott es schon verstehe), weigerte sich. Thaïb, der Sohn seines ehemaligen Herrn, sagte mir nun leise, er sei überzeugt, der Neger habe das Geld, und rief ihm dann zu: „Genug des Lesens, bereite Dich zum Schwören, bedenke aber, dass, wenn Du auf den Kuran falsch schwörst, die Allbarmherzigkeit Gottes Dir zu Nichts nützen wird und Du ewig im Feuer brennen musst." Alles schwieg, auch der Neger, der nicht zum Schwören zu bewegen war. „Hundesohn! bring' das Geld auf der Stelle herbei und beschäme uns nicht alle vor einem Fremden, der noch dazu ein Christ ist." Der Neger stand auf, ohne ein Wort zu erwidern, und kam nach einer Weile mit 5 Thalern zurück, die er eben so schweigend, aber immer Gebete murmelnd, die er selbst nicht verstand, vor Thaïb niederlegte. „Alles will ich, alter greiser Dieb", fuhr Thaïb ihn an, „flink gieb die noch fehlenden 5 Thaler." Stillschweigend ging der alte weisshaarige Neger wieder fort und brachte nach einer Weile noch 2 Thaler, diess Mal mit der Behauptung, dass er vom Gelde schon 3 Thaler verbraucht hätte. Thaïb und die Versammlung erklärten rund, er hätte Alles herbeizuschaffen, ich machte aber der Sache schnell ein Ende, indem ich auf die 3 noch fehlenden Thaler verzichten zu wollen erklärte.

So endete also diese Sache, der Neger, der auf so schändliche Art Abd el Kader verdächtigt hatte, verlor Nichts in der Achtung seiner Landsleute, man verfehlte aber nicht, mir besonders die Kraft des Kuran vor Augen zu stellen, da er es ja gewesen sei, der den Neger abgehalten habe, einen falschen Eid zu schwören. Abd el Kader aber, den wir und namentlich ich so unrecht beschuldigt hatten, schenkte ich ein neues Hemd und einen neuen Fes, mit welchen Sachen er sich auch sogleich herausputzte und sie den ganzen Tag im Orte spazieren führte. Die Mitglieder der Versammlung, namentlich Thaïb, erhielten natürlich alle ein Geschenk, denn bei den Tebu ist Nichts umsonst und je mehr ein Teda seine Freundschaft zeigt, ein um so grösseres Geschenk erwartet er auch.

Streit um ein Haus. — Mittlerweile waren die funfzehn Tage, auf welche ich das Haus gemiethet hatte, abgelaufen und die Eigenthümerin forderte mich kurz auf, das Haus zu verlassen oder neu zu miethen. Da indess das Haus sehr eng war und auf der Südseite des Berges mitten zwischen grossen Steinblöcken lag, die sich Mittags bis gegen 70° C. in der Sonne erwärmten und des Morgens immer noch heiss waren, so erwiderte ich, wenn sie mir das Haus auch umsonst anböte, würde ich doch nicht darin bleiben. Zudem hatte mir Thaïb gesagt, dass am Nordabhange des Berges ein grosses leeres Haus, seiner in Aschenúmma wohnenden Schwester gehörig, sich befände und ich dasselbe sogleich beziehen könne, und zwar ohne Miethpreis (weil er recht gut wusste, dass, wenn er auf meine Grossmuth spekulirte, er sich immer besser dabei stand, als wenn er mir einen festen Preis bestimmte). Demgemäss schafften wir unsere Sachen in jenes Gebäude, das in der That geräumig und luftig war und weit vom Berge ablag, der sich Mittags wie ein Backofen erhitzte. Aber kaum hatten wir unsere Sachen hineingestellt, als eine dicke braune Teda-Frau herbeigestürzt kam, sich für die Verwalterin der Schwester Thaïb's erklärte und wie wüthend mein Gepäck wieder hinauszuschmeissen begann, denn sie dulde keinen Christen in dem ihr anvertrauten Hause, sei überdiess gar nicht darum befragt worden und sie bestehe darauf, ich müsse auf der Stelle heraus. Diese Frau erhitzte sich und schrie so laut, dass das ganze Dorf herbeilief, und es schien, als ob es zum Kampf kommen solle, indem die eine Hälfte für mich Partei nahm, die andere für die Frau. Die Wuth derselben steigerte sich um so mehr, als sie sah, dass ich mich vor Lachen kaum aufrecht erhalten konnte, denn diese dicke schwarzbraune Frau brachte sich so in Feuer, dass ihr die Schweisstropfen vom Gesichte rieselten und ein Theil ihrer Bekleidung sich loslöste. Auch die Teda-Männer fingen an, über die dicke funfzigjährige Hexe so zu lachen, dass ihr Nichts weiter übrig blieb, als das Feld zu räumen, und wir konnten uns nun ruhig einrichten. Indess schickte sie auf der Stelle einen Boten an die Schwester Thaïb's und wusste ihren Bericht so einzurichten, dass nach drei Tagen von Aschenúmma die Antwort einlief, ich hätte auf der Stelle das Haus zu verlassen. Obgleich nun die besser gesinnten

Bewohner des Ortes, darunter ihr eigner Sohn, mir ein anderes Haus zur Verfügung stellten, wollte ich doch nicht so das Feld räumen, sondern zog es vor zu kampiren und schlug unmittelbar beim Dorfe meine Zelte auf, obgleich es Mittags vor Hitze kaum darin auszuhalten war. Das galt natürlich als eine grosse Schande für das ganze Dorf, einen Fremden in der heissen Sommerzeit im Freien zu lassen. Sogar der Sultan schickte einen Boten, mir ein Haus zu suchen, und mehrere Häuser wurden mir nach einander angeboten, aber ich bestand darauf, entweder ins leer stehende Haus zurückgeführt zu werden oder nach drei Tagen nach Dirko[1]) zu gehen, wohin mich Maina Ssala einlud. Thaïb hatte aber unterdess auch einen Boten an seine Schwester geschickt und am dritten Morgen brachte dieser günstigen Bescheid und viele Entschuldigungen, sie stelle mir das Haus so lange zur Verfügung, bis ihr Mann zurückkäme. Triumphirend zogen wir nun wieder ein, zum grossen Ärger der Rhola[2]), so hatten nämlich meine Diener die fette Frau getauft, obgleich sie nichts weniger als gespensterhaft aussah. Viele Bewohner kamen dann, um mich zu beglückwünschen, als ob wir einen Sieg erfochten hätten, und Thaïb unterliess es natürlich nicht, seine Verdienste hervorzuheben und zu vergrössern.

Feuersbrunst. — Bei alle dem war mein Aufenthalt in Schimmedrú keineswegs ein angenehmer, die Theuerung, selbst Mangel an den ersten Lebensbedürfnissen, die grenzenlose Bettelei und Geldgier der Bewohner, eine Hitze, die selbst Nachts nie unter 30° sank, fortwährende Zänkereien der Leute mit meinen Dienern oder mir selbst um Nichts hätten selbst einem Hiob die Geduld verleidet. Es ereignete sich in jenen Tagen nichts Besonderes, als dass wir eines Nachts durch das Klaggeschrei der Weiber aufgeweckt wurden und schon glaubten, entweder Tuareg oder Araber seien auf Raub gekommen, bis wir sahen, dass eine der Palmhütten in hellen Flammen stand. Natürlich kam Alles herbei und besonders die Weiber, da zwei Drittel der Männer überhaupt immer unterwegs sind. Statt sich aber vernünftig zu benehmen und die nächstgelegenen Palmhütten schnell einzureissen, begnügten sie sich damit, auf eine kannibalische Art zu heulen, und alle umstehenden Hütten waren in einem Augenblick ein Raub der Flammen. Unser Haus, unmittelbar an die Hütten stossend, war glücklicher Weise von Stein, so dass wir Nichts zu befürchten hatten; überhaupt war der Schaden nicht gross, obgleich vielleicht acht bis zehn Hütten verbrannten, denn das Tebu-Ameublement besteht in weiter Nichts als einigen Matten und hölzernen Schüsseln. Die Besitzer jammerten daher auch nur über den verbrannten Vorrath an Kaánder (trockener Klee, in Kanúri Kadjim ngamdu genannt), den sie als Winterbedarf für ihr Vieh angehäuft hatten.

Ein Uneigennütziger. — Eines Tages besuchte ich Maina Ssala in Dirki, der mich so oft eingeladen hatte, und fand bei ihm die freundlichste Aufnahme. Er ist in ganz Kauar der Einzige, der nie Etwas von mir verlangte, obgleich er mir mehr Dienste erwiesen hat wie irgend ein Anderer, und selbst als ich längere Zeit mit einem Gegengeschenk zögerte und seine Bekannten darüber stichelten und laut sagten: „Du hast Mustafa Bei so viele Gefälligkeiten und Dienste erwiesen und er thut, als ob das Alles Nichts wäre", fuhr er fort, mich aufs Freundlichste zu behandeln; als ich ihm aber endlich ein hübsches Geschenk machte, eine silberne Uhr, einen 40 Ellen langen Turban, eine Harmonika, Taschentücher, Messer, Essenzen &c., im Werthe von 25 bis 30 Thalern, sagte er, er habe kein Geschenk von mir erwartet, indem er es für seine Pflicht gehalten habe, die grobe Behandlung seines Bruders, des Sultan, wieder gut zu machen.

Contract mit einem neuen Führer. — Maina Ssala war es auch, der endlich einen neuen Miethcontract mit einem anderen Führer zu Stande brachte, und zwar zu demselben hohen Preise, da jetzt Niemand billiger gehen wollte. Indess bezahlte ich diess Mal nur 47 Thaler baar und den Rest in Waaren, als Turban, Tobe &c. Wir kamen überein, am Montag den 18. Juni von hier aufbrechen zu wollen. Der Abschluss des Miethcontracts war diess Mal sehr feierlich, indem die ganze Djemma des Dorfes und Maina Ssala von Dirko sich bei mir versammelten; ich mischte mich indess gar nicht in die Verhandlungen, sondern überliess Maina Ssala und Thaïb meine Interessen, und als sie mir nach einer zweistündigen Debatte mit dem Führer Maina Jusko (hier ist Alles Maina, wie in Marokko Jeder Scherif ist) sagten, dass es unmöglich sei, anders als wie eben gesagt zu miethen, sagte ich einfach: „Bism il Lah", so sehr lag mir daran, schnell fortzukommen. Mittelst des Foeth wurde dann der Segen erfleht und der Handel war abgeschlossen. Vierzig Thaler zahlte ich gleich nebst dem Turban, das Übrige brauchte ich erst in Borau zu geben. Dann frühstückte die hungrige Gesellschaft, obgleich sie sicher nicht satt wurden, denn ich hatte nur für Maina Ssala herrichten lassen und es war gar nicht meine Absicht, dass die Djemma bei der Verhandlung zugegen sein sollte; ja als die Debatte anfing, erklärte Abd el Kader den anderen Anwesenden ausser Thaïb und Maina Jusko, sie hätten sich zu entfernen, aber keiner rührte sich, der eine behauptend, er sei ein Vetter, der andere, er sei ein Schwager Maina Ssala's, und dass sie ein Recht hätten, bei einer solchen Verhandlung zugegen zu sein. In der That war es aber nur die Aussicht

---

[1]) Man sagt Dirko und Dirki, wie denn überhaupt alle Namen sehr verschieden ausgesprochen werden, so Elidja und Öldji, Annikimmi und Annitjimmi.
[2]) Rhola heisst „Gespenst".

auf ein abermaliges Geschenk, was sie herbeigelockt hatte, und in Wirklichkeit mussten nach Abschluss des Vertrages meine Waaren wieder herhalten. Sie selbst verfehlten nicht zu fordern.

Selbsthülfe. — Eines Abends ertönte die Kriegstrommel, die der Schich der Sklaven, dessen Haus dem meinigen gerade gegenüber lag, aufbewahrt. „Was giebt es?" fragte ich. „Ich versammele", erwiderte der Schich, „sämmtliche Sklaven des Ortes, um ihnen anzukündigen, dass wir im Verein mit den anderen Orten Kauar's morgen gegen Bilma ziehen." — „Und weshalb?" — „Um dort den Leuten die Kameelsättel zu verbrennen." — „Und das ohne Grund?" — „O nein, sondern die Bilmaer, bei denen die Tuareg immer zuerst vorsprechen, wenn sie von Air kommen, verkaufen diesen ihre Kameelsättel und indem sie Korn dafür einhandeln, vertheuern sie uns die Preise; jetzt selbst, in diesem Augenblick, haben sie eine Menge Korn vergraben und hier sterben wir Hungers; wenn wir ihnen nun ihre Kameelsättel verbrennen, kommen die Tuareg zu uns und kaufen von uns; die Bilmaer haben überdiess Salz zum Umtauschen und brauchen nicht in unseren Handelszweig einzugreifen." Ihr seid noch fern vom Freihandel! dachte ich. Anderen Tages zogen in der That alle Männer von Dirki, Anay, Aschenumma &c. nach Bilma und wo sie in den Häusern Kameelsättel fanden, verbrannten sie dieselben. Dem in Bilma residirenden Sultan wurde gesagt, sich an die Spitze der Verbrenner zu stellen oder in seinem Hause zu bleiben. Als guter constitutioneller Fürst fügte er sich natürlich mit Bereitwilligkeit dem Wunsche der Mehrheit und die Bilmaer, die den vereinten Kräften ganz Kauar's nicht widerstehen konnten, mussten ruhig zusehen, wie man ihre Sättel verbrannte.

Die moralische Inferiorität der Mohammedaner. Einen anderen Zug von Willkür will ich noch anführen. Ich beabsichtigte, Maina Adem meinen Abschiedsbesuch zu machen, schickte den Gatroner mit einem hübschen Geschenk an ihn ab und liess mich auf den folgenden Tag anmelden. Maina war entzückt, bedauerte aber, am Tage mich nicht annehmen zu können, weil im Orte selbst Fehde sei. „Was um Alles in der Welt haben sie denn?" fragte ich den zurückkehrenden Gatroner. „Sein ebenfalls in Öldji wohnender Bruder, Maina Omer, hat sich in die Tochter eines reichen Mannes verliebt, beide aber, Tochter und Vater, wollen Nichts von einer Heirath mit Maina Omer wissen; nun hat dieser seine Brüder Maina Adem und Maina Ssala zu Hülfe gebeten und heute werden sie das Mädchen ihrem Vater mit Gewalt rauben und er wird sie dann heirathen." — „Hat denn der Vater des Mädchens keine Sippschaft, um Widerstand leisten zu können?" — „Er hat wohl Verwandte, aber die drei Brüder mit ihren Sklaven sind mächtiger und werden jedenfalls gewinnen

und heute Abend wird das Mädchen in den Händen der Brüder sein." Wie bei uns im Mittelalter! dachte ich, bloss fehlen euch Tebu alle ritterlichen Tugenden, Treue, Tapferkeit, Ehrlichkeit, welche unsere Vorfahren bei ihren Fehden entwickelten, oder wenn auch im Allgemeinen im Mittelalter bei uns das Faustrecht galt, gab es doch immer Einzelne, die sich durch vortreffliche Eigenschaften auszeichneten. Nie aber war der Sinn für Tugend und die Liebe zum Guten so ganz erstickt, wie man es heute bei den Berbern, Arabern und Tebu findet, die nur das Geld kennen und keinem anderen Zwecke nachstreben als dem Gelde. Aber selbst in den Glanzperioden der Araber, zur Zeit der Ommajaden und Abassiden, kommen da wirklich ritterliche Tugenden bei diesem Volke, wie wir sie bei den christlichen Rittern aller Nationen finden, vor? Liegt nicht immer, wenn der Araber Gutes thut, Prahlerei und Eitelkeit als Triebfeder zu Grunde? Und können wir heut zu Tage, trotz der modernen Französischen Arabophilen, einen Harun ar Raschid, oder einen Al-Mansor oder einen Abd er Rhaman als gute, tugendhafte Herrscher hinstellen? Selbst das „l'État c'est moi" Louis' XIV. muss vor der entsetzlichen Willkür jener Araber-Fürsten verblassen, welche eine einzige gute That durch hundert schlechte auslöschten. Wie die Zustände, Sitten, Bestrebungen der Araber zur Zeit Mohammed's, zur Zeit Harun's waren, so sind sie noch heute. Es giebt nun ein Mal Völker, die sich nicht ändern, und man darf den Arabern nicht mehr zuschreiben, als was sie in Wirklichkeit gethan haben; nur da entwickelten sie sich geistig mehr, wo sie mit den Christen und Juden zusammen wohnten, wie in Klein-Asien und Spanien, und die Geschichte schweigt, ob nicht vielleicht alle die ausgezeichneten Männer, die jene Epoche hervorbrachte und die wir als Araber kennen, nicht Christen oder Juden waren, die den Islam angenommen hatten. Da, wo der Araber allein geblieben ist, ist er noch heut zu Tage wie zu den Zeiten Abraham's, zu den Zeiten Mohammed's „für die Wüste geboren und bestimmt", wie E. Renan sagt, der mehr wie alle anderen Franzosen die Araber kennt und sie richtig beurtheilt. Der grösste Mann, den die Araber hervorgebracht, ist Mohammed und dieser hat die Entwickelung und Civilisation der christlichen Welt um wenigstens 500 Jahre zurückgehalten, denn alle äusserlichen Gebräuche, Gebete, Fasten &c., die Christus zu zerstören[1]) sich angelegen sein liess, führte er mit erneuerter Wucht wieder ein. Doch hier genug davon, auch diesen Völkern wird Licht kommen, man kann den Fortschritt wohl aufhalten, aber nicht vernichten und heut zu Tage hält er Schritt mit Dampf und Electricität.

---

[1]) Ich meine damit das Plappern und Beten auf öffentlichen Plätzen &c., keineswegs das wahre Gebet im Verborgenen, im Kämmerlein.

7. Endreise in der grossen Wüste.

Reisebegleitung. — Am 21. Juni war Alles zur Abreise bereit. Meine Dienerschaft war dieselbe wie die, als ich Fesan verliess, denn der freigelassene Sklave bat mich mit Thränen, ihn doch weiter mitzunehmen, damit er sein Vaterland wieder sehe, und obgleich er kaum 17 Jahre haben mochte, gewährte ich seine Bitte unter der Bedingung, dass er stets eine Doppelflinte tragen müsse, wozu er früher zu schwach zu sein glaubte. Ali, der von mir befreite Türkische Memfi von Mursuk, war mittlerweile durch Hungern in Kauar so mager geworden, dass er auch marschfähig war. Meine eigene Begleitung bestand also aus sechs Köpfen nebst Hund und Führer. Ausserdem schloss sich mir ein Gatroner Marabut und Sklavenhändler mit zwei Dienern an und ein vornehmer Tebu mit zwei Dienern, letzterer ebenfalls Menschenverkäufer; im Ganzen waren unser also 14 Leute.

Am Tage des Aufbruchs kam früh Maina Ssala von Dirki, um Abschied von mir zu nehmen, und begleitete mich eine Strecke Weges. Thaïb beschloss, mir bis Bilma das Geleit zu geben, um wo möglich in den letzten Augenblicken noch Einiges zu erhaschen. Wir konnten unsere Reise erst spät beginnen und lagerten bald bei Gobódoto, einem kleinen Orte der Tebu-Desa in Agger, mitten zwischen Talha, Geredh, Dum und Palmen. Abends stiess der Marabut zu uns und ausser dass wir noch einen der angenehmsten Mondscheinabende, eine sehr staubige und windige Nacht, welche uns die Zelte über dem Kopf wegriss, zubrachten, stiess uns nichts Merkwürdiges auf.

Abschied vom Sultan. — Staubbedeckt machten wir uns anderen Tages wieder auf den Weg und erreichten nach vier Stunden Kalála, wo wir in unserer alten Wohnung abstiegen. Keine halbe Stunde war vergangen, als der Sultan sich einstellte und sich wegen seines früheren Betragens zu entschuldigen suchte. Mit Abd el Kader, dem Teufelaustreiber, hatte er in meiner Gegenwart eine förmliche Auseinandersetzung. Der Sultan behauptete, dass Abd el Kader ihn verleumdet hätte, indem er nie nachtheilig von mir gesprochen habe, im Gegentheil stets bereit gewesen sei, mir Dienste zu erweisen; dieser nannte dagegen ohne Scheu den Sultan einen Lügner und Wortverdreher und der Sultan fand keine Mittel, die geläufige Spitzzunge meines Dieners zu zügeln. Diese für ihn so erniedrigende Scene, welcher seine Unterthanen mit der grössten Gleichgültigkeit beiwohnten, endete damit, dass der Sultan um ein schriftliches Certificat bat, dass mir in seinem Reiche nichts Böses widerfahren sei. Ich stellte ihm ein solches aus und bescheinigte ihm, dass mir Seitens seiner Unterthanen keine ernstlichen Hindernisse bei meiner Reise widerfahren seien, der Sultan selbst indess sich auf die gröbste und ungeschliffenste Weise gegen mich benommen habe. In Deutscher Sprache geschrieben, glaubte er, ein gutes Certificat zu besitzen, mit dem er seinen Sohn über Mursuk nach Tripoli senden wollte, da dieser für ihn dort Sklaven zu verkaufen hatte.

Im Verlaufe des Tages stellte sich auch der Tebu ein, der Kalli hiess, und es wurde beschlossen, dass wir am Nachmittag des folgenden Tages aufbrechen wollten. Die Zeit bis dahin verbrachten wir mit allerhand Einkäufen, namentlich liess ich einen tüchtigen Vorrath an Salz sammeln, da diese unentbehrliche Zuthat zur Nahrung des Menschen nach Süden zu ganz und gar fehlt. Früh am folgenden Morgen stellte sich abermals der Sultan ein und bettelte um Zündhölzchen, Spiegel und Nadeln, ich gab mir indess nicht die Mühe, ihn vorzulassen, und meine Diener hielten ihn arg zum Besten, mit Ausnahme des Gatroner, der immer noch einen grossen Respekt vor diesem König ohne Reich und Leute an den Tag legte.

In den Sanddünen. — Nachmittags 4 Uhr brachen wir auf und liessen bald das grüne Land Kauar's hinter uns. Im Osten am Süd-Ende des Mogodóm erblickten wir Alt-Garo, wo jetzt aber nur noch der Brunnen Gíssidi sich befindet, und weiterhin im Osten auf circa sechs Stunden Entfernung die Felsen von Braun, wo ebenfalls am Westabhange ein Brunnen gleichen Namens sich befindet. Bald waren wir in grossen Sanddünen und hatten, ehe wir Muskatnu erreichten, drei von Osten nach Westen streichende Sandketten zu überklimmen. Um $7\frac{1}{2}$ Uhr kamen wir beim Brunnen selbst an und lagerten. Das Wasser dieses Brunnens steht zwei bis drei Fuss unter der Oberfläche.

Früh um drei Uhr Morgens setzten wir am 24. Juni die Reise fort, im Allgemeinen in der Richtung von 160°. Der Weg wurde der ungeheuren Sandmassen wegen nun sehr schwierig und es kostete alle Mühe und Anstrengung, die Kameele die oft 100 F. hohen, steilen Sandketten passiren zu machen. Wie immer laufen sie meist von Westen nach Osten, manchmal mehr nach Norden, manchmal mehr nach Süden zu abweichend. Das Erdreich ist sehr reich an Fossilien, Abdrücke von Ammonshörnern sind in den Gesteinen sehr häufig; eigenthümlich ist namentlich das Vorhandensein unzähliger schwärzlicher und glasiger Steine von der Grösse einer Erbse bis zu der einer Faust, die inwendig hohl manchmal einen feinen weissen Sand einschliessen, meist jedoch ganz leer sind. Eine Öffnung ist nirgends an ihnen wahrzunehmen. Im Osten hatten wir um 6 Uhr Morgens auf zwei bis drei Stunden Entfernung den Kudofússo-Berg und erreichten um $7\frac{1}{4}$ Uhr einen glatten, in lauter meist regelmässige Fünf- oder Sechsecke zerklüfteten Boden, Tinger-Tinger genannt. Die Zerklüftungen in der Sahara gehen überhaupt meistentheils regelmässig vor sich, so auch bei den Sebchas, und ich erinnere mich, dass der Sebcha von Tamentit in Tuat in ganz regelmässige Fünfecke zerklüftete und schollte.

Wir hatten kaum die Tinger-Tinger-Ebene hinter uns, als der voranschreitende Führer Halt rief, es sei eine Gofla in Sicht. Der Gatroner und der Tebu Kalli sprengten, da sie zu Pferde waren, vor und kamen bald mit der Nachricht zurück, dass es eine von Kuka kommende Karawane der Tebu-Desa sei. Es waren ihrer nur Wenige und ungefähr von derselben Stärke wie wir; Getreide, Fische, Fleisch, Butter waren die Artikel, die sie in Kauar zu Markt bringen wollten. Vergebens suchte ich Einiges von ihnen einzuhandeln, sie forderten so enorm hohe Preise, dass ich davon abstand. Um 9 Uhr Morgens lagerten wir, um die Hitze vorübergehen zu lassen, und machten uns dann um 3 Uhr Nachmittags wieder auf den Weg. Wie immer hatten wir mit dem Sande zu kämpfen und obgleich rüstiger Fussgänger, fühlte ich mich höchst erschöpft durch das ewige Auf- und Abwaten. Das Kameel, welches ich gewöhnlich ritt, konnte ich nicht besteigen, da es mit mir die Sandketten nicht hätte erklimmen können. Um 6 Uhr hatten wir gerade westlich von uns in circa sieben Stunden Entfernung den vereinzelten Tschu-Berg und um 7 Uhr sahen wir rechts vom Wege die Vegetation von Sau gana oder dem Kleinen Sau, nachdem wir kurz zuvor eine kleine Rinne, die dahin führt, passirt hatten. In Sau gana ist ebenfalls ein Wasser und manchmal nehmen Karawanen ihren Weg über diesen Brunnen. Um 9 Uhr Abends hatten wir endlich die fürchterlichen Sanddünen überwunden und erreichten das Grosse Sau oder Sau kora und eine halbe Stunde später lagerten wir unweit des Brunnens, in welchem das Wasser ebenfalls zwei bis drei Fuss unter der Oberfläche stand. Aber an Ruhe war Nachts wenig zu denken, eine grosse Anzahl Hyänen umschwärmten unser Lager mit entsetzlichem Geheul und hätte sie nicht Mursuk, unser treuer Hund, mit seinem tapferen Bellen in Respekt gehalten, so würden sie sich wohl bis mitten unter uns gewagt haben; aber trotz ihres lauten Geheuls ist die Hyäne ein sehr feiges Thier und sobald der Hund ansprang, entfernten sie sich eiligst.

Eintritt in eine neue Zone. — Bis jetzt war die Gegend, wie mein Barometer mir anzeigte, weder höher noch tiefer als die durchreisten Theile von Fesan an, aber von hier an südwärts haben wir nun eine ganz andere Vegetation vor uns. Der Suak[1]) mit seinem saftigen Grün entfaltet sich hier in seiner ganzen Üppigkeit und erfreut das Auge des von Norden Kommenden, der seit lange eine so reiche Blätterpracht nicht gesehen hat. Am 25. brachen wir 3 Uhr Nachmittags auf und hielten uns noch etwas östlicher, etwa 150°. Den ganzen Tag kämpften wir mit den fürchterlichsten Dünen und Sandbergen, was die Kameele entsetzlich mitnahm, so dass eins der Thiere Kalli's fiel. Indess zeigt sich inmitten dieses Sandmeeres einige Vegetation, einzelne Grashalme erheben sich von Zeit zu Zeit und beweisen, dass dieser Theil der Wüste dennoch manchmal durch Regen erfrischt wird. Die einzige fast regenlose Zone der Wüste kann man also zwischen Sokna und Sau legen, denn in dieser Region wächst, die Oasen ausgenommen, auch nicht der kleinste Halm, weder in dem Sand noch auf den Steinflächen.

Am 26. Juni brachen wir in der Richtung von 210° um 4½ Uhr Morgens auf und hatten wie die vorhergehenden Tage fortwährend mit Sand und Dünen zu kämpfen. Um 8 Uhr Morgens erblickten wir im Osten in 1½ Stunden Entfernung den Aschtedáua-Berg und erreichten um 9½ Uhr den Etjúkoï-Felsen, der vereinzelt wie ein „Zeuge" aus dem grossen Sandmeer hervorragt und wichtig als Wegweiser ist. Alle diese Berge bestehen aus geschwärztem Sandstein. Man rechnet diesen Fels als die Hälfte des Weges zwischen Sau und Díbbela. Nachdem wir hier die Tageshitze abgewartet, gingen wir um 3½ Uhr in gerader Süd-Richtung weiter. Die Vegetation wird noch reichlicher als zuvor und manchmal erscheint der Sand von Weitem ganz grün, als hoffnungsvolles Zeichen, dass wir bald die grosse Wüste beendet haben werden. Indess verlieren die Dünen keineswegs an Höhe und vor Erschöpfung liess der Chaber um 7½ Uhr Abends beim Etjúkoï-tilo anhalten, welches ebenfalls ein vereinzelter Berg ist. In der Richtung von 190° gingen wir 1 Uhr Nachts weiter, die Dünen wurden niedriger, verloren sich endlich ganz und machten einer sandigen, jedoch nicht vegetationslosen Ebene Platz. Nach diesem viertägigen Waten und Stampfen im Sande war ich froh, dass ich um 7 Uhr Morgens mein Kameel besteigen konnte, denn meine Kräfte waren fast zu Ende. Um 8 Uhr hatten wir im Osten den Géisigger-Tjinti-Berg, eine gewöhnliche Lagerstation der von Díbbela kommenden Karawanen, und bald darauf lagerten wir der Hitze halber. Diese grosse sandige Ebene wird Ndaláda genannt.

Oase Díbbela. — Von hier aus gingen Kalli und der Gatroner Marabut voraus, um den Díbbela-Brunnen, den wir jetzt nahe vor uns hatten, zu rekognosciren. Um 2 Uhr 20 Minuten folgten auch wir Anderen und nachdem wir die einen Bogen nach Süden zu beschreibenden Tefráska-Felsen hinter uns hatten, kamen wir in die Díbbela-Oase und lagerten um 5½ Uhr bei den Wasserlöchern (Wasser

---

[1]) Der Suak heisst Tígi auf Kanúri und Ami auf Teda.

Rohlfs, Reise von Tripoli nach Kuka.

in zwei bis drei Fuss Tiefe). Hier bemerkte ich zum ersten Male in der Wüste Granit, jedoch bestehen die Felsen nicht durchweg aus diesem Gestein, sondern man trifft auch Sandstein- und Kalkformation und zahlreiche Versteinerungen und Fossilien deuten an, dass in der Vorzeit diess Terrain lange unter Wasser stand. Die Vegetation ist hier dieselbe wie in Sau, jedoch befinden sich viele Dumpalmen hier und die Kameele finden gute Weide in einem hohen Grase. Das Wasser ist leicht brackisch, indess sind sich nicht alle Wasserlöcher gleich, die nach Westen zu gelegenen haben süsseres Wasser als die östlichen, dicht am Gebirge liegenden. Alle Berge um Dibbela führen den gemeinsamen Namen Geisigger-Gebirge. Die Höhe derselben ist die gewöhnliche und obgleich ich keinen erstieg, so werde ich wenig von der Wahrheit abweichen, wenn ich sage, dass die Gipfel des Geisigger an Höhe denen des Mogodóm ungefähr gleich kommen. Die jetzt vereinzelt heraus stehenden Gipfel des Geisigger sind ehedem gewiss ein zusammenhängendes Ganze gewesen und die niedrigen Zwischenräume durch Sand verschüttet und ausgefüllt. Die Einwohner oder vielmehr die Umwohner haben daher auch ganz Recht, die Züge und einzelnen Felsen mit einem gemeinsamen Namen zu bezeichnen.

Zur Verbreitung der Fliegen und Mücken. — Am 28. Juni brachen wir Nachmittags um $3\frac{1}{2}$ Uhr in gerader Süd-Richtung auf, nachdem ich zuvor in einem der zahlreichen Wasserlöcher, die indess nicht grösser als eine mässige Tonne sind, ein Bad genommen hatte, ohne mich an die zahllosen Mücken zu kehren, die sich den Tag über hier verbergen, um Nachts Menschen und Thieren das Blut auszusaugen. Diese Mückenschwärme findet man in allen Oasen, unsere Hausfliege dagegen fehlt zwischen Kauar und Belkaschíffari ganz und selbst in Kauar ist sie lange nicht so lästig und zahlreich wie in den nördlichen Datteloasen Fesan, Tuat, Tafilet und Draa, wo die süssen Datteln das Hervorbringen dieses Geschmeisses begünstigen. Südlich von Kauar wird man weder bei Tage noch bei Nacht von Fliegen oder Mücken belästigt, ausgenommen an den Brunnen und Oasen, wo Mücken Nachts mit solcher Wuth über die Karawanen herfallen, dass wenig an Schlafen zu denken ist. Ich hatte mir deshalb auch wie früher in Tuat aus einem Turban (diese haben 40 Ellen Länge und bestehen aus dünnem Flor) eine Namussía oder Fliegennetz zusammengenäht, mit dem ich mich ganz zudeckte und so den Bissen dieser quälenden Thiere entzog. Links vom Wege, im Osten, hatten wir die letzten Zweige des Geisigger, Tjigrin-Felsen genannt, und ich fand hier ganz eigenthümliche Versteinerungen aus einer glasigen Masse von schwarzgräulichem Aussehen. Die Gegend selbst ist eine gross gewellte Ebene, sandig, doch nicht ganz vegetationslos. Um $9\frac{1}{2}$ Uhr Abends lagerten wir.

Reichlichere Vegetation; Thiere. — In gerader Süd-Richtung setzten wir am folgenden Morgen um $4\frac{1}{2}$ Uhr unsern Marsch fort, die gross gewellte Gegend bedeckte sich reichlicher mit Gras und auch die Had-Pflanze kam häufig und üppig vor. Aber nicht allein das Pflanzenreich fängt hier an, sich kräftig zu entfalten, die zahlreichen Spuren von Antilopen, Gazellen und Hyänen, Raben, Aasgeier und kleine Singvögel deuten darauf hin, dass wir uns an der Grenze der grossen Sahara befinden. Um 9 Uhr Morgens lagerten wir, um bis 3 Uhr Nachmittags die Hitze vorübergehen zu lassen, aber als wir Abends um 9 Uhr Halt machten, hatten wir noch die Freude, die Berge von Ágadem zu sehen. Auch diesen Tag über war die Gegend stellenweis mit Versteinerungen und Muscheln überdeckt, eben so fanden wir hie und da lange Antilopenhörner, die korkzieherartig gewunden manchmal die Länge von 2 bis $2\frac{1}{2}$ Fuss erreichten.

Zauber gegen nächtliche Überfälle. — Da hier die Gegend sehr unsicher ist wegen jagender Tebu, manchmal auch wegen raubender Tuareg, so glaubte Abd-el-Kader, der Teufelaustreiber, dass die gewöhnliche Nachtwache keinen genügenden Schutz gewähre, und zog allerlei Gebete murmelnd mit einem Stock einen runden Kreis um unser Lager. Auf Arabisch heisst das ihelgu, جَعلگ (3. p. pl. praes.), und man glaubt dadurch nicht allein Räuber und wilde Thiere, *Diebe und böse Geister* vom Lager fern zu halten, sondern das ganze Lager soll für Alle unsichtbar werden. Wenn wir nun auch Nachts weder von Räubern noch von Dieben belästigt wurden, so mussten doch die Hyänen ein sehr scharfes Auge haben, denn trotz des Kreises kamen sie dicht an uns heran und belästigten uns mit ihrem Geheul. Nachts sahen wir nach Süden zu Wetterleuchten, ein sicheres Zeichen, dass in den Tropen die Regenzeit eingetreten war.

Oase A'gadem. — Am 30. Juni erreichten wir nach einem vierstündigen Marsch in gerader Südrichtung die Berge Ágadem's, welche diese Oase in Nord-Ost und Ost begrenzen. Nachdem wir den Pass zurückgelegt hatten, liessen wir den Nordbrunnen liegen und lagerten um 10 Uhr nach zwei anderen Stunden Marsches inmitten von dichtem Suak-Gebüsch am Südbrunnen[1]). Die ganz frischen Spuren eines Kameeles, Fusstapfen mehrerer Leute, die den Tag vorher Wasser geschöpft oder doch in der Nähe des Brunnens gewesen sein mussten, machten uns sehr vorsichtig und wir schickten den Führer Maina Jusko gleich nach unserer Ankunft mit dem Pferde Kalli's aus, um auszukundschaften, wer sich hier in der Oase aufhalte. Nach mehreren Stunden kam er mit einigen Tebu zurück, die sich Búlguda nannten und nach ihrer Aussage Behufs der

---

[1]) Alle Brunnen Ágadem's sind 12 Fuss tief.

Jagd hier waren. Sie erboten sich, uns hinlänglich mit Antilopenfleisch zu versehen, wenn wir einen oder zwei Tage hier warten wollten. In der That hatten wir in der Nähe grosse Antilopenheerden gesehen, alle weissfellig und äusserst geschwind in ihren Bewegungen. Die Leute, acht Mann stark, hatten sich am Berge beim Bergbrunnen Hütten gebaut und gedachten längere Zeit hier zu verweilen, um an durchziehende Karawanen Fleisch zu verkaufen.

Wegen seiner reichen Vegetation ist Agadem ein anziehender Aufenthalt für müde Karawanen, aber ein äusserst unsicherer Ort, da es häufig von herumschweifenden Tuareg oder Tebu besucht wird. Had in üppiger Fülle, verschiedene Grasarten, darunter Akresch, geben den Kameelen eine ausgezeichnete Weide, Geredh, Talha, Dum und Suak sind die Bäume, welche man in Agadem antrifft. Hyänen, Antilopen und Gazellen sind in beispielloser Menge vorhanden. Von den Vögeln sind ausser vielen kleinen Singvögeln, die jedoch alle nur vor und nach Sonnenuntergang singen, der Rabe, Aasgeier und Falke häufig. Da es Sitte ist, immer auf dem Platze zu lagern, wo die Karawanen zu lagern pflegen, und dort seit Jahrhunderten die Knochen der verzehrten Thiere und der Unrath der Kameele sich aufhäufen, so kann man sich denken, dass an diesen Orten die Insekten zahlreicher als an anderen sind; in der That litten wir sehr von den Weissen Ameisen, die Alles durchsuchten, und die Mistkäfer waren gar nicht aus den Zelten zu bringen. Der Südbrunnen hat sehr süsses, wenn schon trübes Wasser, jedes Mal jedoch, wenn ich vom sonst so süssen Wasser trank, wurde mir der Trunk durch den Gedanken verleidet, dass erst im vorigen Winter zwei von Bornu kommende Sklaven im Brunnen ertrunken waren. Aus der Tintümma kommend waren sie vom Durst so gefoltert, dass sie der Karawane vorausliefen, und ihr Durst war so gross, dass sie beim Hinabsteigen in den Brunnen alle Vorsicht bei Seite setzend sich förmlich ins Wasser stürzten; als die Karawane ankam, fand man sie beide todt. Etwas weiter nach Norden zu befindet sich eine Natrongrube, wo die durchgehenden Tebu-Karawanen nicht unterlassen Vorrath einzusammeln, da alle Tebu Tabak- und Natronkauer sind.

Verirrung und Rückkehr nach A'gadem. — Als wir am 2. Juli Nachmittags 4 Uhr weiter zogen, hielten wir uns im Ganzen in der Richtung von 160°, worüber sowohl ich als auch der Marabut unsere Verwunderung ausdrückten, dieser, weil er von seinen früheren Reisen her sich erinnerte, die Tintümma immer in gerader Süd-Richtung durchschnitten zu haben, ich, weil ich es so auf meiner Karte angegeben fand. Kalli meinte auch, wir gingen zu weit östlich, sagte jedoch, der alte Maina Jusko verdiene unbedingtes Vertrauen, da er jetzt zum 16. Male den Weg zwischen Kauar und Bornu zurücklege. Also immer die etwas östliche Richtung haltend eilten wir dahin über eine gross gewollte Ebene, verloren Abends die Berge Agadem's aus dem Gesichte und lagerten um 10 Uhr. Am anderen Tag hielten wir von 4 Uhr Morgens an dieselbe Richtung und hatten jetzt erst nach Aussage der Leute die eigentliche Tintümma vor uns, obgleich sich diese Gegend weder durch Terrain noch Pflanzen von der, welche wir hinter uns hatten, im Geringsten unterschied. Um 9 Uhr hielten wir der Hitze wegen an, aber jetzt erklärte Jusko gerade heraus, dass er sich verirrt habe. Ohne uns lange zu bedenken, hiessen wir ihn das Pferd Kalli's besteigen und an Merkzeichen, wie Kameelunrath, zerbrochenen Gefässen, Knochen gefallener Thiere &c., den Weg aufsuchen, und zwar westlich von uns; diese that er auch sogleich. In diesem nördlichen Theil der Tintümma ist gar keine Spur vom eigentlichen Wege vorhanden und wenn man nicht genau auf die eben erwähnten Zeichen Acht giebt, ist es sehr leicht, sich auf dieser grossen Steppe zu verlieren, da jeder Berg oder auch nur andere Merkmale, wie Bäume &c., fehlen. Als Maina Jusko nach mehreren Stunden nicht zurückkam, sandten wir Kalli mit dem Pferde des Marabut nach ihm aus, der ihn auch bald fand und zurückbrachte; es stellte sich nun heraus, dass Jusko seines Alters wegen ganz unbrauchbar zu Führerdiensten war. Wir hielten Rath und beschlossen, nach Agadem zurückzukehren, um dort einen der Búlguda zu miethen. Ich bot mich zwar an, mit dem Kompass die Karawane durch die Steppe zu führen, denn wenn wir die östlich gehaltene Richtung mit einer mehr westlichen vertauschten, konnten wir unmöglich weit von Belkaschífari herauskommen; da aber selbst meine eigenen Diener, unter anderen der Gatroner, weiter zu gehen sich weigerten, so blieb nichts Anderes übrig, als nach Agadem zurückzukehren. Wir marschirten so denselben Tag noch fünf Stunden in entgegengesetzter Richtung und lagerten dann. Am anderen Tage brachte uns ein siebenstündiger Marsch nach Ágadem zurück.

Fleischhandel; Jagd mit Hunden. — Unser Wasser war fast auf die Neige, als wir beim Brunnen ankamen, und nachdem wir schnell Wasser geschöpft, wurde nach den Búlguda geschickt, die sich auch bald darauf einstellten, und zwar mit Fleisch beladen, denn sie hatten während der Zeit Musse gehabt zu jagen und waren glücklich gewesen. Das Fleisch jedoch, welches sie brachten, war nicht zum Verkauf bestimmt, sondern ein Gastgeschenk, sie theilten es in drei Theile, legten einen vor das Zelt des Marabut, den anderen vor dasjenige Kalli's, den dritten vor mein eigenes. Da ich aber sah, dass die Theile ganz gleich waren, so weigerte ich mich, meinen Theil anzunehmen, und sagte ihnen, dass, wenn sie nicht besser zu vertheilen verständen, ich Nichts zum Geschenk haben, sondern kaufen wolle. Sie sowohl als die Mitglieder der Karawane und meine eigenen dummen Diener schienen darüber sehr erstaunt; als ich aber ihren Häuptling fragte, ob drei Mann eben so viel ässen als sieben (der Tebu und Marabu waren zu je drei und ich mit dem Führer zu sieben), schien ihnen die Sache einleuchtend und die Vertheilung wurde nun nach Köpfen vorgenommen, nicht nach Zelten. Dann wurde auch Fleisch zum Verkauf gebracht und ich kaufte ungefähr 50 Pfund ausgezeichnetes getrocknetes Antilopenfleisch für 2 Maria-Theresien-Thaler, auch Kalli und der Marabut kauften etwas. Die Búlguda und Tebu überhaupt jagen mit Hunden, die dazu abgerichtet sind, die Thiere lebendig zu fangen, die herbeieilenden Männer tödten sie dann mit einem Spiess. Die Hunde sind von der Grösse unserer Spitze, röthlich-braun und scheinen entartete Windhunde zu sein. Vier Hunde gehören dazu, um eine Antilope zu fangen. Die sich hier befindenden Tebu hatten zwölf bei sich. Da man nun manchmal, wenn ein ganzer Tebustamm wandert, eine grosse Menge Hunde bei ihnen sieht, so hat sich bei den Arabern das alberne Gerücht verbreitet, dass die Tebu-Frauen mit Hunden verheirathet seien, welche die Nacht über Männergestalt annähmen, bei Tage aber sich in Hunde verwandelten, um zu jagen und die Familie mit Wild zu versorgen.

Die Noth brachte diess Mal schnell einen Vertrag zu Stande, ein Búlguda erbot sich, uns für 5 Thaler bis nach Belkaschífari zu geleiten, ausserdem vermiethete er sein Kameel an Kalli und den Marabut, um Wasser für ihre Pferde zu transportiren. Die 5 Thaler gingen selbstverständlich vom Gelde Jusko's ab.

Wechsel der herrschenden Windrichtung. — Schon seit einigen Tagen war mir aufgefallen, dass ein merkwürdiger Wechsel in der Richtung der Winde vor sich ging, statt nämlich von Osten oder Nord-Ost oder Süd-Ost zu wehen, herrschte jetzt der Süd-West-Wind vor. Hatten wir Morgens stets Süd-West-Wind, so verwandelte er sich Abends manchmal in Süd- oder West-Wind und so blieb es, bis wir nach Bornu kamen. Ja, als wir später die Region der tropischen Regen erreichten, blieb der Süd-West-Wind immer der herrschende, obgleich der Regen und die Regenwolken immer aus Süd-Ost kamen und also, wie wir volksthümlich zu sagen pflegen, gegen den Wind zogen.

Zum zweiten Mal in der Wüste verirrt; ein Gewitter errettet vom Verdursten. — Am 5. Juli machten wir uns also mit dem neuen Führer auf den Weg und denselben Tag 4½ Stunden marschirend hielten wir im Ganzen dieselbe Richtung wie am vorigen Tage, am folgenden Morgen aber gingen wir gerade gegen Süden und behielten diese Richtung mit geringer Abwechselung fast acht Stunden bei, bis wir der Sonne halber unter einigen vereinzelten Tumtum-Bäumen lagerten. Der Búlguda behauptete diese Tumtum-Bäume[1]) zu kennen und in der That fanden wir hier Kameelunrath, zerbrochene Töpfe und namentlich viele Antilopengerippe und Hörner, was auf frühere Karawanen hindeutete. Als wir nun Nachmittags wieder aufbrachen und ich voran marschirend gerade südlich gehen wollte, sagte der Búlguda, dass wir uns östlich halten müssten, und auf ihn vertrauend hielten wir fast ganz südöstliche Richtung. Die gross gewellte Steppe voll reicher Kräuter belebte sich jetzt immer mehr, Antilopen- und Gazellenheerden eilten schnellen Fusses an uns vorüber, auch Strausse zeigten sich manchmal. In dieser Richtung marschirten wir bis 8 Uhr Abends sechs Stunden. Manchmal lag Fels bloss zu Tage auf der Tintümma, der von dem in der übrigen Wüste sich nicht unterschied, dann aber verlor sich jede Spur von Steinen und weiter nach Süden zu war auch nicht das kleinste Steinchen zu finden bis an den Tsad-See hinunter. Als wir Nachts um 2 Uhr aufbrachen, gingen wir bald südöstlich, bald südwestlich und ich fing nun an, ernstlich zu besorgen, dass auch dieser Führer des Weges nicht kundig sei oder uns absichtlich irre leiten wolle, um uns so in seine Hände zu bekommen. Um 9 Uhr lagerten wir in einer kesselartigen Vertiefung, in der einige Tumtum-Bäume standen. Nach gewöhnlicher Berechnung mussten wir Abends am Brunnen eintreffen und Keiner hatte auch mehr Wasser; als nun aber auch dieser Führer erklärte, dass er sich verirrt habe und diese Tumtum-Bäume nicht kenne, waren wir in grosser Angst und Bestürzung. Ich erklärte aber dem Búlguda, dass, wenn er uns bis Abends nicht an den Brunnen brächte, er eine Kugel vor den Kopf bekäme, denn es war klar, dass diese Leute, die Jahr aus, Jahr ein die Tintümma durchjagen, vollkommene Kenntniss dieser Steppe besitzen und dass dieser Búlguda uns absichtlich vom rechten Wege abgebracht hatte, um uns durch den Durst umkommen zu lassen und dann zu berauben, was sie sonst nicht hätten thun können. Er erbot sich nun, mit seinem Kameel den Weg zu suchen, der nicht weit sein könne, und obgleich ich und Abd-el-Kader, der Teufelaustreiber, das Kameel als Pfand zurückbehalten wollten, wurden wir überstimmt, denn bei solchen ernstlichen Gelegenheiten giebt Jeder seine Meinung ab, und der Mann wurde mit dem Kameel fortgelassen. Da er ohne Wasservorrath fortging, so meinten wir, wofern er gute Absicht habe, würde er vor Nacht zurück sein, und ich kündete, da aller Wasservorrath zu Ende war, den

---

[1]) Der Tumtum-Baum ist blätterlos, hat aber sehr lange grüne, die Blätter vertretende Dornen, er soll kleine geniessbare Beeren hervorbringen, seine gewöhnliche Höhe ist die unserer Kernobstbäume; in Kanem häufig, ist er in Bornu nur noch sehr selten.

Leuten an, dass, wenn der Tebu nicht Abends zurück sei, ich Nachts wieder nach Ágadem aufbrechen würde, denn den circa 28 Stunden langen Weg dorthin wüssten wir nun sicher, aber den Brunnen Belkaschífari zu suchen, ohne Wasservorrath zu haben, hiesse dem Tode entgegen gehen. Man stimmte bei. Wir hatten noch Einen Schlauch. Der Abend kam heran, die Sonne ging unter, kein Búlguda kam zurück, wir feuerten in der Meinung, er könne vielleicht unser Lager nicht finden, mehrere Schüsse ab, aber Niemand kam. Wir wollten schon nach Ágadem zum zweiten Male zurück, als ich Kalli vorschlug, in der Nacht sein Pferd zu besteigen, seinen Diener auf ein Mehóri zu setzen und immer westwärts zu gehen, da mir der Marabut gesagt hatte, dass circa vier Stunden nördlich von Belkaschífari ein gut ausgetretener, von Agadem kommender Weg sei. Zugleich liess ich den Gatroner und Maina Jusko kameelberitten ostwärts suchen, obgleich kaum anzunehmen war, dass nach Osten hin der Weg zu finden sein würde. Letztere kamen bald unverrichteter Sache zurück. Morgens gegen 9 Uhr waren Kalli und sein Diener noch nicht wieder da, ich vertheilte Jedem eine Tasse Wasser; seit dem Tage vorher hatten wir schon Nichts mehr gegessen, um den Durst nicht zu vermehren. Hamed Riffi und ein Diener des Marabut fingen in ihrer Verzweiflung an, ein Loch zu graben, weil der Boden feucht war; ich befahl ihnen indess, sogleich davon abzustehen, da auf 15 bis 20 Fuss Tiefe an keine Wasserschicht zu denken war, die Feuchtigkeit des Bodens vielmehr nur vom Regen herrührte. Mursuk, der Hund, lag wie todt in meinem Zelte. So kam der Mittag heran, die Hitze vermehrte unsere Qualen und einigen der Leute traten die Augen weit aus dem Kopfe heraus. Der kleine Neger Noël kam dann weinend ins Zelt gestürzt und bat mich, — auch er hatte nun seit 30 Stunden Nichts genossen — ihm etwas Mehl und Wasser anzurühren; ich rief alle Diener herbei, theilte unser letztes Wasser, das ich mit Citronensäure stark säuerte, und gab dann dem kleinen Noël noch überdiess von meinem Theil, damit er sich etwas Mehl hineinthun könne. Alle meine Diener bestanden indess darauf, dass auch Mursuk, der Hund, einen letzten Trunk haben sollte, obgleich ich selbst es Anfangs nicht wollte. Sie hatten zu viel Nutzen von seiner Wachsamkeit gehabt, so dass selbst diese sonst gefühllosen Mohammedaner ihn lieb gewonnen hatten. Es vergingen noch schreckliche Stunden, Kalli kam immer nicht, meine Eingeweide fingen an, auf eine schmerzhafte Art zu brennen, und alle Anderen standen wohl gleiche Qualen aus. So brachten wir den Tag in Durst und in der verzweifelnden Aussicht auf Hülfe hin, als dicke schwarze Wolken im Süd-Ost aufstiegen, und noch zweifelten wir und dann hofften wir, dass sie sich über uns entladen möchten, als mit einem starken Donnerschlag grosse Tropfen auf uns niederfielen. Was an Töpfen, Tassen, Becken und Geschirren vorhanden war, wurde ausgestellt, um diesen Segen, der sich bald in einen starken Platzregen verwandelte, aufzufangen, alle Pfützen wurden aufgelöffelt und nachdem wir uns auf dem Boden liegend recht satt getrunken hatten, konnten wir zwei grosse Schläuche Wasser sammeln. Mittlerweile wurde es Abend und wir konnten noch eben wahrnehmen, dass der Platzregen, als sei er besonders für uns bestimmt gewesen, bloss über der Niederung, wo wir lagerten, sich ergossen hatte, denn als Einige nach anderen Richtungen gingen, um auch dort in Pfützen Wasser zu sammeln, fanden sie, dass es da gar nicht geregnet hatte. Aber ein Glück kommt nie allein, kaum sank die Sonne, als wir von Westen einen Schuss fallen hörten und lautes Rufen, Kalli kam angesprengt und rief schon von Weitem, dass er den Brunnen gefunden und Wasser bringe; sein Diener kam auch alsbald mit dem Mähari und vier Schläuchen voll Wasser angetrabt. Die Auffindung des Weges hatte ihn nach dem Brunnen geführt, diess war die Ursache seines langen Ausbleibens. Man kann sich unsere Freude denken, es war, als ob wir dem Tode so eben entronnen seien, aber in der That hatten wir ihn ja auch nahe vor Augen gehabt und noch dazu auf eine entsetzliche Art. Da das Brennholz nicht fehlte, so wurde natürlich gleich ein loderndes Feuer angemacht und ein Topf mit Antilopenfleisch darüber gesetzt, der unsere hungrigen Magen befriedigte. Vom Búlguda hatten sie indess keine Spur, Kalli hatte seine Fusstapfen eine Zeit lang verfolgt, sie dann aber verlassen, als sie nach Norden umbogen; wahrscheinlich war er mit seinem Mehéri nach Agadem geeilt, um seinen Brüdern unseren Untergang anzuzeigen, denn seiner Meinung nach mussten wir verdursten.

Neue Pflanzen; der Brunnen Belkaschifari. — Am 9. Juli waren wir um 6 Uhr marschbereit und erreichten im grosswelligen, sehr kräuterreichen Terrain nach 4 Stunden den von Norden kommenden, gut ausgetretenen Weg. Antilopen, Gazellen und Strausse waren äusserst zahlreich, dann eine Art Aasgeier von der Grösse des Königsadlers und wenigstens dreifach so gross als der gewöhnliche Wüsten-Aasgeier, der übrigens auch nur bis Agadem vorzukommen scheint. Eine grosse Heerde wilder Hunde (oder sind sie verwildert?) jagte mit grossem Gebell an uns vorbei; wie Kalli mir sagte, giebt es hier und in Kanem viele wilde Hunde, die meutenweise auf Raub ausgehen. Von den Pflanzen zeigten sich als neu der Hadjilidj-Baum, das Hyänen-Kraut (Kadschim bultu be auf Kanúri), dann die lästige Klette, Ruić genannt, die mit ihren widerhakigen Stacheln sich an Alles festhängt, was ihr in den Weg kommt; auch Ertim, das im mittleren Theile der

Wüste gar nicht vorkommt, wächst von hier an gen Süden in üppiger Fülle.

Um 2 Uhr Nachmittags, also nach vierstündigem südlichen Marsch auf der Strasse, kamen wir bei dem Brunnen Belkaschifari (25 Fuss tief) an und lagerten in seiner Nähe. Froh, endlich die Sahara hinter uns zu haben, nachdem sie sich am vorigen Tage in ihrer schrecklichsten Gestalt zum letzten Male gezeigt hatte, als wolle sie uns ein unverlöschliches Andenken mit auf den Weg geben, wurde unsere Freude getrübt, da wir einen Mann vermissten, und zwar den Tebu-Diener, der mit Kalli den Brunnen hatte suchen helfen. Wir fanden alle Stauden und Kräuter der Umgegend schwarz von kleinen Heuschrecken, die hier ihre Kindheit verleben und dann, sobald sie ausgewachsen sind, ihre verheerenden Wanderzüge antreten. Man sagte mir, dass die ganze Südgrenze der Sahara die Wiege dieser gefrässigen Thiere sei. Am 10. Juli blieben wir am Brunnen, der bei den Tebu den Namen Beddáram führt; 1½ Stunden östlich von ihm liegt noch ein Brunnen, Belabóduram genannt, der indess jetzt trocken sein soll. Wir sandten Leute aus, um den verlorenen Mann zu suchen. Alles war jedoch vergebens, wir konnten keine Spur von ihm finden. Ich hatte hier einen grossen Streit mit unserem Führer, den ich zwingen wollte, mir die Hälfte des Geldes wieder herauszugeben, weil er uns so schlecht geführt und es wirklich die erste Veranlassung war, dass wir beinahe umgekommen wären; es half aber Alles Nichts, denn er hatte sein Geld in Ágadem verscharrt, da er wohl wusste, wie die Sachen kommen würden; er war fast ganz blind und wenn früher auch vielleicht der beste Führer, doch jetzt vollkommen untauglich.

8. Reise von Belkaschifari zum Tsad-See und nach Kuka.

Der Waldgürtel durch Afrika. — Am 11. Juli folgten wir von 5½ Uhr Morgens einem gut ausgetretenen Weg, der gerade südlich läuft. Die Gegend ist gross gewellt und wird immer reicher an Vegetation, wir haben in der That die Wüste verlassen. Neue Grasarten treten auf, darunter viele, die geniessbares Korn tragen, unter anderen das auf Kanúri Ambra genannte sehr langhalmige Gras. Aus einzelnen Gebüschen verwandelten sich die Wäldchen in jenen grossen Mimosenwald, der vom Nil an bis ans Atlantische Meer streift und manchmal die Breite von vier bis fünf Tagereisen hat. Ausser den verschiedenen Mimosen trifft man Hadjilidj, dann den Scherra- oder Ingissíri-Baum, unserer Myrte nicht unähnlich und ohne Dornen; Dum fehlt indess hier ganz und gar. Die Abwesenheit aller Menschen macht, dass eine Unzahl der verschiedensten Thiere in diesem Walde lebt, und so hat sich auch jetzt die Giraffe, die früher hier nicht vorgekommen sein soll, stark eingebürgert. Denn die Abwesenheit der Menschen datirt aus jüngster Zeit, und zwar sind es die Tuareg, welche die hier früher wohnenden Tebu aus diesen Landstrichen vertrieben haben, ohne sich dafür ansässig gemacht zu haben. Namentlich auffallend ist die ungeheure Anzahl von Vögeln, die man in diesem Walde trifft, man kann dreist behaupten, dass kein Baum ohne Nest ist, wohl aber giebt es Bäume, die zwanzig, dreissig bis funfzig Vogelnester aufzuweisen haben. Eine sehr eigenthümliche Erscheinung ist die freiwillige Aufpfropfung eines anderen Baumes oder einer Staude auf die Mimosenbäume. Sei es nun, dass der Same dieses Baumes, der Burúngo heisst, durch den Wind auf die Stelle getragen wird, wo die Mimose Gummi ausschwitzt, oder durch Vögel dahin gebracht wird, Thatsache ist, dass Tausende von Talha- und Geredh-Bäumen mit diesen Schmarotzern beladen sind. Der Burúngo selbst hat viel Ähnlichkeit mit unserem Geisblatt; ich suchte in diesem Walde vergebens nach nicht schmarotzenden Exemplaren und die Leute sagten, dass er weder hier noch auch in Bornu selbstständig wüchse.

Gegen 2 Uhr Nachmittags kam Kalli zu mir herangesprengt und meldete, er sähe von Weitem Jemand hinter uns herkommen und es sei diess wahrscheinlich sein verlorner Diener. Wir marschirten langsam, damit er uns einholen könne, und er war es auch in der That. Drei Tage von der Karawane abwesend hatte er sich mit Heuschrecken, Insekten und dergleichen mehr ernährt und an mehreren Stellen Wasserlachen gefunden, um seinen Durst zu löschen; kurz nach unserem Aufbruch vom Brunnen war er selbst nach Belkaschifari gekommen und dann unserer Spur gefolgt. Auf unsere Frage, wie er es gemacht habe, sich von der Karawane zu entfernen, sagte er, der Teufel habe ihn entführt, wie denn überhaupt hier Jeder, wie ja auch bei uns noch das dumme Volk, alles Böse dem armen Teufel in die Schuhe schiebt. Wahrscheinlich hatte er aber geschlafen, dann einen Richtweg nehmen wollen und als dieser nicht beim Brunnen herauskam, glücklicher Weise Verstand genug gehabt, seine eigene Spur zurück zu verfolgen, die ihn auf den Weg und nach dem Brunnen führte. Wir liessen, da ihm weiter zu gehen unmöglich war, gleich halten und lagerten — es war 3 Uhr Nachmittags — inmitten des grossen Waldes. Abends und Nachts hatten wir ein starkes Gewitter mit Regen, so dass es uns unmöglich war, Nachts Feuer zu unterhalten, wie wir jetzt der wilden Thiere wegen immer zu thun pflegten.

Da wir hier Nachts nicht marschiren konnten, weil diese Gegend von gefährlichen kleinen Schlangen wimmelt, von denen wir selbst mehrere am Tage mit Stöcken todt schlugen, setzten wir am 12. Juli die Reise erst um 6 Uhr Morgens fort. Die Gegend blieb im Ganzen dieselbe, nur wurde die Vegetation noch üppiger, die Thiere zahlreicher. Auch Heerden jener roth und weiss gefleckten Antilope, Kargum genannt, kamen uns jetzt zu Gesicht und unzählige Schmetterlinge, meist in den buntesten Farben, aber alle klein, durchflatterten den Wald, obgleich eben jetzt noch nicht viele Blumen vorhanden waren. Manchmal sind die Bäume von Schlingpflanzen so umschlungen, dass sie Eins zu bilden scheinen. Eine dieser Schlingpflanzen, Namens Digdíggi, trägt eine geniessbare rothe Frucht, die wir gerade reif fanden. Die Abwesenheit jedes, auch des kleinsten Steines ist sehr auffallend, dazu ist der Boden keineswegs Humus, sondern mehr ein weisser Sand, den die Natur in Humus umwandeln zu wollen scheint. Die gross gewellte Gestalt des Bodens lässt mich vermuthen, dass diese ganze Gegend bis an den Tsad-See hin früher unter Wasser lag und lange Zeit danach aus Sanddünen bestand, die erst später durch die tropischen Regen befruchtet Wald und Kräuter hervorbrachten und sich jetzt in Humus verwandeln werden. Wir lagerten Abends um 5 Uhr, kurz vorher hatten wir ganz frische Löwenspuren gesehen.

Am 13. Juli mussten wir indess die Nacht zu Hülfe nehmen, um Kufe zeitig erreichen zu können; wir brachen um 1 Uhr auf, wie die vorigen Tage immer gen Süden reitend und uns durch den dichten Wald dahinziehend. Mit Tagesanbruch sahen wir ganz frische Spuren von Giraffen, die denen der Kameele sehr ähnlich sind, und gleich darauf kamen uns fünf dieser hochköpfigen Thiere zu Gesicht, die quer über den Weg flohen. Kalli wollte sie verfolgen, kam indess zu spät; auch stürzten mehrere Wildschweine aus einem Dickicht, ein Zeichen, dass beständiges Wasser nahe sein musste. Hier giebt es in der That rechts und links überall Brunnen und früher war, wie gesagt, die Gegend von den Desa und Búlguda bewohnt, von denen die ersteren jetzt im nördlichen Bornu, die letzteren in Kanem leben. Die Gegend wird mehr und mehr eben, ohne jedoch ihren dicht waldigen Charakter zu verlieren. Um 7½ Uhr erreichten wir den Brunnen Kufe (25 Fuss tief), im Augenblick, als ein Löwe sein Frühstück, eine schöne Antilope von der Kargum-Art, verzehrte. Sobald wir heran kamen, entfernte er sich eiligst und überliess die halb verzehrte Antilope den über ihm schwebenden Raben und Aasgeiern, die zu Hunderten auf den Abfall warteten und sich nun in einem Nu darauf stürzten. Um den Brunnen herum, der mit Holz ausgedielt ist, fanden wir grosse Wasserlachen, so dass wir wenig Mühe mit dem Tränken der Kameele hatten. Wir lagerten, ohne die Zelte zu benutzen, unter Talha-Bäumen, auf denen Singvögel und Lachtauben unbekümmert um uns Fremde ihr Conzert fortsetzten. Der Brunnen selbst wurde von drei grossen Bäumen beschattet, in denen eine Art Reiher so viele grosse Nester gebaut hat, dass man es ein Vogeldorf nennen kann, die Baumkronen schienen Ein Nest zu sein. Überall, wo in der Nähe des Brunnens freier Boden war, sprosste selbstausgesäeter Ksob oder Argum moro [1]), wie die Bornuer sagen, hervor, Reste des früheren Anbaues. Wir blieben indess in Kufe nur für die Zeit des Frühstücks, da der Brunnen sehr unsicher sein soll.

Denselben Tag legten wir noch 4½ Stunden in gerader Süd-Richtung zurück und erreichten so den Brunnen Asi, in welchem wir gutes Wasser fanden. Man hatte überhaupt gar nicht nöthig, für Wasservorrath zu sorgen, da es überall Regenlöcher und Lachen voll guten Wassers gab. Auffallend war indess die grosse Anzahl von Myriopoden, die zu zwei oder drei in mauselochartigen Erdlöchern wohnend die ganze Erde wie Raupen bedeckten. Auch am folgenden Tag waren sie so zahlreich, dass die Kameele bei jedem Schritte solche Thiere zertraten. Sie waren bis zu einem Decimeter lang, von brauner Farbe und hatten jederseits etliche 130 Füsse; sie nährten sich von Pflanzen [2]) und sind vollkommen unschädlich, ihr Biss auch keineswegs giftig. Die Strasse, die wir eingeschlagen hatten, ist der geradeste Weg von Kufe nach Ngígmi, rechts und links führen andere, im Osten über Kibbo, im Westen über Bir el-Hammam.

Am 14. Juli brachen wir um 5¼ Uhr auf, dieselbe Strasse verfolgend, lagerten uns aber schon nach 4 Stunden, da eine verdächtige Gofla, von neun Reitern begleitet, die Strasse passirte, dieselbe aber, sobald sie uns ansichtig wurde, verliess und sich im Dickicht verlor. Wir hielten, setzten schnell unsere Waffen in Bereitschaft, aber es liess sich Nichts sehen, und nachdem wir unser Frühstück gekocht, setzten wir ruhig unseren Marsch weiter fort. Die Gegend behielt denselben Charakter, manchmal jedoch fanden sich schöne Wiesen im offenen Walde. Wir fanden auch Spuren vom Flusspferde, dann Unrath dieses vorweltlichen Thieres und seine Knochen, zum Zeichen, dass der Tsad nahe war; auch die wasserliebende Dumpalme zeigte sich hin und wieder, aber so schön und fruchtbar auch diese Gegend ist, so erregt die ungeheure Einsamkeit ein trauriges Gefühl, der Mensch fehlt auch hier überall. Wir

---

[1]) Negerhirse, Pennisetum typhoideum.
[2]) Dies ist gegen die Annahme unserer Naturforscher, indess behaupteten so die Leute, und dass sie nichtgiftig sind, kann ich selbst bezeugen, denn wir lagerten ohne Gefahr mitten unter ihnen und mehrmals nahm ich sie in die Hand.

fanden reife Früchte vom Suakbaum, der, wenn er von Weitem schon durch einen senfartigen Geruch sich ankündigt und seine Blätter senfartig schmecken, auch Früchte hervorbringt, die unseren Senf ersetzen könnten; sie sind von der Grösse der Johannisbeere und nehmen getrocknet einen etwas süssen Geschmack an. Abends marschirten wir fünf Stunden und lagerten dann am östlichen Abhang einer kleinen Anhöhe. Als ich diese bei Sonnenuntergang erstieg, wurde mir einer der überraschendsten Anblicke zu Theil, ich sah nämlich unter mir nach Westen zu ein kesselartiges Thal, von einem undurchdringlichen Baumdickicht beschattet, aus dem zwei Dattelpalmen stolz hervorragten, und noch dazu schienen sie mit Datteln behangen zu sein, was sich über der hereinbrechenden Dunkelheit wegen nicht genau unterscheiden liess. Abgesandte Diener kamen indess unverrichteter Sache zurück, da es unmöglich war, ohne Axt ins Dickicht zu dringen. Früher mochte dieser Platz bewohnt gewesen sein, denn ein gut ausgetretener Weg führte von ihm auf die Strasse.

Ankunft am Tsad-See. — Ṅgígmi, den ersten und nördlichsten bewohnten Ort Bornu's, erreichten wir am anderen Morgen nach einem Marsch von 2½ Stunden. Hatten sich aber viele meiner Begleiter, die vorher Bornu nie gesehen, einen grossen See unter dem Tsad vorgestellt, so wurden sie sehr getäuscht, der Tsad zeigte nur hier und da offenes Wasser, bot aber im Ganzen den Anblick einer unendlichen, mit Rohr und Schilf bedeckten Fläche dar. Aber welch' angenehme Musik für uns war das Brüllen der uns entgegenkommenden Rinderheerden! Wie lange hatte unser Ohr diesen heimathlichen Laut nicht mehr gehört! Wir lagerten dicht beim Orte, aus dem auch sogleich die Bewohner, welche Kanembu sind, herauskamen, um uns zu begrüssen. „Wo sind die Übrigen?" fragten sie, indem sie glaubten, wir bildeten den Vortrab einer grossen Karawane, und als wir ihnen mitgetheilt, dass weiter Niemand mit uns gekommen wäre, wunderten sie sich sehr, indem sie sagten, die Tuareg seien noch immer in Kanem, hätten sich mit dem Uled Sliman verbunden und durchzögen nach allen Richtungen hin das Land, um zu plündern. Nachdem wir so mit den Männern Neuigkeiten ausgetauscht und dann unsere Zelte aufgeschlagen hatten, kamen die Frauen mit Esswaaren, die sie zum Verkauf anboten. Trockne und frische Fische, Butter, Tabak, Mehl von Argum moro, argum moro selbst, etwas Gerste und Weizen war es, was sie hauptsächlich zum Verkauf anboten und wofür sie Glasperlen oder Nadeln verlangten. Sie waren indess nach Bornu-Begriffen gar nicht billig und später in der Hauptstadt Kuka kaufte ich überhaupt Alles viel billiger als in den anderen Orten. Ich kaufte für uns frische Fische, ein Lamm und 20 Pfund Butter, ausserdem etwas Mehl für

den Weg, im Ganzen für 2 Maria-Theresien-Thaler. Abends nahm ich ein Bad im Tsad an einer offenen Stelle, wo die Kühe getränkt zu werden pflegen. Ich hatte Anfangs Furcht der zahlreichen Krokodile wegen, als ich aber die Bewohner Ṅgígmi's ohne Scheu ins Wasser gehen sah, folgte ich ihrem Beispiel. Auf meine Frage, ob denn niemals Jemand von den zahlreichen Krokodilen gebissen werde, sagten sie, dass das äusserst selten vorkomme. Es waren auf derselben Stelle, jedoch weiter gegen Westen hin, vier grosse Hippopotamen, die sich im Wasser abkühlten und nur den Kopf heraussteckten. Hatten mich nun schon früher Kalli und der Marabut gebeten, vor den Bewohnern Ṅgígmi's meinen Repetirstutzen abzufeuern, um sie etwas in Respekt zu halten, so glaubte ich den Augenblick günstig, um ihnen die Wirksamkeit unserer Waffen zu zeigen. Ich schoss demnach auf die Köpfe der Flusspferde und eins überstürzte sich auf der Stelle, ein zweites bekam die Kugel so, dass es bald darauf starb, zwei jedoch flohen. So viele Kugeln aus ein und demselben Rohre kommen zu sehen und auf so grosse Entfernung wirksam, schien den Leuten etwas Übernatürliches zu sein, indess liessen sie sich das Fleisch der Flusspferde wohl schmecken und meinten, ich solle doch am folgenden Tag noch einige schiessen. Der Grund zu den Befürchtungen war aber der, dass die Búdduma, Inselbewohner vom Tsad, die sich in einer Anzahl von 20 Personen hier aufhielten, Tags zuvor eine kleine Tebu-Gofla ausgeplündert und ihr drei Kameele abgenommen hatten und nun auch leicht die Absicht haben konnten, unsere schwache Karawane auf dieselbe Art zu begrüssen. Die Furcht vor einer immer schiessenden Büchse flösste Allen Achtung ein.

Ṅgígmi, ein offener Ort aus zugespitzten Rohrhütten wird von Kanembu oder Bewohnern Kanem's bewohnt, die sich im Äusseren in Nichts von den Tebu oder Kanúri unterscheiden und wie die Kanúri die Bornu-Sprache reden. Der Ort mag heut zu Tage gegen 1500 Einwohner haben. Viehzucht, Fischfang und Ackerbau gewähren denselben einen reichlichen Unterhalt, jedoch haben sie manchmal von den Plünderungen der Tuareg und anderer umwohnenden Nomaden zu leiden. Der Ort wird von einem Ältesten regiert, der mich zu begrüssen kam und welcher Abgaben[1]) an den Sultan von Bornu zahlt, unter dessen Bereich der Ort steht. Nicht unmittelbar am See[2]) gelegen, von dem er einen guten Büchsenschuss entfernt ist, fehlt ihm andererseits jeder Baumwuchs, da der Wald sich nicht unmittelbar bis an den Tsad hinzieht, sondern durch eine

---

[1]) Ein jährliches Geschenk von trockenen Fischen, das aber sehr unregelmässig und manchmal gar nicht gegeben wird.

[2]) In der Regenzeit indess umgiebt der See den Ort.

niedrige Sand- oder Dünenkette, die jedoch mit Kräutern und Buschwerk bestanden ist, aufgehalten wird.

Gewitter. — Des Nachts hatten wir einen entsetzlichen Regensturm und wenn auch mein gutes Zelt von oben her widerstand, so fluthete doch das Wasser von unten herein, so dass ich Anfangs glaubte, der Tsad sei ausgetreten. Niemand kam mir zu Hülfe, indem alle meine Diener im Wasser unter ihrem Zelte begraben waren und mein Schreien nicht hören konnten; ich war indess im Stande, meine Säcke mit Zucker und Waaren, welche das Wasser schmelzen oder beschädigen konnte, auf die Kisten zu heben, und liess dann das Gewitter ruhig austoben. Wie immer in diesen tropischen Gegenden hielt dasselbe nicht lange an und etwas nach Mitternacht hatten wir wieder den heitersten Himmel. Trotz der Nähe des Ortes beunruhigten uns bis zum Morgen die Hyänen und wurden nur durch öfteres Schiessen in Respekt gehalten, da diese Art, grösser als die in der Wüste, gar keine Scheu vor dem Hunde zeigte.

Salzbereitung am Tsad. — Am folgenden Tag wurde unsere kleine Karawane durch die Tebu, die man beraubt hatte, verstärkt, so wie durch einige Leute aus Ṅgígmi mit Lastochsen, die alle die Gelegenheit benutzten, aus dem Bereiche der räuberischen Búddoma zu kommen. Als wir um 6½ Uhr aufbrachen, hielten wir uns am Tsad hin, dessen Rand schöne Wiesen bildete und der selbst durch hohes Rohr bezeichnet war, auf dem zahlreiche Wasservögel sich einhertummelten. Um 10 Uhr erreichten wir die Hütten von Silólo und um 10½ Uhr die von Udi, welche augenblicklich leer standen, indem sie nur zeitweise bewohnt werden, wenn die Leute sich hierher begeben, um aus der Asche des Suak-Baumes Salz zu bereiten. Wie dieser Erdstrich nicht den kleinsten Stein aufzuweisen hat, so ist auch nirgends Salz vorhanden und selbst die meisten Pflanzen haben so wenig Salzgehalt, dass sogar die Thiere, als Kameele, Rinder, Schafe und Ziegen, einer periodischen Salzfütterung [1]) bedürfen. Die Noth, die durch das Fehlen dieses allerunentbehrlichsten Gewürzes entsteht, ist oft entsetzlich, und sobald wir Etwas zu kaufen wünschten, waren es nicht Korallen, noch Glasperlen oder andere Dinge, die die Bewohner einzuhandeln wünschten, nur Salz und immer wieder Salz war ihr Verlangen. Wenn nun die Karawanen von Bilma längere Zeit ausbleiben, suchen die Leute aus der Asche einiger Bäume Salz zu gewinnen, indem sie dieselbe kochen, bis ein salzhaltiger Satz zurückbleibt, gewissermaassen ein salzhaltiger Aschen-Extrakt, der indess nur ein nothdürftiger Ersatz für wirkliches Salz ist. Waren wir

dem Ufer entlang bis hierher südwestlich marschirt, so gingen wir von Udi an ½ Stunde südlich und dann südöstlich, immer dem Tsad folgend, der dieselbe Richtung hat. Es war 2 Uhr, als wir uns auf den Weg machten, nach ½ Stunde liessen wir Berdóa, welches ebenfalls ein Salzort ist, am Wege liegen, dann um 4½ Uhr Kinsángale, einen augenblicklich von Salzarbeitern bewohnten Ort, aus hundert Hütten bestehend.

Tropische Landschaftsbilder. — Der Abend machte die Gegend äusserst reizend, unzählige Schmetterlinge und Libellen, die sich auf den Wiesenblumen schaukelten, unzählige Singvögel, die aus dem Dickicht, welches rechts die Wiesen des Tsad-Ufers einsäumt, herausflogen und sich über uns tummelten, unzählige Wasservögel, als weisse und schwarze Störche, Pelikane, Enten, Gänse &c., die auf den Wiesen ohne Scheu ihr Futter suchten, das häufige Erscheinen von Antilopen- und Gazellen-Heerden, die zur Tränke an den Tsad kamen, Wildschweine, die den Boden nach Wurzeln durchwühlten und bei unserer Annäherung entweder sich geraden Weges in den Wald oder in das hohe Rohr des Tsad stürzten, hie und da ein Flusspferd, das unbekümmert um uns schnaufend Futter suchte, manchmal ein Sumpf, wo ein Kaiman, 4 bis 5 Fuss lang, sich erschreckt in Koth oder Schilf rasch eingrub, endlich dann und wann Leute, die Brennholz auf dem Kopfe trugen, machten diesen Abendritt zu einem der schönsten, die ich erlebt, weil eben Alles fremd und neu für uns war und bei jedem Schritt uns etwas Ungesehenes aufstiess. Unzählige Fliegenschwärme quälten indess die Kameele und uns selbst bis aufs Blut, so dass die Thiere kaum zu halten waren und mehrere Male ihre Last abzuwerfen suchten, um sich zu wälzen. Um 6 Uhr Abends erreichten wir Kindjigalía, einen grossen Sklavenort, von den Sklaven Ṅgígmi's bewohnt, die hier Salz bereiten. Die Leute waren bei unserer Ankunft so zudringlich und unverschämt, dass ich einige Schüsse über ihre Köpfe weg abfeuern musste, um sie fern zu halten; als wir indess die Zelte aufgeschlagen hatten, handelten wir gegen Salz einige sehr gut schmeckende Tsad-Fische ein.

Am 17. Juli erreichten wir nach einem Marsch von 4¾ Stunden den Ort Bárua. Die Gegend war im Ganzen wie an den früheren Tagen, nur führte uns der Weg nicht längs den Gestaden des Tsad, sondern mitten durch den Wald, der auch etwas lichter war, an Wild jedoch eben so reich wie die nördlichen Gegenden. Bárua ist mit einer Erdmauer umgeben und hat die Grösse Ṅgígmi's, die Bewohner legen sich jedoch mehr auf Ackerbau und rings umher fanden wir den Boden mit Argum, Bohnen, Baumwolle und Tabak bepflanzt. Wir handelten Lebensmittel gegen Salz ein, von dem ich einen grossen Vorrath aus

---

[1]) Man behauptet diess zwar, ich habe indess nur die Kameele manchmal mit Natron füttern sehen.

Bilma mitgebracht, und blieben den Tag über dort. Am folgenden Morgen hatten wir einen sehr beschwerlichen Marsch, wir brachen um 5¼ Uhr auf und hielten uns in der Richtung von 170°. Zuerst einen lichten Wald durchreitend, auf dessen Bäumen zahlreiche Vögel nisteten und die manchmal durch die hängenden Nester der kleinen Singvögel wie mit grossen Birnen behangen schienen, erreichten wir nach einigen Stunden die Sümpfe und Hinterwässer des Waube und hatten Mühe, die Kameele, die an dergleichen nicht gewöhnt waren, hindurch zu treiben. Überdiess wurden wir durch die grossen Wasserlachen, durch das Umgehen der Sümpfe vom rechten Wege abgebracht, was unsere Ankunft am Flusse um wenigstens drei Stunden verzögerte. Aber welche Landschaft! Was die glühende Tropensonne im Verein mit dem fruchtbarsten jungfräulichen Boden und von der Kraft des Wassers unterstützt hervorbringen kann, entfaltete sich hier vor unseren Augen. Welche Landschaft für einen Maler! Die reizendsten See'n, vom saftigsten Grün umgeben, in welchen Gazellen und das grosshornige Kargum sich tummelten, Störche, Pelikane und andere langbeinige Wasservögel ehrwürdig umherspazierten, Enten und wilde Gänse erschreckt das Weite suchten, wo Rebhühner und Perlhühner gackernd ins Gebüsch flohen, uns dadurch aber manchmal ihre Nester mit Eiern verriethen, — kurz, so beschwerlich der Marsch war, so angenehm war er in seinem wechselnden, immer neuen Bildern. Auch die Dumpalme entfaltete wieder ihre vielen Fächerkronen und endlich sahen wir die herrlichen Tamarindenbäume, Temsuko genannt, die sicheren Vorboten des Waube. An trockenen Plätzen zeigten sich die 3 Fuss hohen Termitenhügel, deren Ameise, Ngitkum genannt, Häuser baut, die im Kleinen ganz den Negerhütten gleichen, nur dass letztere von Rohr oder Stroh sind. Der Téfila-Strauch mit seinen Beeren, die geniessbar sind und gerade jetzt reif waren, ist von hier an überall zu finden.

Ankunft am Komádugu Waube. — Um 3 Uhr endlich erreichten wir das Ufer des Komádugu Waube selbst und sahen gegenüber von hohen Tamarindenbäumen beschattet Jo liegen. Es versammelte sich sogleich eine grosse Zahl von Leuten, auch zogen einige ihre blauen Toben aus und kamen sie auf den Kopf haltend herübergeschwommen. Nachdem sie sich erkundigt hatten, wer wir seien und wohin wir wollten, sagte Einer, dass der Vorsteher des Ortes jede hier ankommende Karawane dem Sultan von Bornu durch einen Courier anmelden müsse und dass, wenn wir Etwas zu schreiben hätten, er die Briefe nach Kuka besorgen würde. Ich schrieb daher in aller Eile einige Zeilen an den Sultan, worin ich ihm meine Ankunft anzeigte und ihn um gute Aufnahme bat, zugleich legte ich den Brief des Kaimakam von Fesan bei. Auch Kalli und der Marabut sandten Briefe an ihre Bekannten oder Verwandten. Während dessen sah ich drohende schwarze Wolken mit telegraphischer Geschwindigkeit im Süd-Osten aufsteigen und befahl, schnell unsere Zelte aufzuschlagen, aber dies war noch nicht einmal ganz geschehen, als ein solches Unwetter über uns einbrach, dass weder Kalli noch der Marabut Zeit fanden, ein Gleiches zu thun, und nun bei mir Schutz gegen das von oben strömende Wasser suchten. Darüber wurde es Abend und an Übersetzen war für diesen Tag nicht mehr zu denken, doch brachten uns einige Weiber, die, nachdem der Himmel wieder rein war, zu uns herüber schwammen, Mehl und andere Sachen, die wir ihnen gegen Salz abkauften.

Am anderen Morgen banden die Leute auf acht leeren Kürbisflaschen eine Art Floss zusammen und drei oder vier Fahrten genügten, um mein ganzes Gepäck auf diesem luftigen, jedoch ganz sicheren Fahrzeug überzusetzen. Die Kameele wurden hinüber getrieben und das Wasser war so tief, dass auch sie eine kurze Strecke schwimmen mussten. Ich selbst zog es vor, hinüber zu schwimmen, und mit einem guten Schwimmgürtel versehen leitete ich auch meinen Hund, der wie seine Landsleute, die Araber, sehr wasserscheu ist, hinüber. Der Marabut, der kein grosses Gepäck bei sich hatte, setzte sich inmitten seiner sieben Sachen auf das kleine Floss, das nicht mehr als 6 Fuss Länge bei 3 Fuss Breite hatte, und kam zu unser aller Ergötzen wie eine Ente in ihrem Neste herüber. Ein Theil meiner Leute machte es wie ich, ein anderer hatte sich auf die Kameele gesetzt. Am anderen Ufer schlugen wir die Zelte auf, da es zu spät geworden war, um noch weiter zu gehen, und lagerten zwischen dem Orte und einem Hause, welches das Schloss des Sultan genannt wird, aber weiter Nichts ist als ein grosser viereckiger, von hohen Erdmauern umgebener Platz, an dem der Sultan, wenn er hierher kommt, lagert. Der Ortsvorsteher theilte mir mit, dass der Fluss seit 27 Tagen (es war das am 18. Juli) fliesse und dass sie hier seit 40 Tagen Regen hätten. Die Einwohner von Jo, welcher Ort mit Mauern umgeben ist und am rechten Ufer des Waube liegt, mögen sich auf 800 belaufen, sie ernähren sich wie die Bárua's von Ackerbau und Viehzucht, und zur Zeit, wenn der Komádugu (d. i. Fluss) Wasser hat, vom Fischfang, jedoch scheint jener nicht sehr fischreich zu sein, was sich leicht erklärt, da er sieben bis acht Monate im Jahre in seinem unteren Laufe ohne Wasser ist. Fast alle Einwohner sind indess fertige Schwimmer und die, welche es nicht gelernt haben, oder Fremde, die von anderen im Inneren des Landes gelegenen Orten übersetzen wollen, binden zwei Kürbisflaschen mittelst eines Stockes an einander und sich rittlings auf den Stock setzend arbeiten sie sich mit Händen und Füssen hinüber. Manche bedienen sich auch eines leeren Schlauches, den sie aufblasen und auf dem sie reitend hinüber schwimmen.

Brod. Erdnüsse. Muschelgeld. — Die Leute brachten uns reichlich Lebensmittel, unter Anderem auch Brod aus der Korna-Beere (Zizyphus spina Christi) bereitet, welches unseren Honigkuchen nicht unähnlich schmeckt, indess entsetzlich trocken ist, so dass man jeden Bissen wie Mehl mit Wasser hinunterschlucken muss; auch Koltsche (Erdmandeln, Arachis hypogaea), die jetzt einen so bedeutenden Ausfuhrartikel von Senegambien und der Guinea-Küste aus bilden, wurden uns angeboten und die Leute sagten mir, dass dieselben hier wie in ganz Bornu ausgezeichnet gediehen. Da jedoch von aussen keine Nachfrage danach ist, so bauen sie nur für ihren Bedarf, und es scheint, dass das Arachis-Öl, das jetzt in Frankreich und Europa überhaupt dem Oliven-Öl mit Vortheil Concurrenz macht, ihnen nicht bekannt ist. Wozu auch? Die Butter genügt ihnen zu Allem und ist so billig, dass man 20 Pfund manchmal für 140 Pfund l'oda oder kleine Muscheln einhandeln kann. Ich führe hier an, dass die kleinen Muscheln auch hier die kleine Scheidemünze bilden, und zwar werden sie nach eingebildeten Pfunden gezählt. Ein Maria-Theresien-Thaler, die einzige in Bornu gangbare Silbermünze, hat 140 und manchmal bis 150 Pfund Muscheln, deren echter Bornu-Name Kúngena indess wenig üblich ist, sondern die meist auf Arabisch l'oda genannt werden. Jedes Pfund hat 32 Muscheln, ein Thaler also 4480 oder 4800 Muscheln je nach dem Cours.

Neue Pflanzen. — Am 20. Juli um 7½ Uhr Jo verlassend mussten wir uns der Sümpfe und Hinterwasser wegen Anfangs etwas westlich halten und erreichten um 10 Uhr Beggel, zwei Dörfer, deren Hütten jetzt aus den hohen Argum-Feldern kaum hervorragten; im Ganzen ist indess die Gegend hier nur dünn bevölkert. Um 10½ Uhr rasteten wir und ritten dann von 1½ bis 5¾ Uhr in südlicher Richtung weiter. Wilde Thiere findet man, je mehr der Mensch anfängt, sein Recht zu behaupten, um so seltener, Vögel jedoch, namentlich Wasservögel, als Enten, Störche und Pelikane, sind sehr zahlreich. An neuen Pflanzen sahen wir den Kabla-Strauch mit einer rothen essbaren Beere, Ndórnu genannt, welche ein ausgezeichnetes und zugleich wohlschmeckendes Heilmittel gegen Diarrhöe ist, jedoch nur im frischen Zustande wie die Stachelfeige, ferner den Melbúrta-Strauch, unserem Weissdorn ähnlich, jedoch ohne Stacheln, endlich den Ngánga-Strauch, der im Laub unserem Ligustrum gleichend eine Frucht von der Grösse und dem Aussehen unserer Äpfel hervorbringt, angefüllt mit Kernen wie die der Granatäpfel, jedoch von äusserst bitterem Geschmack und ungeniessbar.

Annäherung an die Hauptstadt von Bornu. — Am folgenden Tage brachen wir um 5½ Uhr auf und gingen wie bisher immer in der Richtung von 160°. Je mehr wir uns der Hauptstadt näherten, um so mehr Menschen zeigten sich, obgleich nach unseren Europäischen Begriffen selbst hier die Gegend nur dünn bevölkert ist. Um 8 Uhr hatten wir ½ Stunde vom Wege im Westen das Dorf Seggē, um 10 Uhr Komágendum, was auf Deutsch Elephanten-Ort[1]) heisst. Um 10½ Uhr passirten wir die angebauten Felder von Goláro, einem Dorfe, das etwas vom Wege ab im Westen liegt, und um 11 Uhr lagerten wir. Hier trennte sich unsere Karawane, indem der Marabut und Kalli noch denselben Tag die Stadt erreichen wollten, was ich nicht für thunlich hielt, weil ich nicht wusste, ob man für mich ein Haus in Stand gesetzt hatte oder nicht, und wenn ich Nachts angekommen, diess dem Sultan vielleicht lästig gewesen wäre. Zudem ist es Sitte, immer Morgens in die Stadt einzurücken. Wir lagerten indess nur die eben nöthige Zeit, um unser Frühstück zuzubereiten und zu verzehren, und brachen um 2 Uhr schon wieder auf in der Richtung von 155°, um uns Abends so viel wie möglich Kuka zu nähern. Die Gegend wurde mehr und mehr belebt. Um 3½ Uhr kamen wir durch die Argumfelder von Aleihéro und liessen Ngrútua oder den Flusspferd-Ort um 4½ Uhr circa 3 Stunden östlich von uns nahe am Tsad-See liegen. Um 5¾ Uhr hatten wir unmittelbar rechts vom Wege den kleinen, nie austrocknenden See (Ngaldjim[2])) und erreichten um 6 Uhr die beiden Dörfer Daurgo, wo wir lagerten. Nur noch vier Stunden in Ost-Süd-Ost-Richtung trennten uns von der Hauptstadt Bornu's und am anderen Morgen, nachdem alle meine Diener neue, ihnen zu diesem Behufe geschenkte Kleider angelegt hatten, hielten wir um 9 Uhr in der Hauptstadt unseren Einzug.

---

[1]) Elephanten-Ort oder vielleicht Honig-Ort, denn der Honig heisst auf Kanúri komágon, während der Elephant auf gut Kanúri komáun und nur in der Volkssprache komágon heisst. Elephanten mögen früher allerdings häufig genug hier gewesen sein.

[2]) Ngaldjim ist kein eigentlicher Name, sondern jeder kleine See heisst auf Kanúri so.

9. Empfang in Kuka.

Einzug in die Stadt. — Die Ankunft eines Christen hatte, obwohl ich nicht der erste war, der Kuka besuchte, als ein ausserordentliches Ereigniss natürlich eine grosse Menge Volks herbeigelockt, die vor dem Nordthor neugierig wartete. Die eigentliche Ehren-Eskorte jedoch war zum Westthore hinausgezogen, weil die Karawanen gewöhnlich durch dieses in die Stadt ziehen, und so bekam die Hälfte der Leute uns nicht zu sehen, weil sie sich den vom Sultan uns entgegengeschickten Reitern angeschlossen hatte. Meine Leute liessen ihre Flinten gehörig knallen, indem sie dreifache Ladung hinein thaten, und die Kukner wunderten sich nicht wenig darüber und meinten, die Flinten der Christen klängen wie ihre Kanonen. Natürlich waren ich und der Hund Mursuk Hauptgegenstand der Neugier: „Seht den Christen, seht seine Kleider, seine Schuhe [ich hatte Europäische Halbstiefel, überhaupt Europäische Tracht angezogen]. Augen hat er wie eine Katze, der Ungläubige, der Heide. Wo mag er her sein? Ist er ein Engländer oder Deutscher? O, seht doch den Hund, man sagt, es sei eine Hyäne oder der Sohn einer Hyäne. Sind seine Diener auch Christen und Heiden?" Das waren die Worte, mit denen man uns empfing. Andererseits ertönte auch von vielen Seiten ein Willkommen: „Sei gegrüsst in Bornu! Gott Lob, dass Du angekommen bist! Ist es Dir gut gegangen in der Wüste? So Gott will, hast Du keinen Durst gelitten! Friede sei mit Dir!" Dicht vor dem Thore fand ich einen Reiter halten, der vom Westthore herüber gesprengt kam, und einige Leute benachrichtigten mich, dass diess einer der Beamten des Sultan sei und mich in das für mich bestimmte Haus zu führen hätte. Ich stieg von meinem Kameel und ging auf ihn zu oder wurde vielmehr vom Volke, das sich herbeidrängte, auf ihn geschoben. Wir begrüssten uns auf Kanúri: „L'afia, ńdo tegĕ, afí j'abar, hamd' ul Lahi" &c. (Friede! Wie ist Deine Haut? Was giebt es Neues? Gott sei gelobt!) &c., und dann sagte er, ich möchte ihm folgen. Alles Volk ging natürlich hinter uns drein, aber obgleich oft das Wort Ungläubiger oder Heide ertönte, schien ihnen meine Ankunft keineswegs zuwider zu sein. Durch mehrere Strassen ging es dann zuerst nach dem Hause Tittani's, Bruders des Chasnadár von Mursuk, der, wie ich jetzt erfuhr, das Factotum für alle Europäer ist, die den Sultan besuchen. Dieser Blutegel nahm mich als willkommene Beute äusserst freundlich und zuvorkommend auf und bei ihm fand ich auch den reichen Tripolitaner Scherif Hascheschi, dessen Bekanntschaft ich in Mursuk gemacht hatte und der einige Monate früher als ich von dort nach Bornu aufgebrochen war. Nach langen Complimenten begleiteten auch sie den Beamten und dann wurde ich in das mir bestimmte Haus geführt, das indess Nichts weniger als comfortable war. Der Beamte des Sultan, ein wohlbeleibter verschmitzter Neger, der sich unter seinem zweistockwerkigen spitzen Strohhut fast wie ein Chinese ausnahm, und Tittani erklärten, es sei kein anderes vorhanden und ich dürfe nicht erwarten, in Kuka Häuser wie in Tripoli oder Stambul zu finden. Darauf hatte ich natürlich Nichts zu erwidern und gebot meinen Dienern, das Gepäck hereinzuschaffen. Das Haus bestand aus zwei Zimmern, deren vier Seiten bei dem einen 10 Fuss, bei dem anderen 6 Fuss lang waren; ein kleiner Hof verband sie mit einander und um mehr Raum zu gewinnen, liess ich diesen sogleich mit Matten überdachen. Für die Diener war dann noch eine Art Vorzimmer vorhanden und hinter dem Ganzen befand sich ein geräumiger Hof, dessen Mauern aber so eingefallen waren, dass er Eins mit den Höfen der umgebenden Häuser bildete; diesen liess jedoch Tittani sogleich durch Matten verschliessen, deren man sich hier mit Vortheil zu Mauern oder Scheidewänden bedient, indem man sie aufrichtet und durch Stangen befestigt.

Geschenke und Besuche. — Mittlerweile entfernte sich der Beamte, nachdem er mir wiederholt versichert, der Sultan sei über meine Ankunft sehr erfreut und wünsche mir ein herzliches Willkommen, als Gast des Fürsten selbst werde es mir an Nichts fehlen, Tittani insbesondere aber sei beauftragt, alle meine Wünsche zu erfüllen. Auf meine Frage, wann ich dem Könige meine Aufwartung machen könne, sagte er, ich sollte heute nur ausruhen, der Mai (König oder Sultan) würde es mich schon wissen lassen, wann er mich empfangen wolle.

Gleich darauf kamen Diener Tittani's und brachten als Gastgeschenk ihres Herrn ein Schaf, ein Becken voll Reis und ungefähr 20 Pfund Butter und kaum waren diese fort, als der Sultan selbst mir eine Kameelladung Reis, eine Kameelladung Weizen (zu je 3 Centner), eine lederne Büchse mit Butter (circa 100 Pfund), zwei Töpfe mit Waldhonig, zwei Kürbisse, Gänse-Eier (diese kommen vom Tsad von den wilden Gänsen) und 30 Hühner schickte und mich nochmals willkommen hiess. Der Grossvezier oder Minister — denn der Sultan hat bloss Einen Minister, Dug-ma oder Dig-ma genannt — sandte mir eine Kuh, der Scherif Hascheschi ein Schaf. Da mir auch von anderen Leuten Hühner und geringere Sachen geschickt wurden, so kann man sich denken, wie voll auf ein Mal mein Haus wurde. Dann stellte sich eine Menge von Kaufleuten aus Tripoli, Mursuk, Masser, Mekka, Kano ein, kurz die vornehmeren Weissen kamen fast alle, um mich zu begrüssen oder nur um mich zu sehen und zu erfahren, wer der so lange vorher angekündigte Christ sei und ob Alles wahr wäre, was man über ihn berichtet habe. „Bist Du wirklich in Fes gewesen? Hast Du Abd ul-Asis gesprochen? Bist Du Consul? Ist es in der That jetzt ganz und gar verboten, mit Sklaven zu handeln? Schickt Dich Dein König hierher? Hast Du wirklich einen Firman-ali? Bist Du wirk-

---

[1]) Ein anderer sehr gebräuchlicher Gruss ist: Ussĕ-ussĕ, willkommen, dann sagt der Niedere zu dem Höheren: Allah kábondjo, und: Ngábbero degá. Letzteres ist ungefähr das Arabische Allah jthol amrek, Gott verlängere Deine Existenz.

lich in Tuat gewesen?" und andere dergleichen Fragen mehr hatte ich zu beantworten und ging Einer endlich fort, so kamen sicher zwei Andere wieder. Endlich wurde mein Haus leer, als mir der Sultan sechs grosse Schüsseln mit Essen schickte, von denen je eine zehn Mann hätte satt machen können. Abends kam Tittaui und benachrichtigte mich, dass mich der Sultan am folgenden Tage empfangen wolle.

Erste Audienz beim Sultan. — Ein starker Gewitterregen verhinderte mich anderen Tages, gleich am Morgen zum Sultan gehen zu können, als aber am Nachmittag das Wetter sich aufklärte, kam Tittaui beritten zu mir und Sklaven brachten ein Pferd für mich, da der Sultan von meinem Hause fast eine Stunde entfernt wohnte. Kuka besteht nämlich aus zwei Städten[1]), einer östlichen Stadt, worin die Burg des Sultan, die Wohnungen der Höflinge, Eunuchen und überhaupt Alles, was mit der Regierung zu thun hat, sich befindet, und einer westlichen Stadt, welche von der eigentlichen Bevölkerung und den zahlreichen, immer sich hier aufhaltenden, fremden Kaufleuten bewohnt wird. Mein Haus lag im westlichen Ort. Vor der Burg des Sultan angekommen, wurde ich zuerst dem Dug-ma, der Ibrahim hiess, vorgestellt und dann durch mehrere Vorhöfe nach einem überbauten Platz geführt, der zwischen zwei Höfen sich befand und voller Eunuchen, Höflinge und Beamten war. Unter diesen Leuten befanden sich auch einige Söhne des Sultan, die aber als noch unerwachsen einfache blaue Toben anhatten und nicht so gut wie die Eunuchen gekleidet waren. Der Dug-ma, der gar kein Arabisch versteht, liess uns hier warten und hiess uns setzen, obgleich es ganz an Matten und Teppichen fehlte; wie an anderen Höfen musste ich, obgleich der Sultan auf meinen Besuch vorbereitet war, eine gute halbe Stunde warten. Tittaui sagte mir, das sei so Sitte, wenn ein Fremder aus der Ferne herkäme, und bei unseren Königen wäre das ja auch Gebrauch. Die Eunuchen, die nicht wussten, dass ich hinlänglich Kanúri verstand, unterliessen nicht, im Verein mit den Kindern des Sultan und den Beamten die dümmsten Spöttereien und Fragen laut vorzubringen: „Die Christen sind Heiden. Haben sie eine Idee von Gott? können sie lesen und schreiben? Warum kommen die Hunde hierher? Der Sultan thäte besser, sie umzubringen, wie es der Sultan von Uadai macht." Ich schwieg und that, als ob ich es nicht verstände, denn man hatte mir gesagt, dass die Eunuchen nirgends höher in der Gnade des Sultan ständen als in Bornu. Endlich kam der Dug-ma zurück und hiess uns folgen. Ich hatte mit Ausnahme eines Fes ganz Europäische Kleidung an, Hose, Weste und Rock aus grauem Sommerzeug und Halbstiefel (alle früheren Reisenden waren immer als Mohammedaner gekleidet gewesen, hatten sich dadurch aber nicht im Geringsten vor den Demüthigungen, denen jeder Christ hier ausgesetzt ist, schützen können, weshalb ich es für unnütz hielt, diese Mummerei nachzumachen). Nachdem wir nun einen anderen Hof durchschritten hatten, kamen wir in eine Art von grossem Saal, durch Erdsäulen gestützt, in dessen einem Winkel auf einer mit Teppichen belegten Erhöhung der Sultan sass. Als ich ihn begrüsste, hiess er mich willkommen und deutete mit der Hand auf den Boden, der auch hier ohne Teppiche und Matten war. Ich setzte mich oder hockte vielmehr nieder und nachdem die langen Fragen nach der Gesundheit und wie ich das Reisen vertrage &c. vorüber waren, die ich immer mit gleichen Fragen erwiderte und dann nach Sitte der Araber (der Sultan selbst versteht sehr gut Arabisch und Alles wurde auf Arabisch gesprochen) hie und da einfügte: „Gott erhalte die Seele des Sultan! Gott verlängere das Leben unseres gnädigen Herrn! Gott gebe dem Sultan Segen und Frieden", fragte er endlich: „Wie befindet sich Dein Sultan? Bringst Du mir einen Brief von ihm? Ist es der, der über halb Deutschland im Norden regiert?" Hierauf erwiderte ich: „Mein Sultan[1]) befindet sich äusserst wohl, da ich aber bloss Privatreisender bin, so hat er nicht daran gedacht, mir einen Brief für Dich mitzugeben, was er jedenfalls gethan haben würde, wenn mich die Regierung meines Landes speziell zum Reisen abgeschickt hätte." — „Wie geht es Abd el-Kerim? Der war ein grosser Freund von mir, indess war er ein Engländer." — „Er ist leider todt, doch war er kein Engländer, sondern ein Deutscher wie ich." — „Nicht möglich, hier kennen wir ihn nur als Engländer. Wann ist er gestorben? Gott habe Erbarmen mit ihm!" — „Als ich in Mursuk war, brachte mir der Courier einen Brief von ihm, mit einem anderen erhielt ich durch meinen Bruder Nachricht von seinem Tode, das sind jetzt ungefähr acht Monate." — „Hast Du einen Brief vom Sultan von Stambul? Wie geht es Abd ul-Asis? Ist er in Frieden mit den Christen? hat er keinen Krieg mit Musku [Russland]?" — „Abd ul-

---

[1]) Wie ich später erfuhr, haben diese Städte besondere Namen, die Ost-Stadt heisst Gérgedi, die West-Stadt Garfoté und die zahlreichen Wohnungen zwischen beiden, die ebenfalls einen grossen Ort bilden, heissen Ngímsegeni.

[1]) Da natürlich Bremen, so verbreitet auch die Bremer Flagge auf allen Meeren und so bekannt der Name der Hanseaten bei allen handeltreibenden Völkern ist, hier im Inneren von Afrika nie genannt wird, so gab ich mich hier immer für einen Preussen aus. Preussen ist übrigens unter seinem eigentlichen Arabischen oder Türkischen Namen diesen Leuten unbekannt; die Gelehrten der Türken und Araber nennen es nämlich بروسيا, Prussia, oder نمسا, Nemsa, welches letztere aber eigentlich mehr Österreich als Deutschland bedeutet. M. v. Beurmann war natürlich hier auch als Deutscher bekannt, Barth gab sich überall für einen Engländer aus, Vogel und Overweg sind ebenfalls als Deutsche bekannt, oft aber auch als Engländer.

Asis befindet sich sehr wohl, ich habe einen Firman-ali von ihm; mit den Christen und namentlich Musku war er in Frieden, als ich Mursuk verliess." — „Wohin gedenkst Du zu gehen? willst Du nach Uadai, nach Bágirmi? Überall werde ich Dich sicher hinsenden; sei mir willkommen, aber ehe die Regenzeit aufhört, kannst Du nicht reisen, es soll Dir an Nichts fehlen." — „Mein Wunsch ist, über Bágirmi nach Uadai zu gehen, und ich erflehe den Segen Gottes auf Dein Haupt, wenn Du mich dorthin senden willst." — „Wir werden sehen; sei nochmals willkommen! Alles, was Du wünschest, soll geschehen."

Damit verabschiedete er mich mit einer Handbewegung, wie sie Karl X. oder Ludwig XVIII. nicht besser hätte machen können. Ich selbst stand auf, grüsste auf militärische Art wie früher, indem ich meinen Fes aufbehalten hatte, und ging mit Tittaui fort, der Dug-ma jedoch blieb beim Sultan. Dieser war wie ein reicher Tripolitaner Kaufmann gekleidet, er trug einen schwarztuchenen Burnus, darunter einen weissseidenen Haik, der einen rothtuchenen Kaftan einhüllte, und auf dem Kopfe einen weissen Turban. Da er sass und die Beine untergeschlagen hatte, konnte ich die Beinbekleidung nicht sehen, indess standen gelblederne Pantoffeln vor ihm. Hinter dem Sitze waren mehrere Bilder angebracht, unter anderen Abd ul-Asis zu Pferde, ein Bogen mit kleinen Soldaten und mehrere andere, die ich nicht genau erkennen konnte. Der ganze Saal war ohne Fenster, das Licht fiel durch die Thür, durch eine Öffnung über dem erhöhten Sitze des Sultan und durch eine zweite Thür, durch welche der Sultan aus- und einging und die sich dicht bei seinem Sitze befand. Sonst entbehrte der Saal allen Schmuckes, selbst Matten und Teppiche fehlten, um den vor dem Sultan erscheinenden Unterthanen ja nicht die Gelegenheit zu benehmen, Staub auf ihr Haupt zu streuen und ihr Antlitz im Sande zu reiben.

Übersiedelung in das Christen-Haus. — Von der Burg des Sultan eilten wir zur Wohnung des Dug-ma, obgleich wir wussten, dass derselbe nicht zu Hause war, die vorgeschriebene Etikette musste jedoch eingehalten werden. Nach diesem wurde dem Anführer der bewaffneten Reiter, dann dem Befehlshaber der Soldaten und Kanonen ein Besuch abgestattet; letztere beiden waren zu Hause und beide, grosse und wohlbeleibte Neger, empfingen mich ohne viele Ceremonien, weder der Eine noch der Andere hatte irgend etwas Militärisches in seinem Anzuge und beide sahen ihrer wohlbeleibten Portiers ähnlich als Höchstcommandirenden der bewaffneten Macht eines Landes. Vor dem Hause des Befehlshabers der Soldaten standen 15 Kanonen und ein kleiner Mörser, von denen man mir sagte, dass sie hier in Kuka angefertigt seien; die Ungleichheit ihres Kalibers, das Fehlen jeder Schrift bezeugten, dass die Leute die Wahrheit sagten, und die Unzulänglichkeit ihrer Hülfsmittel in Erwägung ziehend konnte ich diess Fabrikat, welches natürlich mit unseren neuen Erfindungen gar keinen Vergleich aushält, nur loben. Nachdem wir noch dem Mallem[1]) Mohammed, der ein sehr einflussreicher Mann war, einen Besuch abgestattet hatten, konnte ich nach Hause reiten, wo ich wie am vorigen Tage vom Sultan Speisen geschickt bekam, und zwar zwei Mal, Morgens und Abends. Den ganzen Tag über war unser Haus wieder voll von Besuchern, was uns bei dem beschränkten Raume sehr belästigte. Als in der Nacht ein starker Gewitterregen kam, merkte ich, dass das Haus gar nicht wasserdicht war, alle Sachen und ich selbst wurden nass, als ob wir draussen im Regen gewesen wären. Auf meine Beschwerde am folgenden Tage versprach mir Tittaui, für ein anderes Haus zu sorgen, aber es gingen vier bis fünf Tage darüber hin, ehe eins gefunden wurde, da er mich gern in seiner Nähe behalten wollte und in seinem Quartier keine Wohnung zu finden war. Endlich verschaffte er mir selbst die frühere Wohnung Abd el-Kerim's (Barth's), in der auch Vogel und Overweg gewohnt hatten und die zwar abgelegen, aber geräumig ist und Alles enthält, was man in Bornu braucht.

Geschenk an den Sultan und den Minister. — Am folgenden Tage hatte ich dem Sultan meine Geschenke zu überreichen, nachdem sie Tittaui vorher durchgemustert und gut und würdig befunden hatte. Das Tödten der zwei Hyppopotamen hatte so viel Aufsehen erregt, dass der Sultan die Flinte, mit der ich das bewerkstelligt hatte, zu sehen (d. h. zu haben) wünschte, ich konnte also nicht umhin, sie ihm anzubieten. Indess behielt ich dafür einen sehr schönen Revolver in einem Mahagoni-Kästchen, den ich ihm eigentlich bestimmt hatte. Im Ganzen mochten die Geschenke einen Werth von 180 bis 200 Thaler haben. Die Flinte indes (ein Amerikanischer Repetirstutzen) und eine sehr schöne Sonnenuhr im Werthe von 60 Francs erfreuten ihn am meisten und als ich ihn bat, das Ganze als die Gabe eines gewöhnlichen Reisenden anzusehen und nicht als die eines Gesandten, indem ich einen solchen Charakter nicht habe, was ihm auch die Leute von mir sagen möchten, erklärte er sich sehr zufrieden. Ich musste dem Sultan die Geschenke selbst überreichen und die Ceremonien der Audienz waren wie am vorigen Tage, jedoch benahm sich der Sultan viel ungezwungener. Abends sandte ich nun auch dem Dug-ma Geschenke im Werthe von circa 60 Thalern, worunter ein feiner grüner, mit Gold gestickter Tuch-Burnus

---

[1]) Mallem heisst eigentlich „Meister" und wird von den Arabern den Handwerksmeistern als Titel gegeben, z. B. Mallem e-chiait Schneidermeister; die Neger aber legen ihren höchsten Schriftgelehrten diesen Titel bei und ahmen hierin den Juden nach, die ja noch zur Zeit Jesu ihre Schriftgelehrten „Meister" nannten.

das Kostbarste war. Auch Tittaui wurde bedacht, jedoch mit Sachen geringeren Werthes, indem ich ihm sagen liess, dass, wenn er mir in Allem hübsch behülflich wäre, ich bei meiner Abreise das Geschenk verdreifachen würde. Ausserdem gingen eine Menge kleiner Waaren aus meiner Hand, indem jedes Mal, sobald Essen oder sonst irgend Etwas gebracht wurde, ein Trinkgeld gegeben werden musste, welches entweder in Taschentüchern oder Messern oder Nadeln bestand. In den ersten zwei Tagen verausgabte ich auf diese Weise mehr als 18 Dutzend Taschentücher, zwei Dutzend Messer und ungefähr 5000 Nadeln.

Audienz am Milud-Fest. — Als nach zwei Tagen das Milud-Fest gefeiert wurde, musste ich dem Sultan meine Aufwartung machen, benutzte aber zu dem Ende nicht den ersten Tag, weil da die Menge der Gratulirenden zu gross ist, sondern den zweiten Festtag, und hatte die Ehre, inmitten der ungeheuren Menge, die in den Höfen und Gallerien wartete, um vorgelassen zu werden und Staub auf ihr Haupt zu werfen, eine Privat-Audienz zu erhalten. Der grosse Empfangs- oder Audienz-Saal war diess Mal gleich den Erdsäulen, die das Gebälk tragen, mit buntem Kattun behangen, der erhabene Sitz des Sultan selbst mit einem weissen kostbaren Teppich belegt und hinter demselben die Wand auf Mannshöhe (man hatte die Bilder entfernt) mit schwarzem und rothem Tuche beschlagen, welches mit gelber und rother Seide durchstickt und an den Rändern mit Gold-Arabesken verziert war. Der ganze Saal, der Sitz des Sultan, er selbst, in einfachen, jedoch sehr kostbaren Tuch- und Seidenkleidern angethan, brachten einen wirklich guten Effekt hervor, wenn nicht ein grosser Bauern-Lehnstuhl, dessen Strohsitz nur durch ein rothseidenes Kissen verdeckt war, an das Lächerliche der ganzen Scene erinnert hätte. Wo in aller Welt, dachte ich, hat der Sultan diesen Westphälischen Lehnstuhl, der jetzt hier als Thron dient, aufgefischt? Aber der Feierlichkeit des heutigen Tages wegen verschob ich diese Frage auf eine andere Gelegenheit. Die Ceremonie war diess Mal kurz, jedoch zeigte mir der Sultan seine Revolver, deren er fünf besitzt, alle neuesten Fabrikats und mit doppelten Springfedern (vielleicht sind die M. v. Beurmann's dabei); sodann bat er mich, seinen Garten zu besehen.

Eine Parade. — Ehe ich jedoch vom Schloss in den Garten ritt, hatte ich Gelegenheit, die Geschicklichkeit der Soldaten zu bewundern. Diese waren vor der Burg in einem grossen Viereck, etwa 100 Mann auf jeder Seite, aufgestellt, in der Mitte befand sich der Höchstcommandirende, mit zwei reich mit Gold gestickten Burnussen von Tuch und darunter mit mehreren weissen und blauen Toben angethan; vor jeder der vier Fronten liefen mehrere Hauptleute hin und her. Auf ein Zeichen commandirte ein jeder der Fronten-Befehlshaber „Has-dur" [1]) oder „Das Gewehr über", dann „Saalam-dur" oder „Präsentirt", was auf höchst unordentliche Weise ausgeführt wurde. Andere Handgriffe und Commandos schienen ihnen aber nicht bekannt zu sein. Die sechs Fahnenträger, von denen zwei weisse, zwei rothe, zwei grüne Fahnen von Seide trugen, befanden sich in der Mitte der Seite, welche nach der Burg zu Front machte. Die Soldaten selbst waren fast alle in lange Tuchkaftane, meist von blauer, grüner oder gelber Farbe gekleidet; einige hatten Westen darunter, andere Toben, einige hatten enge Hosen von Tuch an, andere weite von Kattun, noch andere waren sans culotte; einige hatten einen rothen Fes, andere einen Turban, andere eine weisse Mütze, die grosse Mehrzahl jedoch entbehrte jeder Kopfbedeckung. Die Anführer und der Höchstcommandirende sprangen fortwährend wie Böcke umher und bemühten sich, Ordnung zu halten, man achtete aber wenig auf sie und das Ganze war so komisch, dass man hätte glauben können, eine Theaterscene vor sich zu haben. Die Waffen der Soldaten bestanden zum Theil in alten Französischen oder Deutschen Steinschlossgewehren, zum Theil in alten Arabergewehren, alle jedoch hatten ein Bajonnet. Als endlich die Soldaten mit ihren langen Tuchkaftanen eine Art Tanz anfingen, indem eine Fronte auf die gegenüberstehende zu tanzte, langsam hüpfend mit gefällten Gewehren und immer mit dem Oberkörper taktmässig eine Verbeugung machend, entfernte ich mich eilig, denn ich fürchtete, meiner nicht mehr Herr bleiben zu können, und wollte doch nicht durch mein Lachen die zahllosen Zuschauer, die diess Alles wunderschön fanden, beleidigen. Dem Adjutanten des Generals aber, der mir immer zur Seite war, um mir Alles zu erklären, sagte ich, dass Alles wie bei den Türken sei; er nahm diess als eine grosse Schmeichelei auf, ging sehr zufrieden auf den Feldherrn zu, um ihm meine Worte mitzutheilen, und da wir Rumi und Christenhunde doch in solchen Dingen für Kenner gelten, wird er wohl nicht verfehlt haben, mein Compliment dem Sultan mitzutheilen, was bei demselben wohl gleichfalls die Allerhöchste Zufriedenheit hervorgerufen haben wird.

Die Gärten des Sultan. — Ich ritt dann nach den Gärten des Sultan, von denen einer im Osten ausserhalb der Stadt liegt und durch Nichts sich auszeichnet, während der andere, etwas grössere und besser gehaltene, in der Stadt selbst gelegen und einige Citronen- und Feigen-Bäume aufweist. Man bemüht sich vergebens, die Weinrebe zu kultiviren; für die grösste Merkwürdigkeit hält man die Citronen-, Feigen- und Granatäpfel-Bäume, denn diese sind von Norden her eingeführt und man sucht sie im übrigen

---

[1]) Diess ist Türkisch.

Bornu vergebens. Jeder der Gärten steht unter der Aufsicht eines Eunuchen, der über eine Menge Sklaven und Arbeiter gebietet. Die Eunuchen haben den Titel Maina oder Prinz.

Aufwartung beim Thronfolger. — Des ungeheuren Schmutzes wegen konnte ich mehrere Tage lang nicht ausgehen, hatte aber trotzdem immer das Haus voll von neugierigen Besuchern oder Bettlern. Als indess nach einigen Tagen Wege und Wetter es erlaubten, machte ich auch dem ältesten Sohne des Sultan, Bu-Bekr genannt, einen Besuch und wurde von ihm sehr freundlich empfangen. Niemand hatte mir gerathen, ihn zu besuchen, und er war ganz erstaunt, dass ich ohne Tittaui bei ihm ankam, ohne den man in Kuka bei Hofe mit christlichen Besuchern nicht verkehren zu können glaubt. Indess wurde ich, wie gesagt, mit Zuvorkommenheit empfangen und als ich einen schönen blauen, mit Gold gestickten Tuch-Burnus, einige Hüte Zucker, Essenzen, eine Harmonika, einen Turban, ein Rasirmesser, einen Dolch und andere Kleinigkeiten vor ihm hinbreitete, schien sein Vergnügen, mich zu sehen, noch zu wachsen. Sonderbarer Weise sprach der muthmassliche Nachfolger des Mai bei dieser ersten Audienz kein Wort Arabisch, während er sich bei unseren späteren Zusammenkünften dieser Sprache, wenn auch nicht sehr fliessend, bediente. Am Hofe von Bágirmi soll, wie ich erfuhr, die Arabische Sprache jetzt ganz verbannt sein, der Sultan redet, obgleich er gut Arabisch spricht, mit den Arabischen Kaufleuten nie anders als mittelst eines Dolmetschers. Ich sehe diess als eine heilsame Reaktion gegen Arabische Sitte und Sprache in den Negerländern an. Tittaui war am anderen Tage eben so erstaunt, dass ich allein dem Prinzen einen Besuch abgestattet hatte, wie dieser es Tags zuvor gewesen war, und als ich mir nun unabhängig von ihm durch den ersten Diener des Dug-ma ein Pferd kaufen liess, sah er ein, dass ein Christ auch auf eigenen Füssen stehen kann. Man hatte mir immer gesagt, der Sultan würde mir ein Pferd zum Geschenk machen, und ich hatte diess, nach den Gebräuchen des Bornuer Hofes zu urtheilen, erwartet, da aber nach acht Tagen kein Pferd kam, wurde ich genöthigt, eins zu kaufen, denn hier reitet Jeder, der nur einigermaassen bemittelt ist.

Die Regenzeit. — Waren wir bis jetzt von den gefährlichen Krankheiten, denen namentlich die weissen Bewohner zur Regenzeit (níngeni) unterworfen sind, verschont geblieben, so sollten wir dennoch unseren Tribut zahlen. Einer erkrankte nach dem Anderen und nur grosse Dosen Opium und ausserordentliche Gaben von Chinin konnten Durchfall und Fieber, mit denen der gewöhnliche Sumpf-Typhus hier beginnt, hemmen. Die Feuchtigkeit war in der That so gross, dass alle Gegenstände im Hause zu schimmeln anfingen, was namentlich auch wohl dadurch verursacht wurde, dass die Wände unseres Hauses aus blosser Thonerde bestanden und wie ein Schwamm die Nässe aufsaugten. Zudem liess das platte Dach den Regen durch, so dass wir bei starken Regengüssen selbst von oben her nass wurden. Im Gegensatz zu der trockenen Wüste, wo das Hygrometer Mittags 35 bis 40° (Unterschied zwischen nasser und trockener Kugel), Morgens aber meist nie unter 20° hatte, zeigte sich die Luft hier so mit Wasser geschwängert, dass Mittags bei heiteren Tagen das Hygrometer nie mehr als 15°, Morgens aber meist 0° hatte. Dieser rasche Übergang aus der trockenen in eine nasse heisse Luft war es, der namentlich angreifend auf unsere Körper wirkte, und unerträglich wurde die Hitze der jetzigen Winterzeit deshalb, weil eben der grosse Feuchtigkeitsgehalt der Luft verhinderte, dass der Schweiss des Körpers schnell verdunstete, wie es in der Wüste der Fall ist, man sich also den ganzen Tag wie in einem Türkischen Bade befand. Die Regen waren indess, je mehr wir uns dem Ende der Regenzeit näherten, zwar noch immer reichlich, doch desto weniger von Gewittern begleitet und während im Anfang und in der Mitte der Regenzeit fast kein Schauer ohne Gewitter Statt findet und manchmal der ganze Himmel Tage lang Feuer und Flamme ist, so traten jetzt nur noch selten von Donner und Blitz begleitete Regenschauer auf. Als eigenthümlich zu bemerken ist auch, dass die Gewitter selten Vormittags kommen, sondern meistens Nachmittags und Nachts sich entladen. Die barometrischen Schwankungen sind hier am Tsad wo möglich noch geringer als in der Wüste und wenn der allgemeine Luftdruck in der trockenen Jahreszeit keine Änderung erfahren sollte, so würde die Höhe für Kuka nach meinen Aneroid-Beobachtungen 288 Meter ergeben, was wenig von den Messungen der früheren Reisenden abweicht. Die Winde kamen bis jetzt immer aus Süd-Westen oder Westen, indess muss eine andere, südöstliche, höhere Strömung Statt finden, da alle Regen und Gewitter immer von dieser Richtung kamen.

Zurückweichen der Sahara-Grenze von Süd gegen Nord. — Die unmittelbare Umgebung des Tsad und auch Kuka's ist äusserst reich an Fossilien und man findet mehrere Arten, die auch in der nördlichen Wüste, unter Anderem bei Rhadames, gefunden werden. Das ganze wellenförmige Terrain von Kufé bis zum Tsad, jetzt ein grosser, vorzugsweis aus Mimosen und Hadjilidj zusammengesetzter Wald, war gewiss einst ein Theil der Sahara und zwar Dünen-Formation. Wenn man heute nur etwas tief gräbt, so stösst man auf Sand, wie man ihn in den Dünen-Regionen findet, und selbst an der Oberfläche ist die Humus-Formation noch nicht vollendet. Wenn die Wüste nach Norden zu vorzudringen scheint, so wird diess dadurch ausgeglichen, dass von Süden her Wald und Vegetation siegreich gegen die Wüste vorrücken, und da das Gebirge im Norden von Agadir[1]) bis Choms dem Vordringen des Sandes ein natürliches Hinderniss entgegenstellt, so ist vorauszusetzen, dass die Wüste einst gänzlich verschwunden sein wird. Hauptursache dieses gewaltigen Fortschrittes der Vegetation von Süden nach Norden auf Kosten der Wüste und der Sanddünen insbesondere sind nun eben die in der südlichen Hälfte der Sahara herrschenden Winde. Schon Park bemerkte die vorherrschende Neigung der Süd-West-Winde. Dieser feuchte Meereswind, in der Regenzeit durch einen oberen Süd-Ost-Wind verstärkt, führt Tag für Tag der Wüste Samenkörner und die nöthige Feuchtigkeit zum Aufkeimen zu und er wird keineswegs durch einen anderen, von Nord-Osten oder Nord-Westen kommenden Wind aufgehoben, wie das z. B. im Norden der Wüste der Fall ist, wo die Ost-Winde von den West-Winden im Gleichgewicht gehalten werden und deshalb auch von einem Vorschreiten des Sandes von Osten nach Westen keine Rede sein kann. Ich denke, in 50 Jahren wird die Tintümma nicht mehr eine krautreiche Steppe sein, sondern ein mit Mimosen bedeckter Wald und die fossilienreichen Ade-Dünen werden so reiche Weide bieten, wie heut zu Tage die Tintümma, die ehedem Nichts als eine Sandfläche war.

---

[1]) Im Sus-Lande.

10. Die Stadt Kuka und ihr Markt.

Beschreibung der Stadt. — Die Stadt Kuka, früher und auch jetzt bisweilen noch Kukaua[1]) genannt, ist der permanente Sitz der Regierung von Bornu, an deren Spitze jetzt Omar, Sohn des Schich el Kánemi aus dem Hause der Kanemyín, steht. Barth hat so ausführlich über diese Dynastie und die der Séfua gesprochen, dass ich nicht darauf zurückzukommen brauche, überdiess werde ich vom Sultan Omar selbst später noch Einiges zu sagen haben. Die jetzige Residenz, nicht weit vom Tsad, während die frühere, Birnie, am Komádugu Waube stand, jetzt aber schon fast ganz in Trümmern liegt, hat sich durch den Handel begünstigt und als Sitz der Regierung schnell emporgeschwungen. Gegenwärtig ist es eine Stadt von 60.000 Einwohnern. Kuka ist in zwei fast regelmässige längliche Vierecke getheilt, die durch eine 10 Minuten lange Ebene von einander getrennt sind. Die langen Seiten der Vierecke liegen gegen Nord-Westen und Süd-Osten, die kürzeren gegen Nord-Osten und Süd-Westen. Der nach Westen gelegene Ort ist der grössere und längere, der östliche, Sitz der Regierung, der Truppen, Eunuchen, Sklaven des Sultan &c., bildet ein fast vollkommenes Viereck. Jede Stadt ist mit ungefähr 20 Fuss hohen Erdmauern umgeben, die auf der Aussenseite senkrecht, auf der Innenseite treppenartig ansteigen, so dass man bequem hinauf kommen kann, um durch die oben angebrachten Schiesscharten auf etwaige Feinde zu feuern. Die Mauern sind daher an der Basis fast so breit, wie sie hoch sind. Der westliche Ort hat ein Nord-Thor (obgleich die Fronte nicht genau gegen Norden, sondern, wie gesagt, gegen Nord-Westen oder vielmehr Nord-Nord-Westen liegt), zwei nach Westen, ein nach Süden und ein nach Osten gelegenes Thor. Der östliche Ort hat nach Westen und Osten je zwei Thore.

Beide Orte werden von einer langen, breiten, jedoch nicht geraden Strasse durchschnitten, von der rechts und links labyrinthartige Gassen oder vielmehr Wege auslaufen. Die Mehrzahl der Wohnungen besteht aus Binsen-, Rohr- oder Stroh-Hütten in Form eines Zuckerhutes, deren wohlhabendere Besitzer manchmal drei bis vier haben und diese mit einer kleinen Erdmauer zu einem Ganzen vereinigen. Die Hütten haben meist an der Basis 15 bis 20 Fuss Durchmesser und ungefähr 10 Fuss Höhe. Alle sind reinlich gehalten und hemmen vollkommen in der Regenzeit jedes Eindringen von Wasser. Ihre Spitzen sind alle mit einem, manchmal mit zwei Straussen-Eiern geschmückt, viele auch jetzt bis oben hinauf vom Laub der Kürbisse umrankt, die jedoch nach Beendigung der Regenzeit schnell vertrocknen. Als Eingang und Lichtöffnung haben alle Wohnungen nur eine niedrige Öffnung, die mittelst einer Matten-Thür geschlossen wird. Einige Krüge aus Kürbisflaschen, einige Lederbüchsen, Töpfe, Matten, manchmal eine Art Rohrbett von Manneslänge und hinlänglich breit, das zum Schlafen dient, machen die innere Einrichtung aus. Das Kochen geschieht meistens im Freien unter einem für Sonne und Regen undurchdringlichen Dache. Bei jeder Hütte befindet sich indess ein kleiner

---

[1]) Die Sudan-Bewohner sagen Kukáua, während die Kanúri nur den Namen Kuka gebrauchen, den die Stadt vom Riesenbaum gleichen Namens (Adansonia) erhalten hat. G. R. — In Barth's tabellarischem Verzeichniss der Könige von Bornu heisst es: Da das von Mohammed el Kánemi gebaute Kuka durch das feindliche Heer von Wadai zerstört worden war, bauten Omar und sein Vezier zwei Städte auf derselben Stelle auf, die östliche — „billa gedibe" — zur besonderen Wohnstätte für die mit dem Hof verbundenen Personen bestimmt, und die westliche — „billa futobo" — für das gemeine Volk. So ist Kuka zu Kuksaua geworden. Es mag sein, dass selbst vorher diejenigen, welche richtiger sprachen, die Stadt Kukaua nannten, d. h. genau genommen „billa Kukaua" (die Stadt mit den Kukabäumen), ganz in der Weise wie Nghurutua, „der an Nilpferden reiche Ort", und nicht Kuka, was eigentlich nur der Name des Baumes ist, nach welchem dieselbe benannt worden. A. P.

Hof, entweder mit Dornen oder mit einer Erdmauer umfriedigt und immer von einem oder mehreren Bäumen beschattet. Diese Bäume sind der Kuka (Adansonia), der Djedja (eine durch lange Luftwurzeln ausgezeichnete Feigen-Art, die kleine, wenig vorzügliche Früchte liefert, indess an Laub und saftigem Grün einer der schönsten Bäume Kuka's ist), der Korna, der Elba (der 10 bis 15 Fuss hoch wird und giftig sein soll), der schöne Gunda (der süss schmeckende Früchte von der Grösse eines Kindskopfes liefert, ebenfalls 10 bis 15 Fuss hoch wird und weinrebenartige Blätter hat). Aber auch Akazien fehlen nicht und gerade jetzt erfüllen die kleinen gelben Blumen mit ihrem heliotropartigen Geruch die ganze Stadt. Sollte man nicht eher glauben, in einem Walde als in einer Stadt zu sein? Wirklich glaubt man von Weitem auch, da die Stadt aller hohen Gebäude und Thürme ermangelt, einen grossen Wald vor sich zu haben. Und wie belebt ist dieser Wald! Jener kleine, dem Kanarienvogel gleiche Singvogel, der den ganzen Tag seine Stimme erschallen lässt, bemächtigt sich ungestört eines Korna oder Akazienbaumes und seine schwebenden Nester an die Zweige hängend bildet er ganze Dörfer in der Luft. Wie viele solcher Bäume giebt es in der Hauptstadt Bornu's, die über 50 Nester haben! Ja, einige wurden so mit Nestern überhäuft, dass sie dadurch abgestorben sind. Aber nicht allein diese luftigen Singvögel sind es, welche die oberen Regionen Kuka's bevölkern, zur Regenzeit durchschwärmen Tausende von Ibissen, Viehreihern, Störchen und anderen Wasservögeln die Stadt und Abtheilungen der Aasgeier von der Grösse kleiner Adler, welche die wohlthätige Polizei Kuka's bilden, umschwärmen Tag und Nacht die Plätze, wo geschlachtet wird, und beseitigen schnell die Abfälle der Thiere; ohne sie würde Kuka zur Regenzeit bald ein Herd der Pest sein.

Aber wenn auch die Mehrzahl der Wohnungen aus Strohhütten besteht, so giebt es doch auch eine grosse Anzahl von Häusern, die wie in Mursuk aus Thon aufgeführt und mit platten hölzernen Dächern überdeckt sind. Der Sultan, die Grossen und alle reichen Kaufleute bewohnen solche Häuser, die sich in Nichts von denen Mursuk's unterscheiden, ausser dass die der Grossen bedeutend umfangreicher sind.

Der Markt. — Diese eigenthümliche Waldstadt, so merkwürdig durch die ungeheure Anzahl von Vögeln, durch die grossen Heerden Rindvieh, Kameele, Schafe, Ziegen, die man Morgens und Abends in den Strassen sich drängen sieht, hat manchmal in ihren engen Wegen kaum Raum für die geschäftig dahin eilenden Leute, denn zwei grosse Märkte werden alle Tage abgehalten, einer in der West-Stadt, der andere vor den Thoren der Ost-Stadt auf dem Raume, der beide trennt. Zudem sind durch die ganze Stadt hindurch Buden aufgeschlagen oder man findet auf freien Plätzen hier Butter, hier Milch, hier Eier, hier sonst irgend eine Waare zum Verkauf ausliegen. Ich habe schon erwähnt, dass die gangbare Münze der Deutsche Maria-Theresia-Thaler und die kleinen Muscheln sind, jedoch wird auch eben so oft eine Waare gegen die andere ausgetauscht. Diese täglichen Märkte fangen Mittags an und dauern bis zum Abend und man findet Alles, was zum Lebensunterhalt nothwendig ist. Fleisch und zwar recht gutes Rindfleisch wird alle Tage sowohl im westlichen als auch im östlichen Orte verkauft; kleine gesäuerte Brode aus Argum moro, saure und süsse Milch, frische und alte Butter, Eier, Hühner &c. findet man den ganzen Tag und nicht bloss auf dem Marktplatze zum Verkauf, sondern die Negerweiber durchziehen damit wie bei uns die Frauen in den Europäischen Städten die Strassen, ihre Waare auf dem Kopfe tragend und sie ausschreiend: „Kiám, Kiám, Kandágo, Kandágo, Ngóbbel koki be", „Milch, Milch, Butter, Butter, Hühner-Eier", hört man den ganzen Tag rufen und Alles, selbst noch so schwere Lasten, tragen sie auf dem Kopfe. Diese Gewohnheit der Negerfrauen bewirkt, dass alle vorzeitig eine Glatze bekommen, genau die Stelle bezeichnend, wo sie die Last aufsetzen. Man sieht kleine zehnjährige Mädchen, die 40 bis 50 Liter haltende Wassertröge auf dem Kopfe tragen.

Der grosse Markt wird am Montag vor den West-Thoren der West-Stadt abgehalten und soll im ganzen Negerlande an Grösse nur dem Markte von Kano nachstehen. Wirklich ist er einer der grössten Märkte, die ich in Afrika gesehen habe, und selbst der von Abuam in Talifet steht weit hinter ihm zurück. Sobald man aus dem Thore kommt, stösst man zuerst auf einen Schuppen, vor dem Pferde verauktionirt werden; für 20 Thaler[1]) kann man ein recht gutes, starkes Reitpferd bekommen, jedoch klein und kurz von Gestalt; grosse Staatspferde werden zu 100 bis 150 Thaler verkauft. Die Pferde Bornu's sind im ganzen Negerlande berühmt, was aber wohl nur dem Umstande zuzuschreiben ist, dass immer Pferde von Norden hier eingeführt werden und so durch Vermischung eine gute Race aufrecht erhalten wird; ausserdem würde man hier bald eben so kleine und unansehnliche Pferde haben wie in den übrigen Negerstaaten. Ein Grauschimmel, der in Tripolitanien 20 bis 30 Thaler werth ist, wird auf dem Markte zu Kuka für 100 bis 150 Thaler verkauft. Eine lange Reihe von Matten-Verkäufern, welche die gröberen, als Einfriedigung oder als Dach oder als erste Unterlage benutzten Matten und zugleich aus Matten angefertigte oder aus Dornen zusammengeschlagene Hausthüren verkaufen, führt uns zu den Kameelen, Rindern und Eseln, die auf

---

[1]) Als ich Kuka verliess, waren sie bedeutend billiger und man kaufte Pferde für 6 bis 10 Thaler, die früher 20 Thaler kosteten.

Die Stadt Kuka und ihr Markt.

ein und demselben Platze verkauft werden. Weiterhin kommt man zu den feil gebotenen Sklaven. Greise, alte weisshaarige Negerinnen, Säuglinge, die an fremden Brüsten saugen, junge Mädchen, kräftige Männer, Leute aus Bornu, Bagirmi, Haussa, Logon, Musgu, Uadai, kurz aus allen Kuka umgebenden Landstrichen, findet man hier beisammen. Einige sind ganz nackt, Andere haben einige Lumpen um die Hüften geschlagen; die Leute aus Musgu, namentlich die Weiber, haben Ober- und Unterlippe durchbohrt und in die Löcher ein grosses Stück Kupfer, Zinn oder Kürbisschale geschoben, so dass die Lippen wie ein Rüssel vorstehen und beim Sprechen die beiden Platten geräuschvoll auf einander schlagen. Fast Alle sind mit Einschnitten und Punkten tätowirt, denn auch die Bornuer und Haussaner pflegen sich wie die Tebu drei Längsschnitte in die Wangen zu machen. Käufer gehen auf die Sklaven zu, messen mit der Hand die Höhe (daher in der Bornu-Sprache die Bezeichnung eines drei-, vier-, fünf-, sechs- oder siebenspannigen Knaben oder Mädchens), besehen die Zähne, erkundigen sich, ob er oder sie gut isst, denn Hunger haben, meinen sie, heisst gesund sein, und gefällt ihnen die Waare, so wird der Handel abgeschlossen. Ein junger Bursche kostet hier jetzt 15 bis 30 Thaler, junge Mädchen, unter denen die Fellata wegen ihrer hellen Hautfarbe und ihres hübschen Gesichts die gesuchtesten sind, je 30 bis 60 Thaler. Alte Greise und Mütter kann man zu 3 bis 10 Thaler, ebenso zu denselben Preisen kleine Kinder kaufen. Es kommen manchmal des Montags Tausende zum Verkauf, kleinere Partien von Hunderten findet man alle Tage auf dem gewöhnlichen Markte.

Ferner sieht man eine lange Reihe von Getreide-Verkäufern, die in grossen ledernen Säcken Weizen, Gerste, Argum, Ngafoli¹), Reis und andere Getreide-Arten feil bieten; hinter ihnen stehen die Lastochsen oder Kameele, die es hertransportirt haben. Dann kommt man auf einen grossen Platz, wo Vieh abgeschlachtet und Fleisch verkauft wird, und dicht dabei sind Garküchen etablirt, d. h. auf einem runden Sandhaufen ist ein Feuer angezündet und dieses ringsum mit kleinen Holzstäbchen umsteckt, an welchen Fleisch geröstet wird. Dann kommt man an eine Strasse, wo feinere Matten verkauft werden, aus Dum geflochten und so schön gearbeitet, dass sie sich mit den feinsten Europäischen Erzeugnissen messen können; eine recht geschmackvolle Matte kostet aber auch hier am Markte ½ Thaler und ist dabei nur 5 Fuss lang und 2½ Fuss breit. Geringere Sorten sind unglaublich billig. Etwas weiterhin werden Strohvorhänge verkauft, womit man die Fliegen von den Thüren abhält; auch hiervon giebt es sowohl einfache als auch bunt bemalte für Liebhaber des Luxus. Alle Aufmerksamkeit verdient dann die lange Reihe von Deckel- und Untersatz-Verkäufern, denn wenn diese Gegenstände schon in Gatron einen hohen Grad von Vollkommenheit und Eleganz erreichen, so übertreffen sie hier Alles, was Derartiges geliefert wird; kleine Untersätze aus Dum wissen sie so zu flechten, dass sie mit der Leichtigkeit der Pappe die Dauerhaftigkeit des Leders und das elegante Äussere unserer Luxus-Artikel erhalten. Aber nicht nur hierin zeigen die Kanúri ihre Kunst, aus dem Bereiche der Deckel, Körbe und Untersätze kommen wir in den der Schüsseln aus Kürbisschalen, welche sie auf die phantasiereichste Art und Weise zu bemalen wissen; hier giebt es Schüsseln von der Grösse, dass 20 Mann aus Einer sich satt essen können, und so klein, dass sie nur zu Löffel dienen, und alles diess machen sie aus der Kürbisschalen. Doch findet man weiterhin auch Holzschalen so wie Thouschalen, Töpfe, Schüsseln und grosse Krüge aus gebranntem Thon, welch' letztere bis gegen 200 Liter Wasser fassen. Weiter kommt man in eine Strasse, wo Fische feil geboten werden, theils trockene, theils frische, wie sie der Tsad liefert, von 6 Fuss Länge bis auf Handgrösse; die grössten kauft man per Stück zu 10 bis 15 Pfund l'oda, ungefähr 2 Silbergroschen. Fast wird man jetzt am Vordringen verhindert durch hohe Stösse Brennholz und gleich daneben stehen auch Körbe voll Holzkohlen zum Verkauf, und als ob Eins das Andere herbeilockte, haben die Schmiede ihre Werkstätten dicht am Kohlenplatze aufgeschlagen, indem sie einfach zwei Schläuche zu Bälgen umgebildet haben und damit das Feuer in einem Erdloche eifrig schüren und blasen. Sie verfertigen Beile, Hacken und gröberes Eisenzeug. Die Feinschmiede, welche Flintenschlösser ausbessern, Messer, Scheeren, Spiesse, Pfeile und Zangen¹) verfertigen, schlagen keine Werkstätte auf, sondern bieten ihre Waaren fertig zum Verkauf aus. Gleich etwas weiter finden wir in der That hohe Gestelle, an denen Spiesse aller Art, Wurfeisen, Bogen, Schilde und allerhand andere Kriegswerkzeuge zum Verkauf aufgehängt sind, sodann grosse Buden mit messingenen und eisernen Fuss- und Armringen für die Frauen. Hier findet man auch Löwen- und Leopardenfelle ausgeboten, obgleich nicht in grosser Menge und Auswahl; dann aber kommen die Lederfabrikanten; grosse lederne Säcke zum Transport von Getreide und Wasserschläuche machen den Anfang und weiterhin findet man jene künstlichen Butter-

---

¹) Nach einer guten Ernte verkauft man vier Kameellasten Argum oder sechs bis acht Kameellasten Sorghum für 1 Maria-Theresia-Thaler; ich kaufte Anfangs für 1 Thaler eine Last Argum, später zwei Lasten, und von Ngafoli erhielt ich vor der Ernte drei Kameellasten für 1 Thaler. Eine Kameellast sind circa 3 Centner.

¹) Es ist diess ein wichtiger Artikel in Bornu, kein Bewohner ist ohne seine kleine Zange, die er in einem Lederfutteral bei sich trägt; sie dient ihm dazu, die Dornen der Kaïé aus den Füssen zu ziehen, welche als wahre Landplage alle Felder und Wälder Bornu's bedeckt.

büchsen, dann die kleinen durchsichtigen Lederschächtelchen und lederne Kopfkissen, freilich nicht so reich und schön verfertigt wie die von Haussa, indess immerhin recht künstlich gearbeitet; Schuhe der verschiedensten Art, gelb oder roth gefärbt, mit oder ohne Stickerei, Sandalen, Sporen aus Leder zum Umschnallen, aus denen hinten vier kleine Stifte hervorragen, Sättel eigener Art, Pferdegeschirr, kurz Alles, was von Leder zu fabriciren ist, wissen sie selbst herzustellen.

Dieses Negervolk, so fern von der Europäischen Kultur und Civilisation, ist in jeder Beziehung den Arabern, Berbern, selbst den Türken in der Hervorbringung aller Kunstprodukte weit voraus, denn diese Völker, im täglichen unmittelbaren Verkehr mit den Europäern und mit Allem, was heute nur Kunstvolles und Geschicktes von den civilisirten Nationen zu Markte gebracht wird, verstehen nicht, auch nur die allergewöhnlichsten Dinge sich selbst herzustellen. Man sehe nur die Araber Algeriens, die jetzt seit 30 Jahren unter der Herrschaft der Nation, welche sich selbst schmeichelnd die civilisirteste der Welt nennt, noch immer so leben und weben, wie sie es zur Zeit Abraham's zu thun gewohnt waren, dafür aber mit Stolz auf Alles, was christlich heisst, herabblicken und es vorziehen, sich Jahre lang in demselben Gewande voller Ungeziefer und Schmutz herumzuwälzen, als auch nur die so einfache Baumwollen-Bereitung und Weberei zu lernen. In der That verdient die Kultur der Baumwolle und die schönen Stoffe, welche die Neger aus derselben zu bereiten verstehen, eine ganz spezielle Betrachtung. Vom Ledermarkt kommt man zu der Abtheilung, wo die baumwollenen Zeuge ausliegen. Ich war Anfangs bei manchen Stoffen zweifelhaft, ob dieselben bloss aus Seide oder aus mit Wolle verwebter Seide bestanden, so schön fand ich die Arbeit. Wenn auch die Neger das Eigenthümliche haben, dass sie die Baumwolle nur zu Bändern von drei bis vier Zoll Breite verweben, weil sie keine Weberstühle besitzen, so sind doch diese Zeuge, von den einfachen weissen oder mit Indigo blau gefärbten bis zu den geschmackvoll karrirten Stoffen, die man in Logone oder Haussa webt, in jeder Art weit dauerhafter als die gewöhnlichen Europäischen Produkte und nach der Regelmässigkeit des Fadens sollte man sie eher für Fabrik- als für Manufaktur-Arbeit halten. So dauerhaft nun auch die Bornuer ihre Baumwollenzeuge zu weben verstehen, so wird doch sehr viel Baumwollenzeug, namentlich ordinäre Sorten, von Europa eingeführt, weil eben die besseren Bornu- und Neger-Fabrikate ausser Landes gehen; die Tebu, die Tuareg, selbst die reichen Fesaner, Tafileter, Draaer und Tuater ziehen alle eine Sudantobe jeder anderen Kleidung vor.

Der Platz, wo die Früchte verkauft werden, war gerade jetzt zur Winterzeit nicht eben stark besetzt, doch fanden wir Datteln, freilich fast so theuer wie in Europa, Hadjilidj, Koltsché (Erdmandeln), eine Art Tomate, jedoch grösser und bitterer als unsere, Fukus (eine Gurken-Art), dann mehrere Waldbeeren, denn wie die Leute in Europa lassen die Neger Nichts unbenutzt, obgleich alle Lebensmittel sehr billig sind. Endlich kommt eine lange Reihe von kleinen Zelten, in denen Europäische und sonstige nicht Bornu'sche Produkte ausliegen: weisse und bunte Kattune, Tuch, meist grob und von hohen Farben, Seidenzeuge, Glasperlen, Korallen, Bernstein, Weihrauch, Antimon, Blei, Pulver (die Bornuer bereiten auch selbst Pulver, welches jedoch natürlich dem Europäischen nachsteht), Schwefel, Salz und zwar einheimisches, aus Asche bereitet, und sehr schönes von Bilma eingeführtes, Spiegel, Rasirmesser, fertige Burnusse von Tuch und weisser Wolle, Gewürze, als Nägelchen und Indischer Pfeffer, dann Schita oder Sudan-Pfeffer, der indess auch hier in Bornu gut gedeiht, Räucherharze von Arabien und Sudan, kleine Kästchen, rothe Mützen von allen Qualitäten, Nadeln, von denen die Englischen den Deutschen jetzt gefährliche Concurrenz machen, weil sie bei fast gleich billigen Preisen besser gearbeitet sind, Flintensteine und dergleichen. Auch Wechsler giebt es, die Thaler gegen Muscheln umwechseln (Gold hat gar keinen Cours, die Spanischen und Französischen Thaler werden ungern und nur mit Verlust angenommen), und in allen Strassen sind von Zeit zu Zeit grosse Wasserkrüge aufgestellt, wo man gegen einige Muscheln seinen Durst stillen kann. Dabei herrscht das geschäftigste Treiben und doch geht Alles in Ordnung zu, obgleich weder Polizei noch bewaffnete Macht vorhanden ist; etwaige Streitigkeiten oder kleine Diebstähle werden auf der Stelle vom Marktrichter abgeurtheilt.

Handels- und Gewerbefreiheit. — Was aber dem Markt von Kuka und der Stadt überhaupt so sehr emporgeholfen hat und sie bald als Haupt-Rivalin Kano an die Seite stellen wird, wenn nicht etwa Krieg oder gewaltsamer Regierungswechsel die Verhältnisse Bornu's zerrüttet, ist die vollkommene Handelsfreiheit, die unbeschränkteste Gewerbefreiheit, die hier und in ganz Bornu herrscht. Man weiss auch Nichts vom kleinsten Zoll, der von Waaren, Thieren &c. erhoben wurde, seien es nun fremde oder einheimische. Der einzige Vortheil, den der Sultan direkt vom Markte zieht, ist der, dass Stellen als Auktionator &c., die alle von beeidigten Leuten besetzt sind und ein für Bornu bedeutendes Einkommen abwerfen, erkauft werden müssen. Der Pferde-Auktionator z. B. erhält für jedes Pferd 1 Thaler, eine gleiche Summe für jedes Kameel der Kameel-Verkäufer. Aber sonst ist Handel und Wandel auch nicht im Allergeringsten besteuert oder eingeschränkt und selbst die grösseren Karawanen, die von Haussa oder

Die Stadt Kuka und ihr Markt.

den anderen Neger-Staaten, die von Tripoli oder den anderen Berber-Staaten kommen, sind nicht dem geringsten Zolle unterworfen, ja, die meisten Kaufleute unterlassen es sogar, dem Sultan oder den Grossen ein Geschenk zu machen, ohne dafür auch nur im Mindesten in der Handhabung ihrer Geschäfte behindert zu werden. Der Marabut von Gatron, der mit mir kam und ein wohlhabender Kaufmann oder Sklavenhändler ist, hatte drei Mal die Reise von Fesan nach Bornu gemacht, ohne je den Sultan Omar gesehen zu haben; auf meine Frage, warum er sich nicht, wie andere Kaufleute aus Tripoli oder Fesan es zu thun pflegten, dem Sultan vorgestellt habe, sagte er, er habe ihn nie gesehen und werde auch in Zukunft nicht an den Hof gehen, da er nicht mit leeren Händen vor dem Sultan erscheinen könne. Auf meine Frage, ob denn der Sultan, der doch von jeder ankommenden Karawane, von ihren Hauptgliedern und deren Waaren unterrichtet sei, ein solches Verfahren nicht übel nehme, sagte er, dem Sultan sei es ganz einerlei, wer ihn besuche, wer ihm ein Geschenk mache, dem erwidere er es immer doppelt. Ich fand diess in der Folge vollkommen bestätigt und bemerkte, dass die meisten Kaufleute, die dem Sultan Geschenke darbrachten, mit der Wurst nach dem Schinken warfen, indem der Sultan ein Geschenk, namentlich wenn es etwas Fremdländisches, seine Neugier und Aufmerksamkeit Erregendes war, immer durch ein Gegengeschenk von einem oder zwei Sklaven oder einem Pferde erwiderte. Auf diese Weise haben beide Theile ihren Gewinn, der Sultan hat Sklaven, so viel er will und braucht, für Nichts, denn hat er deren nöthig, so wird irgend eine Menschen-Rasia gemacht, und der spekulirende Kaufmann ist immer sicher, seine Auslagen vier- oder fünffach belohnt zu sehen. Der Scherif Hascheschi zum Beispiel, der kurz vor mir von Tripoli kam, überreichte dem Sultan ein Geschenk von etlichen 150 Thalern an Werth, dafür erhielt er Sklaven und Sklavinnen, die er in Ägypten zu je 200 bis 300 Thaler wieder verkaufen kann. Aber nicht allein mohammedanische Kaufleute suchen auf solche Weise jährlich vom Sultan von Bornu Vortheil zu ziehen, auch christliche; so kam kurz vor mir von einem Tripolitaner Kaufmann ein reiches Geschenk, bestehend in einem grossen Spiegel, Tuch und Seidenstoffen, welches Sultan Omar natürlich entsprechend erwiderte.

Ich will jedoch nicht unterlassen anzuführen, dass von den Thorwächtern der Stadt manchmal, wenn eine grosse Karawane kommt, ein kleiner eigenmächtiger Zoll erhoben wird, jedoch sind ihre Ansprüche so bescheiden, dass keine Karawane sich darüber beklagt und die Regierung selbst, gegen deren Willen das geschieht, die Augen zudrückt.

Der Handel von Bornu mit Europa. — Wenn mit Europa ein direkterer Verkehr offen wäre, als es jetzt durch die Wüste der Fall ist — denn der Weg von Tripoli am Mittelländischen Meere aus, der nächste und sicherste, kann mit beladenen Kameelen nie unter vier Monaten zurückgelegt werden —, so würde für beide Theile ein grosser Vortheil daraus entspringen. Die Araber und Berber suchen aber die direkte Einmischung der Europäer in den Handel Inner-Afrika's auf alle Weise zu hindern und so lange uns nach Bornu nur der Weg durch die Sahara über Fesan und Kauar offen steht, wird es Europäischen Kaufleuten auch nicht einfallen, mit den Arabern und Berbern zu rivalisiren, denn diese zählen nur den klingenden Gewinn, aber Zeitverlust, Gefahr, Beschwerde bleiben bei ihnen ganz ausser Betracht. Warum aber wird der kurze Weg über Jola nach Bornu nicht angebahnt? England, Deutschland¹) und Frankreich, die Inner-Afrika hauptsächlich mit Waaren versorgen, sollten es wohl der Mühe werth halten, einen direkten Weg von der Küste aus bis Bornu anzubahnen, wenn derselbe zuerst auch nur bis Jola selbst ginge, denn die Bornuer, Bagirmier, Haussaner und andere Völker würden bald einsehen, dass es vortheilhafter ist, die Waaren direkt von den Europäern einzutauschen, als sie durch die Wüste holen zu müssen.

Waaren, die Bornu, und zwar zu unglaublich billigen Preisen, auf der Stelle ausführen kann, sind: Pferde, Rinder, Esel, Schafe, Ziegen, Wildpret, Elfenbein, Straussenfedern, Indigo, Getreide, Koltschē, Leder, getrocknete Fische, Thierfelle, als Löwen-, Panther- und Leopardenfelle, und eine grosse Zahl anderer Naturprodukte, die ein direkter Verkehr mit Europa ans Tageslicht bringen würde. Ich füge nun noch einige Preisnotirungen hinzu. Gute Pferde kann man zu dem Durchschnittspreise von 20 Thalern kaufen, fast alle sind hellbraun oder Füchse, dauerhaft und gegen Mühen und Wetter abgehärtet. Lastochsen und Kühe werden zu 3 Thaler das Stück verkauft, bei grosser Zahl jedoch noch billiger; von Schafen erhält man zwei und von Ziegen drei Stück für 1 Thaler, jedoch giebt es auch Schafe von ausserordentlicher Grösse, die mit 1 Thaler per Stück, bezahlt werden. Von den Getreide-Arten wird eine Ochsenladung Ṅgafoli (Sorghum) und Argum moro (Negerhirse Pennisetum typhoideum) mit 1 Thaler bezahlt; eine Ochsenladung beträgt ungefähr 2 oder 2½ Centner; Weizen und Reis kosten 2 Thaler. Ochsenfelle bekommt man je nach der Grösse fünf, acht oder zehn für 1 Thaler. Panther- und Leopardenfelle, desgleichen auch Löwenfelle werden, wenn sie schön und gross sind, auf dem Kukaer Markt

---

¹) Deutschland mehr, als man glauben sollte, denn alle Kleinwaaren, wie Spiegel, Nadeln, Messer, Döschen, Schwerter, Papier und viele andere Gegenstände, ohne den Thaler zu erwähnen, der ja hier auch nur Waare ist, sind Deutsche Fabrikate und wetteifern mit denen der anderen Länder.

mit 2 Thalern bezahlt, kleinere mit 1 Thaler. Eine Straussenhaut kostet je nach der Güte 1 bis 3 Thaler[1]), der Centner Elfenbein 25 Thaler, wenn die Zähne klein sind, Ein Zahn von einem Centner 35 bis 40 Thaler.

Ich füge hier hinzu, dass diess die Marktpreise von Kuka sind, dass man aber auf dem Lande alle diese Waaren bedeutend wohlfeiler haben kann; kauft man hier z. B. ungefähr 20 Pfund Butter für 1 Thaler, so erhandelt man im Inneren für denselben Preis 40 oder 50 Pfund. Vergessen will ich auch den Honig nicht, der denselben Preis wie Butter hat, und das Wachs, das auch in grosser Menge auf dem Markte vorhanden ist und ein wichtiger Export-Artikel werden könnte, eben so wie Gummi, das jetzt fast gar nicht zu Markte kommt, aber in ungeheuren Quantitäten[2]) aus dem grossen Mimosenwald nördlich vom Tsad herbeigeschafft werden könnte.

Waaren, die Bornu bedarf, sind: Kattunzeuge, Tuch, Papier, Rasirmesser guter und schlechter Qualität, Steinschlossflinten, Nadeln, kleine Spiegel, Glaskorallen, echte Korallen, Bernstein, Weihrauch, Benzoe, Pulver, Blei, Schwefel, Salpeter, Salz, und zwar diess in erster Linie, Gewürznägelchen, Schwarzer Pfeffer und mit zunehmender Civilisation der Grossen auch Zucker; Kaffee und Thee sind hier aber ganz unnütz, weil den Bewohnern die Goronuss, die sie den ganzen Tag kauen, diesen Genuss ersetzt. Es wäre in der That interessant zu erfahren, ob nicht die Gorobohne einen dem Koffeïn oder Theïn verwandten Stoff enthält. Über die Preise der Europäischen Produkte auf dem Kukaer Markt füge ich nur hinzu, dass dieselben sehr relativer Natur sind, je nachdem man Waare, d. h. Sklaven, dafür verlangt oder baares Geld. Da uns hier indess nur der letztere Fall interessiren kann, so will ich das mittheilen, was ich bei dem Verkauf meiner eigenen Waaren erfahren habe, jedoch bemerke ich, dass ich nicht in Europa auf den Fabrikationsstellen einkaufte, sondern in Tripoli bei den dortigen Juden und Christen, die also jedenfalls von allen Waaren 100 Procent hatten. Tuch-Burnusse kauft man in Tripoli zu 10 bis 12 Thaler und verkauft sie in Kuka zu 35 bis 40 Thaler; ein 70 Ellen langes Stück Mahmudi (weisser Englischer Kattun) kauft man in Tripoli zu 5 Thaler und erhält dafür in Kuka 10 bis 12 Thaler; anderer Kattun, hier Cham, von den westlichen Afrikanern Malte, von den Marokkanern Amerikan, von den Algeriern und Tunesen Hamburgese genannt, kostet in Tripoli 3 Thaler das Stück, in Kuka 7 bis 8 Thaler[1]). Auf Glaskorallen kann man ungefähr den dreifachen Gewinn rechnen, denn sie werden sowohl hier wie in Tripoli je nach Form, Farbe und Gestalt verschieden bezahlt, einige Sorten indess, die ich in Tripoli das Packet mit 1½ Thalern bezahlt hatte, konnte ich hier zu 4 Thaler verkaufen. Nadeln, von denen man in Tripoli 20 Packete à 1000 Stück mit 1 Thaler bezahlt, verkauft man in Kuka manchmal 3000, manchmal 5000 Stück für 1 Thaler. Zwei feine Rasirmesser, die in Tripoli ½ Thaler kosten, verkauft man hier zu 1 Thaler das Stück. Der Gewinn ist also bedeutend, jedoch je nach den gewünschten Waaren ungleich; es kommen nun aber Zeit, Gefahr, Beschwerde des Weges, Fracht und Nahrung auf dem Wege dazu, Dinge, die bei einer Reise von vier Monaten durch die Wüste wohl in Anschlag zu bringen sind. Ein Kameel, das 3 Centner tragen kann, kostet von Tripoli bis Sokna 6 Thaler, von Sokna bis Mursuk ebenfalls 6 Thaler, von Mursuk bis Tedjerri 1 Thaler, von Tedjerri bis Kauar 5 Thaler, von Kauar bis Bornu wieder 5 Thaler, im Ganzen also 23 Thaler bis Kuka; rechnet man dazu für Nahrung wenigstens 6 bis 7 Thaler, so kommt eine Kameelladung nach Bornu auf 30 Thaler zu stehen. Ich habe bei der Kameelmiethe allerdings den höchsten Preis angesetzt und wenn ein reicher Kaufmann grössere Waarentransporte versendet und 20 oder 30 Kameelladungen abschickt, wird eine Kameellast nicht theurer als 20 Thaler kommen. Diese 20 Thaler sind nun vom Gewinn abzuziehen und in Wirklichkeit ist ein solcher nur beim Tausch gegen Sklaven, Elfenbein und Federn zu erzielen. Es könnte auf den ersten Blick scheinen, dass es vortheilhafter wäre, die Reise mit eigenen Kameelen zu unternehmen, die Länge des Weges indess und das Vorkommen von Strecken, z. B. südlich von Fesan, wo es gänzlich an Futter fehlt, bringen die Thiere so herunter, dass nur sehr wenige eine Reise von Tripoli bis Kauar mit 3 Centner Last, wozu dann noch in der Regel 2 bis 3 Centner Wasser und Nahrung kommen, aushalten können, und haben sie die Reise wirklich glücklich überstanden, so rafft sie das Klima Bornu's, das den Arabischen Küstenkameelen nicht zusagt, alsbald hinweg; von 18 Kameelen, die der Scherif Hascheschi von Tripoli nach Bornu brachte, starben während seines viermonatlichen Aufenthaltes daselbst 14 Stück. Meine eigenen vier Kameele, die fett und gut in Bornu ankamen, da sie sehr gering beladen waren und wir nie anstrengende Märsche machten, welche überdiess vollkommen Zeit hatten, sich in Kauar von den früheren Märschen zu erholen, magerten rasch ab und vergebens suchte ich sie zu verkaufen. „Eure nordischen

---

[1]) Man verkauft sie in Tripoli für 40 bis 60 Thaler.
[2]) Eben so wird Tabak nebst Baumwolle und Indigo nur zum eigenen Gebrauche angebaut, würde aber bei Nachfrage bald in den grössten Massen producirt werden können.

[1]) Wenn man Kredit giebt; will man aber baar Geld haben, so ist höchstens derselbe Preis wieder zu erlangen.

Kameele taugen hier Nichts", antwortete man mir. So lange also der Europäische Waarenstrom nach Bornu nur durch die Wüste geht, werden sich wohl Europäer kaum daran betheiligen; wie ganz anders würden sich aber diese Verhältnisse gestalten, wenn der direkte Weg vom Ocean nach dem Tsad-See eröffnet wäre! Hier aus dem Herzen Afrika's könnten die Waaren auf einer fahrbaren Strasse vom Tsad über Jola bis an die Bucht von Guinea in 30 Tagen geschafft werden und die Länder, die den Tsad umgeben, Kanem, Bornu, Uadai und Bagirmi, gehören ihren Produkten nach zu den gesegnetsten der Welt, ihre Bevölkerung aber zu den umgänglichsten Afrika's. Wenn in neuerer Zeit freilich die Fürsten dieser Völker einen solchen Hass gegen die Christen oder Europäer gezeigt haben, wem anders ist das zuzuschreiben, als den mohammedanischen Arabern und ihren Zöglingen, den Berbern?

Der Palast des Sultan. — Die Stadt Kuka bietet ausser dem allerdings eigenthümlichen Gepräge einer echten Negerstadt, was die Gebäude anbetrifft, nichts Auffallendes. Der grossartige Bau im Ost-Ort, den der Sultan bewohnt, nimmt fast die ganze Hälfte dieses Ortes ein und ist von mehreren, jedoch nicht hohen, Thürmen überragt. Dieses grosse Gebäude ist im Inneren ein wahres Labyrinth von grossen und kleinen Zimmern und grossen und kleinen Höfen; in den Höfen stehen oft acht bis zehn von Sklaven und Sklavinnen bewohnte Strohhütten, alle von der gewöhnlichen Zuckerhutform mit einer niedrigen Thür und auf der Spitze mit einem oder mehreren Straussen-Eiern. Die grossen Zimmer sind in der Mitte von massigen viereckigen, überall gleich dicken Thonsäulen gestützt, in manchen sind im Thon selbst einige Verzierungen angebracht. Im westlichen Orte hat der Sultan ebenfalls ein grosses Gebäude, das er jedoch nur dann und wann auf einige Augenblicke besucht. Grössere Djemma giebt es fünf, kleinere, die meistens auch als Schulen benutzt werden, sind in grosser Anzahl vorhanden.

Die Hochschule von Kuka. — Kuka ist unter der Regierung des jetzigen Sultan weit und breit in den Negerländern als Hochschule berühmt geworden und der Mallem Mohammed Komami ist als der gelehrteste aller Professoren bekannt, selbst aus Ägypten, Tunis und Tripoli werden ihm Bücher zugesandt. Ich glaube indess, dass er diesen Ruf grosser Weisheit eher seinen bedeutenden Reichthümern verdankt und der Kunst, glückliche Ein- und Verkäufe zu machen, als den Büchern, und wenn er auch recht gut und für einen Mohammedaner korrekt Arabisch schreibt, so kann er diese Sprache doch nur sehr mangelhaft sprechen. Aber so ist es mit Allen, Lehrern und Schülern, Alle schreiben und lesen mit ziemlicher Fertigkeit Arabisch, man kann sagen, eben so gut wie die gebildeten Araber selbst, verstehen aber vom Inhalt so viel wie bei uns ein Schüler, der einen Monat Griechisch gelernt hat, vom Homer oder Xenophon. Es mögen sich gegenwärtig in Kuka an 2- bis 3000 Schüler im Alter von 5 bis 25 Jahren befinden, die Nichts weiter thun als mechanisch lesen und schreiben lernen, dann die nothwendigen Surat, welche man zum Beten braucht, und sobald sie dieses inne haben, sich für die vollkommensten Menschen halten. Alle diese Schüler haben statt anderer Bekleidung ein Ziegenfell, das sie sich um die Hüften schlingen; eine hölzerne Tafel, ein kleines irdenes Tintenfass nebst einigen Rohrfedern und eine Schüssel, in der Regel aus einer Kürbisschale bestehend, machen ihre ganze Habseligkeit aus und so sieht man sie bettelnd den ganzen Tag die Strassen durchziehen. Jeder Grosse indess hat in der Vorhalle seines Hauses zehn bis zwölf solcher Studenten, die in Gemeinschaft mit seinen Söhnen unterrichtet werden und dann auch Beköstigung erhalten, aber sich eben so einfach kleiden.

11. Weitere Erlebnisse; die Bewohner der Hauptstadt.

Grosse Sklaven-Karawane. — Das Wetter blieb noch lange so regnerisch, dass selbst an kleine Exkursionen ausserhalb der Stadt gar nicht zu denken war, ja in der Stadt selbst war man oft gezwungen, grosse Umwege zu machen, um die Lachen, die sich gebildet hatten und oft mehr als 3 Fuss tief waren, zu vermeiden. So war vom Anfang August an die Hauptstrasse im West-Ort ausser allem Verkehr wegen zweier grosser tiefer Lachen, die selbst für Pferde schwer zu passiren waren. Mittlerweile rüstete sich die grosse Karawane zu ihrer Reise nach dem Norden. Über 4000 Sklaven warteten, um die Schrecken der Wüste, Hunger, Durst, Ermattung und Hitze, kennen zu lernen, vielleicht ihnen zu erliegen oder, wenn sie dieselben überstanden, in fernen, ihnen ganz unbekannten Ländern nach langer Dienstzeit dahinzusterben, ohne Aussicht, ihr Geburtsland je wieder zu sehen, die Ihrigen je wieder begrüssen zu können. Natürlich konnte eine so grosse Karawane, im Ganzen aus mehr als 6000 Menschen und ihren Lastthieren bestehend, nicht an Einem Tage abmarschiren, es dauerte fast 15 Tage, bis eine Abtheilung nach der anderen Kuka verlassen hatte. Der Abgang dieser grossen Karawane beschäftigte auch mich, indem ich Briefe und Berichte an Freunde und Verwandte mit dieser Gelegenheit nach Europa sendete.

Absendung eines Couriers nach Uadai. — Dann war die Absendung eines Couriers an den Sultan von Uadai entsetzlich weitläufig und kostete mir viel Hin- und Herreiten.

Der Sultan von Bornu hatte mir in öffentlicher Audienz versprochen, mein Schreiben an den Sultan von Uadai[1]) durch einen Courier befördern und dasselbe durch einen Brief seinerseits unterstützen zu wollen. Zu dem Ende rief er in meiner Gegenwart einen der Kogna[2]), Namens Hamed ben Ibrahim, dessen Vater, aus Uadai gebürtig, in die Dienste des Vaters des jetzigen Sultan von Bornu, des sogenannten Schich el Kanemi el Kebir, getreten war und eine gute Carrière gemacht hatte, befahl ihm, einen Courier mit unseren Briefen nach Uadai zu senden, und sagte mir dann: „Ich werde bis heute Abend meinen Brief fertig schreiben, thue Du das Gleiche, und nachdem Du den meinigen gelesen, siegele ihn zu und überbringe beide an Hamed ben Ibrahim." Ich verneigte mich und beim Hinausgehen bat mich Hamed ben Ibrahim, mich ja gegen l'asser (ungefähr 4 Uhr Nachmittags) bei ihm einzustellen. Als der Brief des Sultan um diese Zeit nicht bei mir eintraf, ging ich zum Kogna, der mich auch äusserst höflich empfing, mir aber nach vielem Hin- und Herreden sagte, ich hätte dem Courier ein Pferd zu kaufen und ihn selbst zu bezahlen, zugleich fragte er mich, wie viel ich zu geben gesonnen sei; überdiess, fügte er hinzu, habe ihm Tittaui gesagt, ich würde in pekuniärer Beziehung keine Schwierigkeit machen. Da der Sultan seinen Brief noch nicht geschickt hatte, gab ich eine unbestimmte Antwort, ritt aber auf der Stelle zum Dig-ma[3]), den ich in ärztlicher Behandlung hatte und der deshalb mein warmer Freund und Beschützer geworden war. Indem ich ihm vorstellte, wie ungerecht es sei, den Befehl des Sultan so zu umgehen, der nicht mir, sondern dem Kogna befohlen habe, den Courier abzusenden, und wie es vor der ganzen Welt und in Uadai sonderbar erscheinen würde, wenn der Sultan die Gelegenheit eines Untergebenen benutze, während es doch überall Brauch sei, dass der Untergebene von der Grossmuth des Sultan profitire, wie überdiess ein vom Sultan kommender Courier ungleich mehr Eindruck machen würde, rieth mir der Dig-ma, keine Schritte weiter zu thun, er werde sogleich mit dem Sultan reden und wisse im Voraus, dass derselbe sein Schreiben nicht mit meinem Courier, sondern mit seinem eigenen zu senden beabsichtige. Anderen Tages, nachdem das Schreiben des Sultan mittlerweile bei mir angekommen war, sandte Hamed ben Ibrahim danach und als ich es ihm selbst überbrachte, war weder die Rede davon, ein Pferd zu kaufen, noch den Courier zu bezahlen, jedoch verlangte er irgend eine besonders merkwürdige Kleinigkeit aus meinem Vaterlande zu sehen und als ich dem Herrn Geheimen Hofrath bemerkte, dass ich ihm, sobald ein Antwortschreiben des Sultan von Uadai einliefe, möge es nun günstigen oder abschlägigen Bescheid bringen, ein hübsches Geschenk machen würde, erwiderte er, wir hätten keinen Segen bei der Sache, wenn ich ihm nicht vorher eine Kleinigkeit gäbe. Diess versprach ich denn auch und sandte ihm einen Louisd'or, den sie durchbohren und ihren Favoritinnen umhängen, einen Tuneser Fes, ein Stück leichten Kattuns, ein Fläschchen Rosen-Öl und ein Messer, im Ganzen beinahe 12 Thaler an Werth.

Da ich diese Sache nun so ganz ohne Tittaui und selbst gegen seinen Willen abgemacht hatte, so liess mich derselbe zu meiner grössten Freude ganz liegen, indem er glaubte, ich wage es nicht, ohne ihn zum Sultan zu gehen. In dieser Beziehung fand er mich aber gerüsteter, als er vorausgesetzt hatte; schon den Tag nach Absendung des Boten ging ich mit der Morgenröthe zum Dig-ma, bat ihn, mir Audienz zu verschaffen, und wurde auch, obgleich diese frühe Stunde nur zum Empfange seiner Söhne bestimmt ist, sogleich vorgelassen und wie immer freundlich empfangen. Ich bedankte mich namentlich für die Absendung des Boten und bei dieser Gelegenheit wiederholte der Mai Omar die Versicherung, dass er mir nach Kräften in allen meinen Unternehmungen beistehen würde.

Der Sultan wünscht Geschenke von Preussen. — Schon früher hatte der Sultan den Wunsch ausgedrückt, ich möchte an die Preussische Regierung schreiben, derselben mittheilen, wie grossmüthig er sich gegen Ibrahim Bei (v. Beurmann) benommen habe, und dieselbe bitten, dass sie dies dadurch anerkennen möge, dass sie ihm einen Thron, einen Wagen und eine Schlaguhr zum Geschenk mache. Da der Sultan Omar sich nun wirklich gegen v. Beurmann ausgezeichnet benommen hatte, indem er ihm zwei Pferde, Kameele, Sklaven, 100 Thaler baar Geld und 100 Toben[1]) geschenkt, so stand ich nun an, darüber an die Königlich Preussische Gesandtschaft in Konstantinopel zu berichten und ihr die Wünsche des Sultan von Bornu mitzutheilen.

Ein Sklave Vogel's; Habgier der Leute. — Inzwischen frei geworden vom intriganten Tittaui, der durchaus nicht

---

[1]) In diesem Schreiben erbat ich mir vom Sultan von Uadai die Erlaubniss, ihn besuchen zu dürfen, d. h. seine Hauptstadt Uara zu betreten, verlangte aber im Namen Gottes und seines Gesandten Sicherheit (aman) für meine Person. Wenn indess der Sultan nicht geneigt sei, mein Gesuch zu gewähren, bat ich ihn, mir die Papiere und Bücher von Abd el Uahed (Eduard Vogel) und die Papiere, Bücher und Effekten von Ibrahim Bei (M. v. Beurmann) zu übersenden, die, wie ich erfahren hätte, alle bei ihm in Verwahrung seien. Omar, der Sultan von Bornu, unterstützte mein Schreiben mit einem ähnlichen.

[2]) Kogna ist einer der höchsten Würdenträger in Bornu und entspricht, wie Barth sehr richtig übersetzt, ganz unserem Hofrath. Jeder Kogna hat im Rathe oder in der Versammlung beim Sultan eine wichtige Stimme. Die Würde ist meist in den reichen Familien erblich, muss jedoch jedes Mal vom Sultan von Bornu bestätigt werden.

[3]) Dig-ma oder Dug-ma ist der Premierminister.

[1]) Jede Tobe im Werthe von 4 Thalern.

wollte, dass ich die Bekanntschaft der Grossen mache, damit er mich, wie einige von ihnen freimüthig sagten, allein „verspeisen" oder, wie wir sagen würden, rupfen könne, lernte ich mehrere derselben näher kennen und fand namentlich in Mohammed el Alamino, dem Schatzbewahrer des Sultan, einen warmen und noch dazu uneigennützigen Freund. Bei ihm hatte Abd el Uahed (Vogel) einen kleinen Sklaven zurückgelassen, der nach meiner Ankunft in Kuka zu mir lief und verlangte, ich solle ihn von seinem jetzigen Herrn reklamiren. Später fand sich aber, als Alamino gar keine Schwierigkeit machte, ihn mir zu überliefern, und meine Rechte auf ihn als Vetter Abd el Uahed's vollkommen anerkannte, dass Dunkas — so hatte Vogel den kleinen, jetzt zum Manne herangewachsenen Neger getauft — sich verheirathet hatte, Haus, Pferd und Garten besass, was ihm Alles der brave Alamino geschenkt, und gar keine Lust verspürte, Kuka zu verlassen, sondern bloss durch seinen vermeintlichen guten Willen ein Geschenk zu erlangen hoffte. So sind aber alle Bewohner Kuka's, es kommt keiner zu Einem, der nicht ein Taschentuch, ein Messer, eine Glaskoralle oder sonst Etwas verlangt. Schade, dass dieses so gutmüthige und, man kann sagen, aufgeweckte Volk in die Hände der Mohammedaner gerathen ist, die jetzt die wenigen guten natürlichen Gefühle durch ihre unmoralische Religion vernichten und ihnen viele schlechte, als Geiz, Habsucht, Wortbruch, Treulosigkeit, religiösen Fanatismus, die die unzertrennlichen Begleiter des Islam sind, noch aufpfropfen!

Aussehen und Tracht der Kukaer. — Der Haupttheil der Kukaer besteht wohl aus Bornuern, obgleich durch den ausgebreiteten Handel und durch die Sklaven die Stadt eine sehr gemischte Bevölkerung erhalten hat. Deshalb kann auch kaum von einer vorherrschenden Physiognomie die Rede sein, man trifft eben so viele hübsche Gesichter als hässliche, so viele dunkle, pechschwarze als helle, die Fellata- oder Schua-Blut haben, so viele Adlernasen wie Plattnasen, so viele fein geschnittene Mündchen wie lange Musgu-Rüssel. Das ist nun einmal in jeder Hauptstadt so, wo aus umliegenden Ländern täglich Besucher, täglich Fremde, täglich Kaufleute herbeiströmen, und hier im Negerlande, wo das Gebiet, welches Kuka zum commerziellen Mittelpunkt hat, ein ausserordentlich grosses ist, mehr der Fall als in unseren Europäischen Grossstädten. Freilich haben bei uns Dampf und Elektricität auch alle Entfernungen aufgehoben und von Berlin nach Paris ist es nicht weiter als von Ngornu nach Kuka und von den nächsten Inseln der Budduma kommt man lange nicht so schnell nach der Hauptstadt Bornu's wie von Paris nach London. Aber sobald einmal diese Fremdlinge eine Zeit lang vom Wasser Kuka's getrunken haben, suchen sie sich schnell den Gewohnheiten, den Sitten, der Sprache der Hauptstadt zu akkommodiren, gerade wie die Fremden es ja auch bei uns nach längerem Aufenthalt in fremden Städten und Ländern machen. Der Buddama, ein Mal ansässig, legt sein Fischnetz weg, der Mandara-Bewohner lässt seinen Köcher mit giftigen Pfeilen zu Hause, die Musgu-Frau, selbst wenn sie schon alt ist, fängt an, sich ihres Rüssels zu schämen, und indem sie die grossen Stücke Kupfer oder Holz, welche in beiden Lippen angebracht sind, herausnimmt, sucht sie die thalergrossen Löcher durch Feuer oder Wundmachen der Ränder zuzuheilen; selbst diejenigen, die weiter herkommen, vom fernen Süden, gehen nur die erste Zeit in der Tracht ihres Vaterlandes, d. h. ganz nackt, kleiden sich dann aber, obgleich die Nacktheit Niemand auffällig findet, bald wie die übrigen Kukaer.

Die Männer von Kuka tragen eine weite Hose, darüber eine weisse oder blaue Tobe, die bedeutend breiter als lang ist und keine Ärmel hat, sondern an beiden Seiten von der Schulter bis zu den Füssen offen steht; die Kopfbedeckung besteht in einem weissen Mützchen, an den Füssen haben sie entweder gelbe Pantoffeln oder Sandalen, die grosse Mehrzahl geht indess barfuss und barhaupt, ohne dass ihre Füsse, die gleich denen der Kameele mit einer dicken Hornhaut versehen sind, von dem heissen Boden verbrannt würden oder dass ihre an die senkrechten Sonnenstrahlen ausgesetzten geschorenen Köpfe davon eine nachtheilige Wirkung verspürten.

Die Reichen und Standespersonen pflegen zwei Toben zu tragen nebst einem rothen Fes und manchmal auch einen Tuchburnus, gewöhnlich von hoher Farbe. Der Stoff zu den Toben und Beinkleidern besteht meist aus inländischen Kattunstreifen, die an einander genäht werden, doch werden auch viele fein karrirte und mit äusserst kunstvollen Stickereien geschmückte Toben aus Sudan (Haussa) und Logon getragen. Aber auch in Kuka werden die Toben mit Stickerei überwirkt und die Stadt steht in dieser Beziehung keineswegs hinter den anderen Emporien der Negerländer zurück. Jeder nur einigermaassen Bemittelte hält sich ein Pferd, so dass man die Strassen Kuka's den ganzen Tag voll Reiter sieht.

Die Tracht der Frauen ist eben so einfach, um die Hüften schlingen sie ein dunkelblaues Tuch aus Baumwollenstreifen und um die Schultern und die oberen Körpertheile werfen sie ein ähnliches Tuch, jedoch ohne je ihr Gesicht zu bedecken. Die Vornehmen ziehen über das Hüftentuch eine feine Tobe mit weiten Ärmeln, die manchmal aufs Kunstvollste mit bunten Arabesken von Seide gestickt ist. Das Haar der echten Kuka- und Bornu-Frauen wird in unzählige kleine Flechten gewickelt um den Kopf getragen und ist immer stark gebuttert, einige durchflechten es auch mit silbernen oder anderen metallenen Ringen. Ihre Zähne färben sie dunkelroth mit Henna und Gorobohnen, eben so die Nägel und manchmal die ganzen Hände und Füsse. Um den Hals tragen sie Schnüre von Glasperlen oder, wenn sie es vermögen, von echtem Bernstein und rothen Korallen; Arme, Beine und Finger werden mit messingenen und silbernen Ringen beschwert, die jedoch nicht so kolossal sind wie bei den Araber-Frauen.

Die Leute verheirathen sich sehr jung, jedoch nicht so jung, wie man hat behaupten wollen; mit 25 Jahren sind dagegen die Weiber schon so alt wie bei uns mit 50 Jahren. Indess die gute reichliche Nahrung und das heisse Klima scheinen sehr entwickelnd auf die Menschen zu wirken und trotz der Polygamie, welche durch den Islam hier eingeführt ist, sieht man sehr oft Familien mit zehn und mehreren Kindern. Die grosse Mehrzahl der Bewohner Kuka's sowohl als Bornu's überhaupt sind Monogamen geblieben, wie die Tebu, ihre Stammesverwandten.

Gute Eigenschaften der Kukaer. — In ihrem Hauswesen sind die Kukaer sehr reinlich und, ich möchte sagen, wohnlich, sie übertreffen in dieser Beziehung bei weitem die Araber. Welcher gewöhnliche Fes-Bewohner hätte ein Bett aufzuweisen? Hier besitzt Jeder, auch der Arme, ein niedliches Rohrbett, über welches er seine Matte nebst Fellen oder Teppichen ausbreitet, um darauf zu ruhen. Vor den Thüren bringen sie Fliegenmatten an, wie sie die Spanier oder andere Bewohner des südlichen Europa's nicht künstlicher, dauerhafter und geschmackvoller anzufertigen verstehen. Im Hofe vor ihrer Hütte haben alle Bewohner einen eigenen erhöhten Platz, der zu ihren Waschungen dient, besonders aber lieben sie es, Bäume um ihre Hütten zu haben, und verwenden viel Pflege und Sorgfalt auf das Wachsthum derselben. Am Ende der Regenzeit bietet Kuka einen wirklich reizenden Anblick dar, jede Hütte, und diess ist die nationale Behausung, ist bis obenhin von Kürbispflanzen umrankt und darunter fast ganz versteckt.

Die Leute sind von gutem Gemüth und wenn ich auch täglich und überall „Nsara" hinter mir her rufen höre, so ist das mehr ein Ausdruck ihrer Verwunderung als der Verachtung, denn sie haben nicht wie die Araber und Berber die Absicht zu beleidigen. Sie glauben meine Nationalität damit zu bezeichnen, denn sobald sie einen Araber sehen, unterlassen sie nicht, demselben „Uosseli" nachzurufen, wie die kleinen Kinder bei uns etwa einem Engländer oder Franzosen „Engländer, Franzose" nachrufen. Häufig jedoch muss ich mir auch ein „Kerdi" gefallen lassen, was auf Kanúri so viel wie Heide oder Gottloser bedeutet; diess geschieht jedoch meist von Solchen, die durch Araber oder Berber fanatisirt worden sind.

Nächtliche Spiele. — Das eigentliche Leben und Treiben beginnt erst nach Sonnenuntergang, denn Morgens früh geht Alles den Geschäften nach und den grössten Theil des Tages über erlaubt die brennende feuchte Hitze Körperbewegung gar nicht. Abends aber sammeln sich überall Gruppen, die Männer vereinigen sich unter den grossen Djedja-Bäumen oder vor dem Hause irgend eines Grossen, während ihre Weiber ungenirt ausgehen, Besuche machen und dabei die grösste Freiheit geniessen. Überall sieht man junge Bursche und junge Mädchen tanzen und singen und das heisse Temperament, die luftige Bekleidung, die selbst bei manchen, welche mannbar geworden, noch gar nicht vorhanden ist, haben zur Folge, dass man wenig von dem sieht, was wir Zurückhaltung nennen. In dieser Beziehung stehen wirklich die Bewohner Kuka's hinter keiner Neger- oder Araber-Stadt zurück und während Ehebruch und freiwilliges Hingeben bei den Arabern mit mehr Heimlichkeit geschieht, betrachtet man hier diese Dinge als etwas ganz Natürliches. Warum sollte auch die Frau, die nun weiss, dass ihr Mann einer anderen nachgeht oder mit ihrer Sklavin, wie das Gesetz es erlaubt, Buhlerei treibt, sich nicht zu entschädigen suchen? Abends ruft sie eine Dienerin, geht aus und bietet sich dem Manne, den sie während des Tages gesehen und der ihr gefallen hat, an und ihr eigener Mann zürnt darüber keineswegs, man findet das so natürlich, dass man unwillkürlich an die Cicisbei und die Cavallieri servanti der Italiener denkt. Auch die jungen Leute, Mädchen von 12, Jünglinge von 15 Jahren, finden es so natürlich, bei ihren nächtlichen Spielen dem Amor zu opfern, dass ihre Eltern oft nicht mehr nöthig haben, sie eigends durch eine Hochzeit zu verbinden; warum denn auch? „Ich liebte sie, sie liebte mich", das ist hinreichender Grund und bei den Hochzeiten ertönt ja auch keine andere Musik als die, welche alle Abende diese unschuldigen Spiele belebt. Erst nach Mitternacht geht Alles zur Ruhe, ganz wie bei uns in den Hauptstädten, und dann hört man von allem Geräusch, das Einen so eben noch betäubte, nur noch das Bellen der Hunde, das Heulen der Hyänen ausserhalb der Stadtmauer, manchmal vom Brüllen des Löwen übertönt.

Ein Liebes-Abenteuer. — Wie leicht die Damen Kuka's selbst der höchsten Klassen in ihrem Betragen sind, erfuhr ich an einem Beispiel, das mir selbst begegnete. Eines Tages liess mich der Dig-ma rufen und bat mich, seine Frau oder vielmehr eine seiner rechtmässigen Frauen zu behandeln, die heftige Ohrenschmerzen habe und überdiess seit mehreren Wochen ganz taub sei. Sein Eunuchen-Oberst führte mich in ein Haus, das dem seinigen schräg gegenüber lag und wo ich die Dame allein im Zimmer auf einem Türkischen Teppich liegend antraf; das ganze Zimmer, welches nur durch eine Thür, deren Licht ein Fliegenschleier dämpfte, Zugang hatte, war so dunkel, dass man kaum sehen konnte, nur bemerkte ich, dass die Frau des Ministers noch jung, hübsch und wie er selbst Fellata war, also eine ins Weisse gehende Haut hatte, eine Farbe, für die wir im Deutschen keinen bestimmten Ausdruck haben, denn weder ist es unser Kaukasisches Weiss noch das Malaiische Gelb, noch das Roth der Amerikanischen Eingebornen. Diese Farbe, welche alle Fellata auszeichnet, so wie auch die Araber, die seit Jahrhunderten den Sudan bewohnen, wie z. B. die Schua, ist eine helle Bronze und die Franzosen haben dafür den bezeichnenden Ausdruck „basané". Da die Frau Ministerin an vollkommener Taubheit litt, so war jedes Verständniss unmöglich, überdiess sprach der Eunuch weder Arabisch noch Fellata. Durch ein Zugpflaster beschwichtigte ich die Schmerzen in Einer Nacht und selbst das Gehör war etwas wieder hergestellt. So fuhr ich fort, sie alle Tage zu behandeln, und durch starke Calomel-Gaben innerlich und Seifen-Einspritzungen mit einer Klystierspritze, die dem Sultan gehörte und die einzige in der ganzen Hauptstadt, gelang es mir, ihr innerhalb acht Tage das Gehör vollkommen wieder herzustellen. Unterdessen hatte sich aber die Frau Ministerin einen Sklaven zu verschaffen gewusst, der Arabisch und Fellata sprach, und da der Eunuch keine dieser Sprachen verstand, scheute sie sich nicht, mir die dringendsten Liebeserklärungen zu machen, verlangte sogar, mich zu besuchen. Von vollkommen Europäischer Gesichtsbildung, kaum 20 Jahre alt, heiss in ihren Forderungen, selbst in Gegenwart des dicken schwarzen Eunuchen, hatte ich grosse Mühe, ihren dringenden Forderungen Vernunft entgegenzusetzen und ein so gefährliches Spiel abzubrechen, denn heut zu Tage ist es leichter, das Harem des Grosssultan zu verletzen, als das des Grossministers eines despotischen Fürsten, der durch ein einziges Wort täglich hängt und köpft. Jedes Mal, wenn ich zum Hause des Ministers ging, musste ich vor dem Schlosse vorbei und unfern von demselben stand eine Akazie, an welche man die Verbrecher aufknüpfte, die man um ein Geringes in die andere Welt beförderte. Der Anblick der am Baume schwebenden Leichname trug viel dazu bei, dass ich nüchtern und vernünftig blieb gegen die brennende Liebe der Frau Ministerin. Da sie mich aber lange Zeit mit Anträgen und kleinen Geschenken verfolgte, beschloss ich, den Minister, ohne jedoch seine Frau zu compromittiren, lieber die Wahrheit wissen zu lassen als länger mit solchen gefährlichen Leuten vertrauten Umgang zu pflegen. Diess that ich denn auch. Zu meinem Erstaunen sagte mir aber der alte gutmüthige Fellata: „Ich selbst sehe es nicht gern, wenn Du so oft zu uns kommst, nicht meiner Frau wegen, die jetzt durch Dich hergestellt ist, sondern weil die Leute sagen könnten, wir trieben Staats-Intriguen, und Du weisst, dass man bei mir den geringsten Vorwand gut finden würde, um mich zu stürzen, d. h. aufzuhängen; mässige also von jetzt an Deine Besuche und wenn Du meine Frau zu sehen wünschest oder sie Dich, so kann sie ja zu Dir kommen, aber ich begreife eigentlich nicht, was sie jetzt, da sie doch wieder hergestellt ist, noch bei Dir will." — „Sie wünscht Kinder zu haben", erwiderte ich, „und glaubt durch Medizin und Schreiben [Zaubersprüche, die bei den Negern wie bei den Arabern für alle Sachen gesucht werden] solche bekommen zu können." — „Schön", erwiderte er, „gehe jetzt zu ihr, schreibe und bereite, was Dir gut dünkt, aber zu mir komme nur noch in Deinen eigenen Angelegenheiten oder wenn Du den Sultan zu sehen wünschest." Damit hatte denn die Sache ein Ende.

Sprachstudien. — Als ich mehr Zeit gewann, beschäftigte ich mich mit der Musgu-Sprache, stiess jedoch manchmal auf unüberwindliche Hindernisse, um die Laute dieser Barbaren, für die noch gar keine Buchstaben oder Zeichen erfunden sind, selbst die von Lepsius und Barth gebrauchten lange nicht ausreichen, aufzufassen und wiederzugeben. Ich begreife daher auch nicht, wie Barth in seinen Vokabularien den armen Kölle so arg mitnehmen konnte, da dieser eben so grosse Verdienste um die Kanúri-Sprache besitzt als er selbst. Um ein so gänzlich fremdes Wort niederzuschreiben, wie viel muss man da meist auf die individuelle Auffassung und auf das Gehör des Forschers schieben, ganz abgesehen davon, dass bei diesen Sprachen, wie z. B. dem Kanúri, der Eine ein Wort mit p ausspricht, der Andere mit f, der Eine ein zweites mit s, der Andere mit u, der Eine ein drittes mit l, der Andere mit r! Wo ist da das Wahre und Falsche? Es ist gewiss eben so richtig, zu sagen „pal" wie „fal" (d. h. eins) oder „arin" wie „alin" (Indigo) &c., und wie Barth behaupten zu wollen, dass in Kuka als der Hauptstadt das Kanúri am besten gesprochen würde, ist sicher nicht richtig, denn einestheils accentuiren die Vornehmen viele Wörter Arabisch, andrerntheils ist die Hauptstadt mit zu vielen fremden Elementen überladen, als dass durch sie die Sprache nicht beeinflusst werden sollte. Unser grösster Afrika-Reisender liess sich manchmal merkwürdig von seiner Phantasie hinreissen; z. B. „kau" (eigentlich „kausau"), Sonne, mit „kau", Stein, in Verbindung bringen zu wollen, ist eben so lächerlich, als ob man „mère, mer, maire" &c. im Französischen mit einander in Verbindung bringen wollte, und diess thut Barth nicht ein Mal, sondern fast jedes Mal. Hat denn nicht jede Sprache solche Gleichklänge? Ist es nicht affektirt, wenn er „kentibal" (Kohle) mit dem Arabischen „cofel" (kleines Kind) in Verbindung bringen will, weil die Kohle die Keime des Feuers enthalte? Ist sie nicht vielmehr der Rest des durch das Feuer Verbrannten? Warum sucht er denn nicht auch einen Zusammenhang zwischen „kómagen"

(Honig) und „komágen"[1] (Elephant)? Ein Ausländer, der zum ersten Male nach Deutschland käme und uns Deutsche ohne Schriftzeichen fände, hätte vollkommen Recht, „weise" (gelehrt) und „wuise" (elternlos) auf gleiche Weise (hier ein drittes Wort) zu schreiben, aber höchst Unrecht würde er haben, wenn er daraus auf etwas Gemeinsames schliessen wollte. Mit so grossem Dank wir daher die Vokabularien Barth's hinnehmen müssen, eben so vorsichtig müssen wir bei Benutzung der oft gar zu geistreichen Noten sein.

Die Musgu-Sprache nun ist eine von den allerschwerverständlichsten Sprachen und selbst die Tebu-Sprache ist gegen sie leicht zu nennen. Mit dieser, d. h. mit dem südlichen Dialekt der in Bornu wohnenden Tebu, namentlich der Tebu-Děsa, hatte ich mich Anfangs auch abgegeben, als ich aber sah, dass diese Sprache wenig oder gar nicht von dem in Tu gesprochenen Dialekte, welcher auch der von Bilma ist, abweicht, gab ich es wieder auf. Verschiedenheit soll erst in Borgu- und Uadjanga-Dialekt sein, selbst die Tebu, die im Behar er Rhasel wohnen, unterscheiden sich in ihrer Sprache fast gar nicht von den Teda-Tu.

Das Christen-Haus und seine Menagerie. — Das Haus, welches ich bewohnte und das als Christen-Haus bekannt ist, weil auch Barth und Vogel darin gewohnt haben, musste ich ganz repariren lassen, indem eines Tages bei einem starken Regen das Wasser von oben eindrang; sonst ist es indess geräumig und die Erdmauern sind noch leidlich erhalten. Ein grosses Wohnzimmer für die Diener führt in einen geräumigen, von einem herrlichen Djedja-Baum beschatteten Hof, in welchem die Pferde stehen. Von diesem kommt man durch ein anderes Vorzimmer, das zur Aufbewahrung der Sättel und Zelte dient, in einen kleineren Hof, der ins Wohnzimmer führt. Hinter dem Wohnzimmer liegen noch zwei kleinere Zimmer, wovon jedoch dermalen nur eins in brauchbarem Zustande ist und als Magazin dient. Vom Wohnzimmer führt dann eine Thür auf einen anderen Hof, auf den drei Zimmer münden, wovon eins als Küche, das andere zum Aufbewahren der Schüsseln, Töpfe und leeren Gefässe, das dritte unbedeckte Hühnern zum Aufenthalt dient; ein grosser Garten begrenzt das Ganze im Osten, in ihm treiben sich ausser den Hühnern zwei Strausse, Perlhühner, ein Ichneumon, mehrere Wasservögel, Gazellen, Igel und andere Thiere herum, welche die Kukaer, sobald sie merkten, dass ich mich für dergleichen Thiere interessirte, zum Geschenk brachten, zum grossen Ärgerniss unseres Hundes Mursuk, der manchen Fusstritt von den Straussen auszustehen hat.

Geldnoth. — Mein baares Geld war mittlerweile ganz auf die Neige gegangen, der Ankauf eines Pferdes, des Geschirres für zwei Pferde, der monatliche Lohn der Diener und Arbeiter, das Honorar der Sprachlehrer, die Geschenke in baarem Gelde, den täglichen Unterhalt nicht zu rechnen, machten, dass meine Ausgaben grösser waren, als ich erwartet hatte. In der Hoffnung, viele von meinen Waaren gut verkaufen zu können, sah ich mich ebenfalls getäuscht, theils hatte ich sie als Geschenke hingeben müssen, weil der ursprünglich zu denselben bestimmte Theil lange nicht hinreichte für die unersättlichen Bettler am Hofe zu Kuka, theils verstand ich es nicht, das wenige Verkäufliche, als Spiegel, Nadeln, Messer, Ringe, mit Profit an den Mann zu bringen. Zwar besass ich noch Burnusse und zwei schöne Revolver in Mahagonikästchen, aber die musste ich als Geschenke für die anderen Höfe aufbewahren und selbst diese mussten noch completirt werden, denn nicht der Fürst allein verlangt ein Geschenk, wie wir gewöhnlich glauben, sondern da tauchen älteste Söhne, Brüder, Onkel, Mütter, Minister, Verwandte und ein ganzes Gefolge von Höflingen mit ihren Ansprüchen auf und diese sind es eben, die wie ein Abgrund Alles verschlingen. Ich hatte zwar noch eine Reserve von Gold, aber da ich gar nicht wissen konnte, welches der Endpunkt meiner Reise sein würde, durfte ich diese letzten Hülfsmittel in der Noth, wenn ich mit meinen Dienern einen Hafenort erreichen sollte, nicht aus den Händen geben; zudem hätte hier Niemand mehr als den halben Werth gegeben. Indess erbot sich Mohammed Sfaxi, der von Sudan gekommen war, mir 200 Thaler auf fünf Monate gegen 100 Prozent zu leihen, d. h. ich hatte ihm einen Schein über 400 Thaler auszustellen. Da alle Anleihen von baarem Gelde sich hier auf diese Art machen, überdiess Barth oder Overweg von ihm früher schon auf ähnliche Weise geliehen hatte, wie er angab, so musste ich mich in diesen mohammedanischen Handel fügen, denn auch kein Anderer hätte mir Geld zu geringeren Prozenten vorgeschossen. Ich schrieb indess noch mit derselben Gofla an den Bremer Senat und an die Londoner Geographische Gesellschaft[1]), um fernere Geldunterstützung zu bekommen, und bat Dr. Petermann für den Fall, dass von diesen Seiten auf keinen Geldzuschuss zu hoffen wäre, mit dem Honorar für meine früheren Tagebücher diese Anleihe zu decken.

Ein vielgereister Vorreiter. — Da endlich das Wetter einen kleinen Ausflug zu erlauben schien, so benutzte ich den ersten heiteren Tag, um den Tsad zu besuchen. Der Sultan wollte mir eine zahlreiche Bedeckung mitgeben, aber

---

[1]) Auf gut Kanúri heisst der Elephant „komáun".

[1]) Sowohl der Bremer Senat als auch die Londoner Geographische Gesellschaft bewilligten aufs Schnellste die Summe; auch nahm Seine Majestät der König Wilhelm von Preussen so grosse Theilnahme an dieser Expedition eines Norddeutschen, dass er mir ohne ein Gesuch meinerseits auf zwei Jahre je 800 Thaler aus seiner Privatkasse zusicherte.

ich bat ihn, mir nur einen der Landschaft kundigen Mann zu stellen, da ich beabsichtigte, bloss bis an den Tsad zu reiten, um mich vom Wasserstande daselbst am Ende der Regenzeit zu überzeugen, und da ich Abends wieder in Kuka sein würde. Darauf hin schickte er mir einen Mann Namens Almas (d. h. Perle), der früher Sklave bei Reschid Pascha gewesen war und dann nach seiner Befreiung mit Dr. Vogel von Tripoli nach Kuka gekommen war. Aus Mandara (Wandala) gebürtig, Sohn eines der dortigen Grossen, behielt ihn nach Vogel's Abreise nach Uadai der Sultan Omar bei sich und bei diesem versieht er das Amt des Vorreiters, wenn der Sultan ausreitet. Noch jung — er kam als kleiner Knabe in die Türkische Gefangenschaft — hat ihm das gute Leben am Hofe von Bornu und sein sorgenloses, immer heiteres Gemüth einen respektablen Bauch verschafft, der nicht wenig zu seiner Würde beiträgt. Nach Art aller Höflinge und der der Negerhöfe insbesondere ein unverschämter Schmeichler, hat ihm diese namentlich am Hofe von Bornu geschätzte Eigenschaft eine für einen ehemaligen Sklaven brillante Stellung verschafft. Im Besitze von Haus, Hof und Gärten, mehreren Sklaven und Sklavinnen, drei oder vier Reitpferden lebt er ganz auf Kosten des Sultan oder der Grossen, denn die Fabel von Fuchs, Rabe und Käse scheint er schon mit der Muttermilch eingesogen zu haben. Sein Ansehen wird dadurch erhöht, dass er gut Türkisch und Arabisch spricht und viel von Stambul und dem Blad en nassara (Christenland) zu erzählen weiss, wobei freilich seine Phantasie freien Spielraum hat. Vogel hat er jedoch das treueste Andenken bewahrt und dass er so offen vor allen Leuten unseren wackeren, leider so früh verlorenen Landsmann lobte, nahm mich gleich Anfangs für ihn ein. Zudem machte er sich bald auch mir nützlich und erwies mir viele kleine Dienste und ich glaube, er wäre gern, wenigstens zeitweis, in meine Dienste übergetreten, wenn ihm nicht die glänzende Englische Consuls-Uniform, besonders der prunkende Dreimaster, zu sehr am Herzen gelegen hätte. Vogel hatte diese Uniform, die Almas trägt, wenn er dem Sultan vorreitet, in Kuka zurückgelassen, wie auch alle seine astronomischen Instrumente, wie Teleskop, Sextant, Theodolit, Prismenkreis &c., sich im Besitz des Sultan befinden, weil er diese Gegenstände als zu auffällig bei seiner Abreise nach Uadai in Kuka zurückliess. Dieser Mann also und einer meiner Diener mit Doppelflinten begleiteten mich.

Ausflug nach dem Tsad. — Um 6½ Uhr Morgens verliessen wir das östliche Thor Kuka's und hielten, einem Wege folgend, der uns die Stadt bald verbarg, die Richtung von 80°. Rechts und links hatten wir baumhohe Kornfelder, denn der Ṅgáfoli erreicht oft die fast unglaubliche Höhe von 20 Fuss; dazwischen lagen hie und da einzelne Hütten, Zeichen der Sicherheit des Eigenthums, da an den Grenzen des Landes einzelne Leute gar nicht wohnen können, sondern Alle sich immer in grossen Dörfern beisammen halten müssen, um stark genug gegen einen Angriff zu sein. Der Boden bestand abwechselnd aus Sand oder schwarzem Humus, aber auch der Sand war gleich gut angebaut, wohl unterstützt durch Dünger. Fast 1½ Stunden gingen wir so zwischen hohen Ṅgáfoli- und Argum-Feldern und erreichten dann einen lichten Wald, der natürlich jetzt nach den langen Regenmonaten den üppigsten Weidegrund hatte; indess so zahlreich die verschiedenen Gras-Arten waren, so einförmig zeigte sich die Flora im Allgemeinen und namentlich Blumen waren äusserst selten. Der Wald bestand hauptsächlich aus Dum-Gebüsch, Korna, Hadjilidj und Tamarinden; andere Dörfer, die rechts und links liegen sollten, konnten wir des Gebüsches halber nicht sehen. Um 9½ Uhr erreichten wir Kaua, ein grosses Dorf oder eine Stadt, wenn man will, denn es besteht dieser Ort aus etlichen 1500 Hütten und hat demnach eine ungefähre Bevölkerung von 10.000 Seelen (ich nehme die Hütte bei den Negern zu sieben Individuen an, da einestheils die Neger eben so fruchtbar wie die Europäer sind, anderntheils man die Sklaven hinzurechnen muss). Ganz in Korna-Bäumen und hohem Grase versteckt, das uns, obgleich wir beritten waren, bis an die Brust reichte, sah man immer nur die Spitzen der Dächer und wir hatten Mühe, uns durch diesen Ort ohne Strasse bis zum Hause des Fugo'-billa-be durchzuwinden. Fugo-billa-be heisst Ortsvorsteher. Fugo bedeutet Oberhaupt, billa Ort (nicht Stadt, wie Barth und Andere übersetzt haben, denn Stadt heisst auf Kanúri Birni [1]), so sagt man Birni-Kuka und die frühere Hauptstadt Birni-Gasérgomo wurde auch Birni schlechtweg genannt, wie es ja auch bei den Arabern mehrere Medina giebt). Wir begrüssten seine weitläufige Wohnung durch einen Schuss und stiegen dann vor dem Haupteingang ab. Das ganze Gebäude bestand aus vielen grossen Hütten, die theils durch Mattenwände getrennt und alle von dicht belaubten Hadjilidj- oder Korna-Bäumen beschattet waren. Das Ganze, ein kleines Dorf für sich bildend, war von einer hohen Mattenmauer umringt. Der Besitzer empfing uns sehr höflich und lud uns ein, in einem der Höfe es uns bequem zu machen, sodann schickte er uns das Frühstück: Brod, Honig, Milch und frische Butter. Wir blieben hier bis 2 Uhr Nachmittags und da ich erfahren hatte, dass der Tsad von hier noch so weit entfernt sei, dass ich unmöglich Abends Kuka wieder erreichen könnte, so schickte ich den Gatroner zurück, um unser Haus die Nacht über beschützen zu helfen, denn in Kuka wimmelt es von Dieben.

---

[1] Auch der jetzt zerstörte Ort Káfila, südwestlich von Ṅgornu, hatte früher, während der Regierung der Sefua, schlechtweg den Namen Birni.

Almas und ich ritten dann, von einem Manne aus dem Dorfe begleitet, dem Tsad zu, die anderen Diener liess ich im Orte zurück. Den Mann aus dem Dorfe schickten wir voraus, um die am Ufer weilenden Buddu-ma zu benachrichtigen, dass wir in freundlicher Absicht kämen, weil wir sonst befürchten mussten, sobald sie Reiter erblickten, würden sie die Schiffe besteigen und das Weite suchen.

Vom Dorfe bis zum Tsad hatten wir noch 1½ Stunden in scharfem Trabe zu reiten und hielten gerade Ost-Richtung. Der Wald wurde immer lichter und hörte mit einigen Dum-Palmen als letzten Vertretern der Bäume ganz auf, um einer hochgrasigen Wiese Platz zu machen, die sich unmittelbar bis an die Lagunen des Tsad erstreckte. Die Buddu-ma hatten indess kaum zwei mit Flinten bewaffnete Reiter ankommen sehen, als sie wirklich eiligst ihre Schiffe bestiegen und ins Wasser stachen. Alles Zureden, an das Ufer zurückzukommen, war vergeblich, denn sie behaupteten, ich sei einer von des Sultan Leuten, mit denen sie Nichts zu thun haben wollen. Vergeblich suchte unser Begleiter aus dem Dorfe ihnen begreiflich zu machen, dass ich ein Christ sei, kein Uosseli (Araber), dass ich ein Vetter des Mannes sei, der vor zehn Jahren ihr Land besucht habe (Overweg), sie blieben ruhig mit ihren mit Natron beladenen Schiffen mitten im Wasser liegen und waren nicht zu bewegen, ans Ufer zurückzukehren. Es that mir leid, dass ich ihre Schiffe, die sehr lang zu sein schienen und je 15 Mann hielten, nicht näher untersuchen konnte.

Der Tsad selbst war noch lange nicht voll Wasser (am 31. August), denn beim höchsten Wasserstand tritt er manchmal bis dicht an Kaua selbst heran. Man darf aber daraus nicht schliessen, dass dieser Ort bedeutend höher als der jetzige Wasserspiegel des Tsad liege; durch das Barometer war weder von Kuka noch von Kaua bis ans Wasser des Tsad hin eine Abdachung des Terrains zu bemerken und ich glaube kaum, dass Kuka höher als 24 Fuss über dem niedrigsten Wasserstand des Tsad liegt, so wie auch Kaua nicht höher als 18 Fuss. Ich schliesse diess daraus, dass man bei 24 Fuss Tiefe in Kuka und der nächsten Umgebung überall Wasser findet, denn diess ist die gewöhnliche Brunnentiefe, in Kaua aber bei 18 Fuss. Diese unterirdische Wasserschicht correspondirt jedenfalls mit dem niedrigsten Wasserstande des Tsad. Füllt sich dieser aber, so steigen auch die Wasser in den Brunnen durch Seitenfiltration und Druck, jedoch nicht bedeutend. Bei 24 Fuss Tiefe hat man zu jeder Jahreszeit Wasser, beim höchsten Wasserstande, wenn der Tsad dicht an Kaua herantritt, füllen sich die dasigen Brunnen bis etwas über 12 Fuss, man kann also sagen, dass Kaua 12 Fuss über dem höchsten, 18 Fuss über dem tiefsten Niveau des Tsad liegt, und daraus lässt sich schliessen, dass Kuka 24 F. über dem tiefsten, und ungefähr 18 F. über dem höchsten Wasserstand des Tsad liegt. Das Wasser des Tsad war grünlich und von süssem Geschmack, in der Hand verlor es die grünliche Farbe und erschien ganz klar. Die Temperatur war 25° R. bei einer äusseren Lufttemperatur von 26°.

An dieser Stelle trafen wir sehr wenig Wasservögel trotz des hohen Schilfes, das die flachen Ufer bestand, vielleicht waren sie durch die gerade anwesenden Buddu-ma und die zahlreichen Leute, die von Kaua gekommen waren, um Natron einzutauschen, verjagt. Flusspferde kühlten sich indess ganz ungenirt im Wasser und bliesen dann und wann aus ihren Nasenhöhlen Wasser wie Staubwolken in die Luft. Da keine Möglichkeit vorhanden war, die Buddu-ma zum Landen zu bewegen, so wollte ich auch nicht länger ihren Handel mit den Bewohnern Kaua's stören und wir kehrten in schnellem Trabe nach dem Orte zurück, wo wir dicht vor Sonnenuntergang eintrafen. Es war zu spät geworden, die Stadt noch zu erreichen, wir beschlossen daher, bei unserem freundlichen Wirth zu übernachten, und um der unglaublichen Unzahl Flöhe zu entgehen, flüchtete ich auf das Dach der Veranda, die uns am Tage gegen die Sonnenstrahlen geschützt hatte und bloss aus Holzwerk und Matten bestand; aber kaum hatte ich auf diesem wackligen Dache etwas Ruhe genossen, als ein schnell von Osten heraufziehendes Gewitter mich zwang herunterzusteigen, und ob nun auch der Fugo-billa-be in einer geräumigen Hütte ein Rohrbett für mich aufschlagen liess, an Ruhe und Schlaf war für diese Nacht nicht zu denken. So überzeugte ich mich denn, dass die Behauptung der Bornuer, ihre Flöhe könnten nicht springen und ein 2 Fuss hohes Stroh- oder Rohrbett sei unersteiglich für sie, ungegründet ist, die lästigen Thiere vielmehr in Bornu eben so fertige Springer sind wie die bei uns in Europa. Da jeder Schlaf unmöglich war, so liess ich um 3 Uhr Morgens die Pferde satteln und wir ritten über Bender, das eine Stunde südwestlich von Kaua liegt, nach Kuka zurück, wo wir kurz nach Sonnenaufgang eintrafen. Zu Hause angekommen fand ich, dass der Regen in der Nacht die Küche und ein anderes Zimmer zerstört hatte, bei beiden war die Decke eingefallen.

12. Die Regierung und der politische Zustand Bornu's.

Regierungsform. Ämter und Würden. Eunuchen. — Obgleich ein vollkommen despotisch regierter Staat, unterscheidet sich Bornu doch in der Form seiner Regierung so sehr von allen anderen Ländern mit gleicher politischer Verfassung, wie Russland, Türkei oder Marokko, dass es der Mühe werth erscheint, hier näher darauf einzugehen. In manchen Beziehungen ist dieses Negerland, welches erst seit einigen Jahrhunderten Kunde von den Europäischen Regierungen hat und diese nur aus den entstellten und lügenhaften Berichten der Araber kennt, unseren als beste bekannten Regierungen, wie denen Englands und der Vereinigten Staaten, weit voraus. In Bornu herrscht vollkommene Handelsfreiheit, Kauf und Verkauf erleiden nicht die geringste Beschränkung, nirgends wird auch nur die kleinste Abgabe auf ein- oder ausgehende Waaren erhoben. In welchem anderen Lande der Welt besteht ein solcher Zustand? Ferner sind die Abgaben der Bornuer, welche sich zur mohammedanischen Religion bekennen, so gering, dass sie kaum in Betracht kommen können. Aber womit bestreitet denn der Fürst seine Ausgaben, womit besoldet er sein Heer, seine Beamten? wird man verwundert fragen. Die Antwort ist ganz einfach: Er ist selbst ein grosser Kaufmann und die Waaren, d. h. Menschen, verschafft er sich durch Rasien gegen die umliegenden Völker und selbst gegen seine eigenen Unterthanen, so weit sie nicht den Islam angenommen haben. Der ganze schöne Zustand verschwindet also wie Rauch durch das Eine Wort „Rasia", denn wenn auch die wenigen freien Leute, die in den Städten, wie Kuka, Ngala, Kaua, Jo &c., leben, von der beinahe vollkommenen Abgaben- und Zollfreiheit profitiren, so lebt doch die grosse Mehrzahl der Einwohner Bornu's in beständiger Angst und Furcht, als Sklaven weggeschleppt und verkauft zu werden, denn alle diejenigen Bewohner Bornu's, und es sind sicher zwei Drittheile, die noch nicht zum Mohammedanismus übergetreten sind, werden von ihrer eigenen Regierung, wie das eben die Lehre des Islam mit sich bringt, als Feinde betrachtet und daher kommt es auch, dass Bornu ehedem bei weitem bevölkerter war als jetzt, wo der Sklavenhandel nach Norden so sehr in Gang und Schwung gekommen ist.

Der Form nach constitutionell, ist der That nach die Regierung Bornu's eben so despotisch und uneingeschränkt wie die Marokko's; vielleicht besteht diese ursprüngliche constitutionelle Form noch aus den Zeiten des Heidenthums und der Absolutismus hat sich erst mit und als Folge des Islam eingeschlichen. Wie in allen mohammedanischen Staaten gilt nur der Wille des Sultan, gegen seine ein Mal gegebene Entscheidung oder sein Wort erhebt Niemand die leiseste Einwendung. Der Sultan ist das Vorbild der Vortrefflichkeit, der Unfehlbarkeit, und die gröbsten Schmeicheleien hört er als etwas ganz Natürliches täglich und stündlich an und ist von der Wahrheit derselben so überzeugt wie der Papst von seinem göttlichen Rechte. Dass aber bei einem solchen Zustande der Dinge die eigentliche Regierung ganz in den Händen der Schmeichler und Höflinge liegt, versteht sich von selbst, und wie unheilvoll eine solche Regierung in den Händen eines kräftigen, jedoch eigensinnigen und gewissenlosen Fürsten werden kann, hat erst jüngst Uadai an seinem verstorbenen Sultan gezeigt.

Die formelle Regierung Bornu's besteht gegenwärtig aus dem Mai Omar aus dem Hause der Kánemi und seinen Rathgebern, die in verschiedene Rangstufen getheilt sind. Die höchste Würde nach der des Mai (Sultan) ist die des Dig-ma, sie entspricht dem, was man bei uns das gesammte Ministerium nennen würde. In seiner Abwesenheit übt der zweite Minister oder Siggibáda alle seine Funktionen aus. Dass sich nun in Einer Person, gegenwärtig der des Fellata Ibrahim, so viele Zweige, wie was das Innere, Äussere Krieg &c. anbetrifft, vereinigen, wird man in einem Lande, wie Bornu leicht begreiflich finden. Der Staatsangelegenheiten sind so wenige, die Beziehungen zu den umliegenden Ländern so gering und einfach, indem man entweder Krieg führt oder, wenn Friede ist, sich um seine Nachbarn gar nicht kümmert, die Leitung der eigenen Staatsmaschine geschieht immer nach den althergebrachten Gesetzen, so dass in Wirklichkeit die ganze Beschäftigung des Dig-ma eine rein persönliche beim Sultan ist, wo er indess bei allen Fragen eine entscheidende Stimme hat. Ihm zur Seite stehen zehn der angesehensten Leute Bornu's, die theilweis zugleich ihre Völker, die dem Sultan von Bornu unterworfen sind, als Tebu, Uled Sliman, Schua, repräsentiren. Diese führen den Titel Kogna, der unserem „Hofrath" entspricht, und ihre tägliche Versammlung unter dem Vorsitze des Sultan wird Nokna genannt. Diese Nokna findet jeden Morgen von 9 bis 11 Uhr in der Wohnung des Sultan selbst Statt und während derselben wird zugleich von letzterem Audienz ertheilt. Zur Nokna gehören auch die Prinzen vom Hause, wie die erwachsenen Söhne, Brüder und Vettern des Sultan, die verpflichtet sind, sich alle Tage bei der Nokna einzufinden. Dem Grossminister und den Kognaua (Pluralis) folgt dann zunächst der Katschella-blall[1]) oder der Anführer aller Reiterei, der eine Menge anderer

---

[1]) Der Katschella-blall hat auch den Titel Kaiga-ma.

Katschella, die je 100 Pferde unter sich haben, commandirt. In gleichem Range mit ihm steht der Katschella ṅbursea oder der Höchstcommandirende der mit Flinten bewaffneten Fusstruppen. Endlich hat der Oberst der Bogenschützen den Titel Katschella n banna. Ein wichtiger Posten, wenn nämlich die Persönlichkeit Einfluss zu gewinnen versteht, ist der des Schatzbewahrers des Sultan, der Eunuch sein muss; er wird jetzt von Abd el Kerim bekleidet, der den Titel Mala führt. Wichtige Staatsbeamte sind ausserdem der eigentliche Aufseher der Eunuchen, Iura-ma (Yiro-ma nach Barth) und der Aufseher über das weibliche Personal des Sultan, der natürlich auch ein Verschnittener ist; dieser hat den Titel Mistra-ma (Mestre-ma nach Barth). Die Eunuchen spielen überhaupt eine wichtige Rolle am Hofe Bornu's und an allen nördlichen Negerhöfen. Es möchte leichter verziehen werden, einen Kogna zu beleidigen als einen Adim (Eunuchen). Sieht man in Kuka einen elegant gekleideten Neger, einen Neger mit schönem Pferde, oder frägt man: „Wem gehört diess schöne Gebäude?" so kann man sicher sein, dass man die Antwort erhält: Dem und dem Eunuchen. Es trägt dieses Überschütten mit Prunk, Einfluss und gutem Leben nicht wenig dazu bei, die Arroganz dieser Mannweiber zu erhöhen[1]).

Ein anderer wichtiger Mann am Hofe von Bornu ist der Ssintal-ma oder der, welcher dem Sultan das Waschbecken reicht und ihm zu trinken giebt. Der Oberaufseher der persönlichen Verpflegung des Sultan hat den Titel Mainta und derjenige, welcher die zahlreichen zum Verkauf oder zum Arbeiten bestimmten Sklaven beiderlei Geschlechts unter sich hat, den Titel Mar-ma kúllo be. Die Zahl der persönlichen Sklaven des Sultan beträgt Jahr aus, Jahr ein immer gegen 4000. Als andere Chargen am Hofe von Bornu haben wir noch die zahlreichen Kre-ma (Gre-ma nach Barth), welche unter den Katschella stehen und gewissermaassen Adjutanten- oder Ordonnanz-Dienst versehen. Der Ardjíno-ma (bei Barth Ardžíno-ma) ist der Gehülfe des Digma und als solcher ebenfalls einflussreich. Der jedesmalige

Sohn der ältesten Schwester des Sultan hat ebenfalls einen eigenen Titel: Kabiske-ma, und diess hat vielleicht seinen Grund in den frühen Beziehungen Bornu's zu den Berberischen Völkern, bei denen nicht der Sohn des Sultan, sondern der Sohn der Schwester desselben Thronfolger ist. Die herrschende Sultanin, d. h. diejenige, welche von den rechtmässigen Weibern das Regiment über alle anderen hat, führt den Titel Gúmssu, die Mutter des Sultan den Titel Mágera. Der muthmassliche Thronfolger, sei er nun Sohn, Bruder oder Vetter des Sultan, hat den Titel Yeri-ma, heut zu Tage trägt aber diesen Titel Niemand, auch nicht der vermeintliche Nachfolger. Die anderen Prinzen haben den Titel Maina, einen Titel, den man höflicher Weise auch den Eunuchen giebt, woraus genugsam hervorgeht, welche hervorragende Stellung diese Leute in Bornu einnehmen. Wenn Barth unter den Titeln und Chargen der Sefua-Dynastie auch einen Fugo-ma aufführt, so kann ich diess dahin berichtigen, dass es gegenwärtig der offizielle Titel des Stadtobersten von Ṅgornu ist, einer Stadt, die einen halben Tagemarsch südlich von Kuka liegt, und eben so ist Barth's Kasal-ma der Titel, den heute der Stadtoberst von Jo am Komádugu Waube führt.

Alle diese Beamten sind vollkommen ohne Besoldung, theils leben sie von den Ländereien, die ihnen der Sultan giebt, theils von den Geschenken oder Geldern, die sie von den Leuten erpressen oder die ihnen freiwillig gegeben werden. Ja, alle und namentlich die höheren Beamten, wie die Kogna, machen alljährlich vom Ertrag ihrer Ländereien oder von ihren sonstigen Vortheilen dem Sultan nicht unbedeutende Geschenke. Ausgenommen davon sind die Eunuchen, diese werden vollständig vom Sultan unterhalten und die Vornehmen unter ihnen erlangen durch ihre einflussreiche Stellung selbst bedeutende Reichthümer. Natürlich hat neben allen diesen Ämtern eine der hervorragendsten Stellen der Privatschreiber oder Faki des Sultan, jetzt der Mallem Mohammed Komami, ein geborner Kanúri.

Die bewaffnete Macht Bornu's besteht aus circa 20 metallenen Kanonen von unbestimmtem Kaliber, die in Kuka selbst fabricirt und als Landesprodukt wirklich bewunderungswürdig sind. Obwohl transportabel, ruhen sie doch auf schlechten Lafetten oder auch auf blossen Holzklötzen; auch besitzt der Sultan zwei Mörser, die indess kaum brauchbar sein möchten. Die mit Flinten bewaffneten Leute mögen sich auf 1000 Mann belaufen, wir würden ihnen kaum den Namen unregelmässiger Fusstruppen zuerkennen, so schlecht sind sie organisirt. Die Zahl der mit Flinten bewaffneten Reiter dürfte sich ebenfalls auf 1000 belaufen, wogegen die mit Spiessen und Lanzen bewaffneten Reiter das Dreifache zählen. Die Soldaten erhalten gar keine Löhnung; Pferde, Waffen, Kleidung und Nahrung erhalten

---

[1]) Die Procedur der Entmannung ist eben so einfältig wie grausam, vier Fünftel und mehr der Verschnittenen unterliegen den Qualen. Man begnügt sich nicht mit Exstirpation der testes, sondern das ludividuum, welches zur Entmannung bestimmt ist, wird vor eine kaum geöffnete Thür geschoben, welche zwei vollkommen dunkle Zimmer trennt. Hinter der Thür sitzt der Kastrirer mit einem scharfen Messer und sobald das zum Opfer bestimmte Individuum in seinem Bereiche ist, trennt er mit einem scharfen Schnitt die ganzen partes genitales vom Körper. Die Thür wird dann schnell geschlossen, weil es ein Mal vorgekommen sein soll, dass ein Kastrat sich auf seinen Henker stürzte und ihn erdrosselte; dem Patienten wird nun heisse Butter auf die Wunde gegossen, man legt ihn dann auf den Bauch und begiesst seinen Rücken Tage lang mit kaltem Wasser, bis Tod oder Heilung sich einstellt. Man weiss, dass sehr jung Entmannten nie der Bart wächst, aber es ist hier auch allgemein bekannt, dass erwachsen Beschnittenen der Bart abstirbt; ihre Stimme ist der der Weiber und im Alter gleicht ihr ganzer Habitus dem einer alten Frau.

sie ein für alle Mal vom Sultan, d. h. er giebt ihnen diess ein einziges Mal und dann Ländereien zum Anbau; überdiess gehört ihnen die Hälfte der Beute bei Rasien, bestehe diese nun in Sklaven oder in anderen Gegenständen. Ausserdem hat der Sultan noch eine Art Garde, die ganz eigenthümlich bewaffnet ist. Die Reiter selbst tragen nämlich unter ihren Toben einen feinen Maschenpanzer, der aus Jacke mit Ärmeln und Hose besteht, und der Kopf wird durch eine kupferne oder eiserne Platte geschützt, von der rund herum ebenfalls ein Stahlnetz herabfällt, so dass nur eine kleine Öffnung für das Gesicht bleibt. Diese Panzer werden von Ägypten eingeführt und äusserst theuer bezahlt; der Sultan, der Hof, die Prinzen und alle Grossen bekleiden sich ebenfalls damit, sobald sie in den Krieg ziehen. Geringere tragen wohl auch Brustpanzer aus Eisenplatten, die in Kuka selbst gearbeitet werden. Vollkommen schützend gegen Spiess, Säbel und Pfeil halten sie indess keineswegs eine Kugel vom Eindringen ab. Die Pferde dieser Garde werden durch einen bis an die Kniee reichenden wattirten Überzug aus Baumwolle gegen die vergifteten Pfeile geschützt, aber man kann sich denken, wie schwer ein solcher gepanzerter Reiter ist und wie der Überwurf das arme Thier drückt. Der Kopf des Pferdes und die Seiten des Kopfes werden mit Messingplatten geschmückt, was ihnen in der That ein militärisches Aussehen giebt.

Die letzte Waffengattung ist die der Bogenschützen und Schangermangerträger, welche sich auch auf ungefähr 1000 Mann belaufen kann und vom Yalla-má, den ich oben bei den Hofchargen aufzuführen vergessen habe, kommandirt wird. Diese Leute, mit zwei bis vier Wurfspiessen, einem langen Spiesse, Bogen, Pfeil und Köcher, Schild und dem gefährlichen Schangermanger bewaffnet, bilden wohl die ursprünglichste Waffe Bornu's und das Tigerfell, das sie als Schmuck und Kleidung über die Schulter werfen, verleiht ihnen ein nicht wenig kriegerisches Aussehen. Der lange Spiess und die Wurfspiesse sind verhältnissmässig sehr leicht, da man die Schäfte aus der äusserst zähen, dauerhaften und leichten Wurzel der Ethelbäume fertigt. Eben so sind die Schilde, die von verschiedener Form, meist jedoch von Wappenform, und halber Manneshöhe gearbeitet werden, sehr leicht, denn entweder bestehen sie aus Leder oder aus einem dicken Schilf-Stroh, das beim Kampf feucht gemacht wird, um desto mehr Widerstand zu leisten. Es giebt auch Schilde, die einen Mann ganz decken, ohne schwerer als fünf Pfund zu sein. Der Schangermanger gleicht ganz dem der Tebu, doch haben einige auch aus Holz gearbeitete, die dann gewöhnlich hübsch ausgeschnitten und verziert sind. Die Bogen bestehen aus hartem, biegsamen Holz und einer Sehne aus Leder gedreht, die Pfeile aus einem 1½ Fuss langen Rohrstäbchen mit einer 3 Zoll langen Eisenspitze, die meist vergiftet ist.

Ausser dieser Macht gebietet der Sultan von Bornu über eine grosse Zahl unregelmässiger Reiter, Soldaten, Bogenschützen &c., die jeder Grosse, Kogna und Katschélla, je nach seiner Macht und seinem Vermögen aufbietet, und sicher kann er immerhin eine kampffähige Macht von 25—30.000 bewaffneten Leuten ins Feld stellen.

Nebenländer. — So sehen wir also, dass heut zu Tage der Zustand Bornu's grosse Ähnlichkeit hat mit dem der feudalen Reiche Europa's im Mittelalter. Wie ehemals in Deutschland der Kaiser, so herrscht der Sultan von Bornu heute über mehrere Sultane, die fast unabhängig sind, und die anderen Länder des eigentlichen Bornu sind entweder persönliches Eigenthum oder im Besitze seiner Familie und der Grossen der Krone. Viele von den kleineren Fürsten sind jedoch schon gänzlich mediatisirt und haben nur noch den leeren Titel Mai, so der Sultan von Díkoa, der von Ala und andere, die früher ihr kleines Gebiet vollkommen unabhängig beherrschten. Sinder unter dem Sultan Tánemon ist noch fast vollkommen unabhängig, die Verwandtschaft der Sinder-Bewohner indess mit den Kanúri, die Gemeinschaft der Interessen macht, dass es von Tage zu Tage mehr in Bornu aufgeht, und nach dem Tode des jetzigen Sultans wird der Herr von Bornu wohl kaum Gewalt anzuwenden brauchen, um es ihm gänzlich einzuverleiben. Múnio unter dem Sultan Mussa ist bedeutend abhängiger von Bornu als der vorige Staat und zahlt jährlich regelmässig seinen Tribut in Sklaven und anderen Geschenken. Eben so verhält es sich mit den kleinen Reichen Gummel unter dem Sultan Abdo und Mátjena unter dem Sultan Sliman. Etwas mehr Unabhängigkeit haben Logon und Kótoko bewahrt, die Verschiedenheit der Sprache, wenn letztere auch im Grunde mit der Kanúri - Sprache verwandt ist, trägt viel dazu bei, diese Völker aus einander zu halten. Die Sultane Abd-el-Kader von Logon und Mohamed von Kótoko bezahlen indess regelmässig ihren Tribut. Mándara oder, wie die Bewohner des Landes selbst sagen, Uándala ist in den letzten Jahren ganz zu einer Provinz des grossen Kanúri-Reiches herabgesunken, denn während es noch zur Zeit Vogel's, der diess Land zuerst besuchte, Bornu gegenüber vollkommen unabhängig war, ist der Sultan von Uándala jetzt weiter Nichts als ein von Bornu abhängiger Gouverneur. Wie die Herrscher von Sinder, Múnio und Logon hat der Sultan von Uándala jedoch das Recht über Leben und Tod und Eigenthum seiner Unterthanen bewahrt, so wie auch das, auf eigne Faust Rasien und Krieg zu führen. Alle anderen Fürsten und Herren Bornu's sind jedoch dieser Privilegien beraubt und wenn die Grossen auch vollkommene Eigenthümer einer Stadt oder eines Dorfes und die Bewohner weiter Nichts als Leibeigene oder Sklaven von ihnen sind, so dürfen sie sie doch nicht tödten, noch auch, wenn es nicht persönliche, durch Kauf oder Rasien gewonnene Sklaven sind, verkaufen oder austauschen.

Die Búdduma. — Vollkommen unabhängig von Bornu, obgleich aufs Engste mit den Kanúri verwandt, wie ich später durch Sprachproben beweisen werde, sind die Búdduma. Dieses eigenthümliche Volk, viel verwandter mit den Kanúri, als die Tebu und die anderen Stämme der grossen Bornu-Familie es sind, muss sich indess schon früh von den Kanúri getrennt haben; wahrscheinlich kamen sie, als die Kanúri ihre jetzigen Sitze einnahmen, zu Lande, denn in der Sommerzeit hängen die Inseln der Búdduma mit Kanem zusammen, nach ihren jetzigen Wohnsitzen, die erste Regenzeit trennte sie vom Festlande und ihren Brüdern, die Zeit that das Übrige. Die Búdduma, hauptsächlich durch Overweg bekannt geworden, der ihre inmitten des Tsad gelegenen Inseln besuchte, nennen sich selbst Jédena und den Tsad, der ihr Vaterland ist, nennen sie Kólo. Sie sind von demselben Schlage, von derselben Farbe wie die Kanúri, nur sind die Männer meist äusserst fleischig, was man der kräftigen Fischnahrung und dem Hantieren im Wasser zuschreibt.

Was ihre Sprache anbetrifft, so sind zwei Drittel der Wörter fast übereinstimmend oder doch verwandt mit den Kanúri-Wörtern, nur haben sie namentlich eine Menge Wörter, die mit der Schifffahrt in Beziehung stehen und wofür die Kanúri gar keine Ausdrücke besitzen. Indess halte ich es für unerlässlich, dass die, welche sich mit den Kanúri-Idiomen beschäftigen wollen, sich vor Allem auch des Búdduma-Dialektes zu bemeistern suchen, und namentlich interessant ist es, in der Búdduma-Sprache ein Bindeglied für die Kanúri-, Uándala-, Logon-, vielleicht auch die Bágirmi-Sprache zu finden, und es ist unendlich zu bedauern, dass Barth, dieser eifrige Sprachforscher, nicht den Búdduma-Dialekt mit erfasste, denn dann würden ihm manche Beziehungen des Logon- und anderer Dialekte zur Bornu-Sprache bedeutend klarer geworden sein.

Die Búdduma sind durchaus ein Schiffer- und Fischervolk, wie das die Natur der Sache mit sich bringt, ihr Haupterwerb besteht ausser im Fang der Fische, die sie getrocknet und frisch in Kuka und überall in Bornu verkaufen, im Handel mit Natron, das sie auf der Insel Peróm (Berom Overweg's) finden. Im Hochsommer bilden alle die vielen Inseln ein Ganzes und hängen durch sumpfiges, doch festes Terrain mit Kanem zusammen. Im Monat August aber, wenn der Tsad sich zu füllen anfängt, bis gegen Ende Januar ist ihr Land in viele kleine Inseln getheilt, von denen die meisten nur einen, einige grössere jedoch, wie Doji, zwei oder drei Orte haben. Dasselbe geht in der Regenzeit auch in Kótoko und den Landstrichen zwischen Díkoa und Mándara vor sich und auf meiner Reise nach letzterem Lande habe ich mich überzeugen können, dass zur Regenzeit südlich von Díkoa Alles Fuss tief unter Wasser stand und die Dörfer, nur von wenig Land umgeben, wie Inseln hervorragten. Die Búdduma sind Heiden, haben aber einen Begriff vom höchsten Wesen, das Alles geschaffen hat und Alles regiert, sie nennen es Bitziromáino; auch glauben sie an gute Geister oder Engel, Bakomamáin, die die Menschen beschützen und die sie in Gefahr bei stürmischem Wetter anrufen; von einem ewigen Leben, von Himmel oder Hölle haben sie indess keinen Begriff. Das böse Prinzip oder den Teufel, der die Wasser aufregt und die Schiffe zertrümmert, nennen sie Nadjikeném und dieser wird sehr gefürchtet und verehrt. Sie opfern jedoch nicht, auch scheinen sie keine Fetische zu haben. Die Búdduma kleiden sich wie die Kanúri, sowohl Männer wie Frauen, ihre Nahrung, die natürlich zum grössten Theil aus Fischen besteht, ist im Übrigen wie die der Kanúri; das nöthige Korn kaufen sie in Bornu, sie selbst bauen nur etwas Ngúfoli und Massakúa, das indess lange nicht zum Jahresbedarf hinreicht. Nur die südlichen Inseln haben etwas Baumwuchs, man findet dort Hadjilidj, Korna, Geredh und Talha, die wild wachsen. Gemüsezucht kennen sie gar nicht und selbst die nothwendigsten, wie Zwiebeln, Karess, Mlochia, kaufen sie in Bornu ein. Ihr Schiffsbauholz holen sie von Kótoko, da die nahen Bornu-Gestade und die Wälder Kanem's keine zum Schiffbau ausreichenden Bäume beherbergen. Mit Uadai und Bágirmi scheinen sie gar keinen Verkehr zu haben, desto inniger ist ihr Umgang mit Bornu und Kanem. Sie besitzen wenige Sklaven, lieben es jedoch, kleine Kinder zu stehlen und als Sklaven bei sich zu behalten. Der Mann, dem ich diese Notizen verdanke, war fünfzehn Jahre als Sklave unter ihnen, bis ihn endlich sein Bruder, der Ortsvorsteher von Kaua, gegen drei Kühe austauschte. An Vieh besitzen sie einige Pferde und etwas Rindvieh, welches letztere sie zur Regenzeit nach Kanem auf die Weide schicken, auch halten sie einige Hühner. Zwischen ihren Inseln hausen Flusspferde, auch Krokodile, das Nashorn ist indess ganz ausgerottet.

Die Búdduma verheirathen sich wie alle Neger frühzeitig und können so viele Weiber nehmen, als sie zu ernähren vermögen, jedoch dürfen sie sich von keiner wieder trennen. Hochzeitsgeschenke werden den Eltern der Braut nicht gemacht, die Heirath findet bloss nach gegenseitigem Übereinkommen statt, sieben Tage indess muss der Bräutigam die Eltern der Braut und ihre Anverwandten bewirthen. Ihre Todten begraben sie wie die Mohammedaner, den Kopf nach Süden mit nach Osten gewandtem Gesicht, auch haben sie eigene Kirchhöfe, überhaupt scheint der fortwährende Umgang mit den mohammedanischen Kanúri doch stark auf ihre Sitten einzuwirken. Sie werden in Kriegszeiten von einem Könige befehligt, in Friedenszeit ist dieser aber weiter Nichts als ein angesehener Privatmann. Der jetzige König heisst Kamé und hat den Titel Katschélla und eben dieser Bornuische Titel (Katschélla heisst Kriegshauptmann) und namentlich dass sie ihrem Fürsten nicht den Königstitel Mai geben, scheint zu beweisen, dass sie ehedem nur eine Abtheilung der Kanúri waren, die sich unter ihrem Katschélla im Tsad niederliess. Die gesammte Bevölkerung der Búdduma dürfte wohl nicht 20.000 Seelen übersteigen; Schiffe stehen ihnen nach ungefährer Schätzung 250 zu Gebote. Feuerwaffen sind ganz und gar unbekannt, immer jedoch, auch wenn sie zum friedlichen Verkehr nach Bornu kommen, sind sie mit Spiessen, Bogen und Pfeilen bewaffnet. Früher oder später werden sie in den Schooss der grossen Kanúri-Familie zurückfallen und wenn Bornu seine eigenen Interessen wird erkannt haben, dann wird der Tsad mit seinen Flüssen den Haupthebel für Handel und Wandel abgeben.

Kraft und Blüthe Bornu's. — Bei alle dem steht es aber unzweifelhaft fest, dass in diesem Augenblicke Bornu das mächtigste von allen Inner-Afrikanischen Negerreichen ist. Weder Uadai, das zu Barth's Zeit mit Glück bis Kuka vordrang und dann vom Bruder des jetzigen Sultans, Abd-er-Rahman, siegreich zurückgeschlagen wurde, noch auch Sókoto wären im Stande, heute Etwas gegen Bornu zu unternehmen. Ja, wenn Bornu nicht eben jetzt vom Sultan Omar regiert würde, der vollkommen unkriegerisch ist und es liebt, sich *Marabut* nennen zu lassen, so würden alle Nachbar-Länder Bornu gegenüber einen schweren Stand haben. Der älteste Sohn des Sultans, Aba Bu-Bekr, ist sicher ein tüchtiger Feldherr, der Alamino in Magómmeri ist immer kriegslustiger, als es der Sultan wünscht, und viele andere tüchtige Kriegshauptleute haben sich in den fortwährenden Sklavenkriegen herangebildet. Bágirmi, das vor 60 Jahren siegreich bis Kanem vordrang, ist jetzt halb tributpflichtig und wenn nicht Krieg gegen Sókoto geführt wird, so ist das eben nur dem friedliebenden Sultan Omar zuzuschreiben. Beim Regierungs-Antritt des jetzigen Sultans von Sókoto vermochten zwar die Grossen Bornu's den Sultan Omar dahin zu bringen, den Friedens- und Freundschafts-Vertrag, den sein Vater Mohamed el-Kanemi vorzeitig mit Sultan Bello von Sókoto abgeschlossen hatte, aufzukündigen, indess blieb es dabei, Feindseligkeiten brachen nicht aus. Der Sultan von Sókoto erklärte, er werde, selbst wenn auch kein geschriebener Vertrag mehr bestehe, den Frieden nicht brechen und somit Handel und Wandel zwischen diesen beiden grossen Reichen nicht gefährden, falls Bornu aber angriffe, werde er sich zu vertheidigen wissen. Der Sultan von Bornu, so gern ihn auch seine Grossen zum Kriege gegen Sókoto hinreissen möchten, ist zu vernünftig, um Krieg anzufangen bloss des Krieges wegen. Aber Bornu ist wie ein junger Riese, der seine Kräfte zu fühlen beginnt, und beim Tode des jetzigen Sultans werden grosse Umwälzungen in den Reichen Inner-Afrika's vor sich gehen. Nicht nur dass in Bornu selbst unter den Brüdern und Söhnen des Sultans Streit um die Nachfolge ausbrechen wird, auch der, welcher siegreich den Thron behauptet, wird dem allgemeinen Ruf nach Krieg nicht widerstehen können. Eine Sache freilich würde Alles anders gestalten: die Unterdrückung des Sklavenhandels, denn dieser ist es, der Bornu in den letzten Jahren so mächtig gemacht hat. Seit den letzten zwanzig Jahren, sagte mir ein alter Kuka-Bewohner, sind mehr Sklaven aus Bornu ausgeführt worden, als es früher in hundert Jahren der Fall war. Unterdrückt also den Sklavenhandel nach der Türkei zu und Bornu wird seine Kräfte auf Ackerbau, auf Hervorbringung von Kunstprodukten zu verwenden genöthigt sein und die übrigen Naturprodukte, die es hervorbringen kann, sind mehr als hinreichend, um es mit Allem zu versehen, was es nöthig hat; das Geld indess, das aus dem Sklavenverkauf nach Bornu kommt, dient nur dazu, die ohnehin kriegslustigen Leute noch übermüthiger zu machen.

ORIGINALKARTE zur Übersicht von G. ROHLFS' REISEN in TRIPOLITANIEN & FESSAN 1864 & 1865

Von A. Petermann

Maassstab 1:3.500.000